超级 IP
孵化原理
第 2 版

陈格雷◎著

机械工业出版社
CHINA MACHINE PRESS

本书在《超级IP孵化原理》第1版的基础上进行了全面升级，结合过去五年行业发展的新趋势与新实践，打造了一部关于IP孵化与运营的权威指南。本书系统阐述了IP的核心概念、孵化原理、应用开发、评估方法以及与AI结合的未来趋势，同时完善了世界观、故事、角色、符号四大要素，并新增了企业IP矩阵、文旅商业体开发、情绪价值挖掘等实用内容，为读者提供了全方位的IP开发与运营策略。

无论是IP开发者、品牌运营者、艺术家、创业者，还是对IP现象感兴趣的普通读者，都能从这本书中找到适合自己的知识与灵感。它既是专业人士的实用手册，也是文化创意产业爱好者的灵感源泉，助力每一个IP梦想落地生根。

图书在版编目（CIP）数据

超级IP孵化原理 / 陈格雷著. -- 2版. -- 北京：
机械工业出版社，2025.8. -- ISBN 978-7-111-79018-1
Ⅰ.G114
中国国家版本馆CIP数据核字第2025YE0190号

机械工业出版社（北京市百万庄大街22号　邮政编码100037）
策划编辑：刘怡丹　　　　　　　责任编辑：刘怡丹
责任校对：韩佳欣　刘雅娜　　　责任印制：单爱军
北京联兴盛业印刷股份有限公司印刷
2025年9月第2版第1次印刷
170mm×230mm・16.25印张・3插页・238千字
标准书号：ISBN 978-7-111-79018-1
定价：89.00元

电话服务　　　　　　　　　　网络服务
客服电话：010-88361066　　　机　工　官　网：www.cmpbook.com
　　　　　010-88379833　　　机　工　官　博：weibo.com/cmp1952
　　　　　010-68326294　　　金　书　网：www.golden-book.com
封底无防伪标均为盗版　　机工教育服务网：www.cmpedu.com

前　言

距离《超级IP孵化原理》第1版出版已经过去五年了。这五年间，世界发生了许多令人瞩目的变化，人类也获得了许多值得骄傲的成就。

我的好友王宁创立的泡泡玛特不仅成功上市，还扬帆出海，在全球范围内掀起了一股潮玩飓风令人振奋不已。与此同时，我意外发现，当年为我的IP创作音乐的音乐人，正是《黑神话：悟空》的音乐制作人。《黑神话：悟空》作为中国首部3A大作，以一种极具创意和视觉冲击力的方式，将中国文化推向了世界舞台，赢得了全球玩家的赞誉。此外，我的另一位好友担任制片人的哪吒系列电影也取得了巨大成功，已打破中国票房纪录。这些成就不仅展现了中国文化产业的蓬勃生机，也让我为身边伙伴们的努力和成功感到无比自豪。

然而，这几年IP文化潮流也经历了诸多改变。一方面，IP的力量愈发强大，能够更有效地带动社会热潮，成为文化与商业融合的重要力量；另一方面，一些曾经风靡一时的IP却逐渐失去了往日的光彩，让人不禁感叹"花无百日红"。多年前，我首次提出"IP的核心是情感"这一观点时，还属于极少数派，甚至可能是最早提出"情感驱动论"的人。当时，市场上大多数人仍习惯以品牌的价值观标准来衡量IP，未能充分认识到IP蕴含的更高潜意识能量和情感属性。如今，我欣慰地看到，情感驱动的观点已经得到了广泛认同，人们普遍认识到IP是情感疗愈剂，没有情感的IP难以长久。同时，"情绪价值"这一概念也迅速流行起来，成为内容爆款和IP受欢迎的关键要素。

基于这些新的观察和思考，我重新修订了《超级IP孵化原理》，推出了第2版。这一版在内容上进行了全面优化，融入了我这五年来的新发现和心得，堪称一部真正关于IP孵化与运营的全面指南。全书系统阐述了IP的概念、孵化原理、应用开发、评估方法以及与AI结合的未来趋势。它不仅能帮助读者深入理解IP的情感力量、文化影响力和商业价值，还提供了全面的IP实用开发策略和丰富的案例分析。

此次新增或优化的重要内容包括：

- **IP源代码**：强调情感驱动与文化潮生的双能共赋，指出IP的成功依赖于情感共鸣和文化潮流的共同推动。
- **IP定位学**：提出了十六种情结，强调IP需要触动人类深层情感，深入潜意识中的情结，从而产生持久的吸引力。
- **IP孵化学**：在原有的世界观、故事、角色和符号四大要素基础上，进一步完善了双能共赋与4S的理论框架。
- **轻IP开发完整攻略**：新增了如何快速孵化轻IP的实用指南，为创作者提供了更高效的开发路径。
- **王宁的潮玩IP心路**：收录了我与泡泡玛特创始人王宁的深度访谈（在泡泡玛特上市前一年），分享了他的创业心得和对IP的理解。
- **AI生成和IP孵化**：探讨AI如何助力IP创作，构建和拓展IP宇宙，为未来IP发展提供了新的视角。

此外，书中还新增了企业IP矩阵、创新产品IP、企业家个人IP、内容营销四字诀、情绪价值十二系、文旅商业体IP开发，以及如何发现IP的爆款模因等内容，进一步丰富了IP孵化与运营的理论体系。

本书适合以下人群阅读：

- **IP开发者与内容创作者**：了解如何将创意转化为具有商业价值和文化影响力的IP。
- **品牌运营者和市场营销人员**：学习如何通过IP化思维提升品牌的情绪价值和文化内涵，并运用IP的内容营销策略。
- **企业高管与战略规划者**：了解如何通过IP战略提升企业竞争力，构建品牌矩阵，实现长期价值增长。
- **企业家**：通过个人IP提升个人影响力和品牌价值，书中提供了实用的方法和案例。
- **艺术家与设计师**：通过艺术作品或设计打造独特IP，书中关于IP符号设计和情感驱动的原理能为他们提供灵感和方法论。
- **网红与自媒体人**：学习如何通过内容创作和情感共鸣打造个人IP，提升粉丝黏性和商业变现能力。
- **影视、动漫、游戏行业从业者**：书中关于IP孵化、故事原型、世界观设计等内容，能为他们提供创作和运营的参考。
- **文旅从业者**：包括旅游景区、主题公园、文化活动策划者等，学习如何将文化资源转化为具有吸引力的IP，提升文旅项目的竞争力。
- **文化产业投资者**：了解哪些IP具有长期投资价值，书中关于IP生命周期、价值评估和爆款模因的分析，能为他们提供决策依据。
- **市场分析师**：研究IP在不同行业中的应用和发展趋势，为行业分析和市场预测提供参考。
- **创业者**：尤其是那些希望在文化创意产业、文旅、消费等领域创业的人，本书提供了从IP孵化到商业变现的完整思路。
- **学生与学者**：研究文化创意产业、文化产业管理、传播学等领域的学生和学者，可以将本书作为研究IP现象和文化产业发展的参考书。
- **对IP现象好奇的人**：普通读者可以通过本书了解IP背后的原理和故事，更好地理解为什么某些IP能够风靡全球，而有些则默默无闻。

总之，本书既为专业人士提供了系统的IP开发和运营指南，也为普通读者打开了深入了解IP现象的窗口。它适合所有对文化创意产业、品牌建设和个人影响力提升感兴趣的人阅读。

最后，我想对每一位怀揣IP梦想的人说："愿你们都能如愿以偿，让自己的创意和热情在这个充满机遇的时代绽放光彩！"

陈格雷

2025.1.31

目　录

前言

第一部分　导入篇
IP 和超级 IP 是什么

1.1　IP 的本义与广义　/002

1.2　IP 是能量存钱罐　/003

1.3　IP 是一个能量引力场　/005

1.4　用潜意识能量孵化 IP　/006

1.5　IP 赋能，养成亚文化　/010

1.6　IP 孵化的八种产业模式　/012

1.7　IP 联名，是能量交换　/015

1.8　超级 IP 是超级能量符号　/017

第二部分　原理篇
双能共赋与 4S 齐生

- 2.1　IP 第一推动力：情感驱动　/021
- 2.2　IP 第一势能力：文化潮生　/033
- 2.3　IP 脑科学："三体脑"　/045
- 2.4　IP 定位学：十六种情结　/052
- 2.5　IP 第一性原理：双能共赋　/071
- 2.6　4S 要素之一：角色三步创造法　/086
- 2.7　4S 要素之二：故事的九种原型　/100
- 2.8　4S 要素之三：世界观六脉神剑　/109
- 2.9　4S 要素之四：符号的超级设计　/125

第三部分　应用篇
各类 IP 开发指南

- 3.1　孵化之道：用产品思维做 IP　/136
- 3.2　爆发之道：打造 IP 爆款的四大要素　/154
- 3.3　轻盈之道：轻 IP 开发攻略　/161
- 3.4　情绪之道：内容营销的四字真言　/178
- 3.5　成长之道：IP 发展的三个阶段　/197
- 3.6　引领之道：王宁的潮玩 IP 心路　/208
- 3.7　成功之道：如何评估 IP　/222

第四部分 人工智能篇
AI 与 IP 奏响未来交响曲

4.1　AI 无法取代人类的情感体验　/236

4.2　AI 让人类的创作更高效　/238

4.3　AI 与数字人 IP　/242

4.4　IP 孵化原理与 AIGC 原理　/247

后记　/251

第一部分
导入篇
IP和超级IP是什么

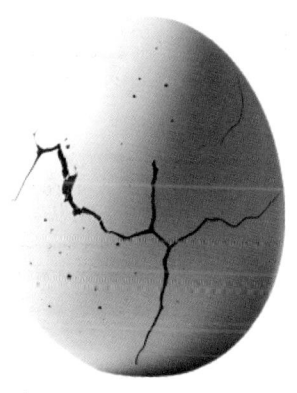

IP是个蛋，
蕴藏着能量。

1.1 IP的本义与广义

IP的本义是知识产权，即英文Intellectual Property的缩写。知识产权涵盖的领域包括版权、商标、专利及个人或组织的自然权利，如图1-1所示。

图1-1 IP的知识产权分类

但是在中国，IP这个词却有着更广泛的涵义。

在过去，影视、动漫、文学、音乐、游戏、文旅、品牌、网红都是独立存在的，虽然它们似乎有某种共性，但却难以表述出来。

随着互联网的无处不在且深入到生活、文化、商业的每一个角落，大家发现各种不同的文化内容、符号和信息的能量价值是共通的。这就需要用一个统一的概念将这种能量价值表达出来。

不同的产业逐渐形成了一种共识：

任何有文化和情感能量的、有商业持续开发能力的无形资产都称为IP。

大家不约而同地用IP这一概念，将文创、影视、动漫、游戏与品牌营销、文旅、商业、设计、个人、潮流时尚等充分串联起来。

一切风暴都不是没有缘由的。中国为什么会出现IP热？那是因为中国的发展已经达到了某个临界点。中国的文化产业需要整合起来，将大文化、跨行业、泛娱乐与商业、品牌和产品融为一体。

中国的文化+商业生态产生了以下整合趋势：

不同的细分行业都被纳入到IP大产业链条中，不再是一个个孤岛。

1.2 IP是能量存钱罐

IP就像一个存钱罐，存储着能量。
当强大的IP赋能时，能量就像瀑布一样倾泻而下。

奥运跳水冠军全红婵被视为顶级的个人IP。她取得了令人敬佩的卓越成就，包括夺得两届奥运会跳水项目金牌、零水花的完美表现以及前所未有的满分战绩。她娇小可爱的外形，以及直率中带有些许傲娇的性格，更是让人倍感喜爱。她出身于广东湛江一个普通的农民家庭，其家人非常朴实。在她成名之前，这个家庭也经历过非常艰难的时期。这些都让无数普通人产生共鸣，感受到亲近感，并从她身上看到了希望。

这些因素使她拥有了国民级明星的影响力，如图1-2所示。

图1-2　全红婵的IP能量

如今，全红婵的个人IP辐射效应已经对两个实体产生了显著影响。

首先是她的家乡迈合村。由于全红婵的影响力，全国各地的粉丝纷纷慕名而来，前往迈合村参观，并在她的家门前拍照打卡。如今的迈合村已然成为旅游热地。

其次是小乌龟树胶玩具。全红婵喜爱收集小乌龟玩具，并将它们装饰在随身背包上，这被媒体拍摄到并广泛传播。她还曾在自媒体平台上主动展示自己的各种小乌龟收藏，这一行为迅速在全国掀起了热潮，人们争相购买同款小乌龟玩具。

受全红婵小乌龟玩具热潮的影响，甚至还发生了一件特别有趣的事情。一名位于浙江义乌的树脂玩具厂的年轻厂长，自驾车并携带整车的小乌龟玩具，历经1600公里的长途跋涉，专程来到全红婵的家乡——广东湛江的迈合村。他在村中向村民及前来参观的游客免费赠送自家生产的小乌龟玩具，并通过多条短视频的形式在抖音平台上进行传播。他的这一行动迅速引发了巨大的关注，相关视频在抖音上的观看量已达数千万人次，点赞量更是突破数十万次。这名年轻的厂长也因此一举成名。

这种IP能量流动的现象，在各个IP的诞生和发展过程中屡见不鲜。

1. 能量流动是双向的，它不仅会对外付出，同时也会反哺增强自身

以全红婵为例，她的家乡迈合村的兴盛以及小乌龟玩具的热潮不仅带动了相关实体的发展，也进一步强化了全红婵自身的IP能量。

2. 能量流动过程中，层级越多，能量衰减越明显

还以全红婵为例，当她的能量最终流动到年轻的厂长时，剩余的能量已非常有限，仅能使他成为一个小网红IP。而随着时间的推移以及热点的消退，这种能量还会继续减弱。因此，这名小乌龟玩具厂的厂长若要持续提升自己的IP价值，仍需依靠个人的持续努力。

3. IP能量可分为文化能与情感能

全红婵的IP能量中既包含了她在奥运会和世界冠军赛事中获得殊荣的文化能量，也包含了她直率、可爱的个性所带来的情感能量。两种不同类型的能量共同交织，构成了强大的"IP能量场"。

1.3 IP是一个能量引力场

当喜欢某个IP的个体足够多时,群体意识就会形成。
这种群体意识便构成了"IP能量场"。

全红婵通过自己的努力在跳水领域不断为国争光,再加上她的直率、可爱的个性,使她具备了国民级的影响力、关注度和喜爱度,这正是全红婵个人IP能量场的体现。

奥特曼在全球范围内的儿童中,尤其是男孩子群体中拥有极高的喜爱度。这种喜爱不仅在儿童时期根深蒂固,即便在男孩子们长大成人后依然难以磨灭。正是这种持久的喜爱,形成了奥特曼这一超级IP的文化能量场。它不仅可以赋能于任何一种产品,还能遍及全球。更重要的是,奥特曼的IP能量场甚至能够改变全世界儿童的人生意识,使他们对生命有不同的认识:相信光的力量。这就是奥特曼IP能量场的力量所在。

《兰亭集序》则是最能证明IP价值超越实物的典范之一。尽管王羲之的书法真迹已经无人知晓,我们能看到的皆为仿品,但这丝毫不影响《兰亭集序》作为国宝IP的地位。因为它承载的不仅是书法成就和历史意义,更有历代名家对其的评点和解读。这些因素共同构成了IP信息。因此,《兰亭集序》的IP能量场价值远远超越了仿品的实物价值。

由此可见,当IP形成了群体意识的能量场后,这个IP就不再局限于某一具体内容或特定实体中。

IP能量场对社会的影响,类似于引力对时空的弯曲作用,见表1-1。

表1-1 IP能量场与引力时空场

IP能量场	引力时空场
IP偏好者的数量(能量)	物质的质量(能量)
IP能量	引力波
社会	时空

（续）

IP能量场	引力时空场
IP对社会意识的改变	时空弯曲
IP偏好者越多，能量越大，并影响社会意识变化	质量越大，引力波越大，时空弯曲也越大
IP文化共识	物质的万有引力

引力波引起的时空弯曲可对应为IP对社会意识的影响和变化。

再说一个品牌通过IP改变社会文化习惯的例子。可口可乐于20世纪曾在每年圣诞节推出特别活动，并设计了一个与其品牌红色相配的圣诞老人款：圣诞老人戴红帽、穿红袍、留有白胡子。

这种持续的传播逐渐产生了深远的影响，大家逐渐认为圣诞老人的衣服就是红色的。然而在此之前，美国的圣诞老人并没有固定的着装颜色，而欧洲的圣诞老人多穿着绿色长袍。正是由于可口可乐的推广，加上第二次世界大战后美国文化对全球影响力的提升，圣诞老人红色形象的认知逐渐成为全球大众的共识，改变了社会大众对圣诞老人的印象。

所以，世界级的超级IP是指其影响力超越了区域性的局限，在全球范围内形成了强大的文化引力场。它不仅被广泛熟知，还能深刻影响人们的认知和文化习惯，成为全球共享的文化符号。

1.4 用潜意识能量孵化IP

在人类的意识体系中，人们常常误以为日常的思考和语言化的描述占据了意识的主要部分。然而，心理学研究表明，显意识仅占大脑意识的5%~10%，而潜意识则占据了90%~95%。这一比例关系如图1-3所示。

在人类的心理构成中，潜意识包含了我们的感觉、情感、情绪、信念、动机、文化共鸣等深层要素。它还包括了童年及早期成长过程中积累的印象、记忆、体验以及未曾完全释怀的伤痛。更为深远的是，潜意识中还蕴含着人类共同的远古印记,这些情结、本能和遗传基因构成了集体无意识的范畴。此外,潜意识还超越了普通意识活动,涵盖了心灵超意识的层面。

这些潜意识构成了人的意识底层,它们犹如无形的引力,默默地支配着人的情绪起伏,主导着人的行为选择。潜意识的能量实则远超显意识,其强大程度令人瞩目。

然而,我们对潜意识的感知却往往模糊。这是因为显意识的存在将其遮蔽了。人的大脑始终处于活跃的思考状态,这

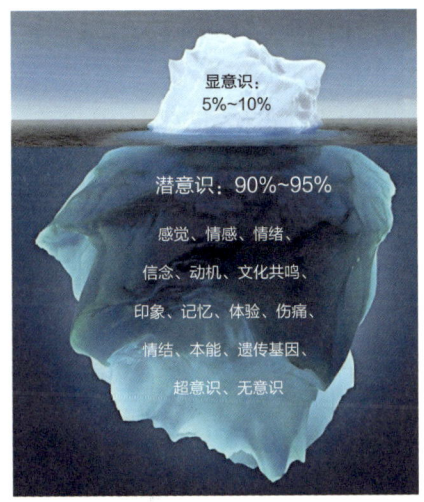

图 1-3　显意识和潜意识在大脑中的占比

些逻辑化、知识化的思维活动掩盖了潜意识的运作。这种现象恰如冰山效应,我们所见到的仅是露于海面的冰山一角,而冰山的主体则深藏水下,构成了更为庞大的存在。

在 IP 开发过程中,最为困难的在于如何触达人性的潜意识层面。

单纯依靠显意识层面的文字说明是难以达到预期效果的。只有当 IP 真正触达人性的潜意识能量,才能在人们心中建立起深刻而持久的情感连接,实现精、气、神的和谐统一。这意味着 IP 的成功不仅要满足表层的显意识需求,更要唤醒人性深处的情感共鸣。

为此,IP 开发需要运用形象、故事、动作姿势和符号等多种媒介,通过这些载体触达并激发人的潜意识。这种潜意识的唤醒能够让 IP 不仅被人们喜爱和认同,更能在情感层面实现深度的共鸣,提供持久的情绪价值。

以全红婵为例,她之所以能够获得全民性的、近乎热烈的欢迎,离不开她独特的人格魅力。作为一名奥运冠军,她身上还蕴含着多种独特的反差萌特质。这种反差萌的魅力能够更深刻地触动人们的潜意识,使她成为非常受欢迎的运动员之一。

再以潮玩 IP 的超级爆款 Molly 为例,她的成功并非源于复杂的故事内容,

而在于她独特的外形设计。她撅起的小嘴和通透的大眼睛，巧妙地映射出人性中微妙的情绪特质，直接触达人的潜意识层面。这种情感共鸣尤其在女性群体中表现得格外强烈，从而实现了IP与受众之间的深度情感连接，如图1-4所示。

图1-4　Molly最初（左）与后来的变化

Molly的潮玩公仔之所以令人着迷，正是因为创作方始终坚持着核心设计元素：那个撅起的小嘴和通透的大眼睛。无论外形如何千变万化，这两处细节总是贯穿始终，成为最打动人心的关键所在。

或许每个人的内心深处都藏着一个倔强、不服输的自我，Molly恰如其分地捕捉到了这种人性特质，并以极致的方式将其展现出来。

Molly的形象深深触动了人们的内心世界，这并无高深的奥秘可言。那个撅起的小嘴和大眼睛，简单直接却直达人性的潜意识深处。这种对潜意识的精妙触达正是普世人性的体现。因此，Molly不仅在中国大受欢迎，也能够在全球范围内引发共鸣。

值得一提的是，Molly并非唯一拥有这种特质的潮玩IP。从设计上打通人性潜意识的潮玩IP，往往都能获得广泛的欢迎。正是这种对人性深处的精准触达，让潮玩IP能够超越文化差异，实现真正的全球化。

以泡泡玛特为例，其在全球范围内的成功便是明证。从美国、英国、法国、西班牙、澳大利亚，到日本、韩国、泰国、新加坡等国家，泡泡玛特的潮玩店总能吸引大批消费者排队购买新品。这种现象不仅复制了国内的成功模式，更在海外市场实现了排队购买、收藏交换及二手市场价格持续上涨的局面。

这种现象正得益于泡泡玛特的IP设计。无论是Molly、Labubu、DIMOO，还是SKULLPANDA，这些潮玩IP都具有直达潜意识的可爱萌趣和普世人性的特质。正是这种对人性深处的洞察与表达，才使它们风靡全球，成为潮玩文化的代表性符号。

要触达潜意识，仅仅依靠理性判断和理性价值观的设定是远远不够的。更为重要的是需要通过情感、直觉和图像等方式打通潜意识，汲取潜意识深处的能量，才有可能孵化出成功的IP。

IP想要实现成功，必须懂得如何运用潜意识能量。这一过程是有方法论可循的，但这一方法论必须符合潜意识的底层原理，而非单纯地依赖理性逻辑，见表1–2。

表1–2　运用潜意识和理性意识的不同结果

	行为	结果
潜意识	表达情感冲动	表达潜意识的情绪
	直面内心的创伤、阴影，甚至羞耻的感受	激发潜意识的能量
	运用感觉、直觉，甚至冥想	连接潜意识的深层空间
理性意识	装作一本正经、热衷说教	和潜意识隔绝
	高高在上、俯视众生	脱离人性，无法走心
	纠结于思想	思想是显意识，会远离潜意识
	过于注重思想价值观	失去情绪价值

IP开发者首先需要擅长运用感觉、直觉，甚至冥想的方式来连接潜意识的深层空间。其次，IP开发者绝不能排斥自己内心的非理性情感冲动，因为这可能成为打通潜意识的起点。IP开发者还应当直面内心的创伤、阴影，甚至是羞耻的感受，将它们如同召唤神龙一样，用光明照亮它们，因为这些正是潜意识能量的所在。

在进行IP创作时应避免过于正经或热衷说教，因为这些做法会将创作者与潜意识隔绝。创作IP时最好不要高高在上、俯视众生，因为这会导致与人性的脱离，使创作无法走进人心。

我的建议是：当IP的潜意识触达成功后，在进一步发展中，要以理性意识进行注解和表达。也就是说，应遵循"先潜后显"的顺序，不要颠倒意识的次序。

1.5 IP赋能，养成亚文化

IP是能量的存储器，其能量能够流动至万物，这一过程即为IP赋能。

这种能量流动至不同人群的心灵中，能够滋养并孕育出亚文化。

例如，许多人倾向于在其车辆上贴上变形金刚的标志。每当人们看到有变形金刚标志的车辆时，不仅会识别出车主是该IP的共识者，还会产生该车辆可能会变身为变形金刚的想象快感。

再如，当代年轻人热衷于通过Cosplay（角色扮演）的形式展示自己喜爱的动漫IP，从服装、发型到化妆，他们会将这些元素呈现出来，并前往漫展、街头或文旅景点拍照。

近年来，中国各地尤其是城市中兴起的二次元"谷子经济"，也是一种IP能量的符号化表达。所谓"谷子"，即英文"goods"的中文音译，指的是将二次元IP的形象符号化，并将其应用于各种生活小物品、配件和玩具中。

在现代社会中，喜爱不同IP的人会将代表性符号与自己的随身装备相结合，甚至在身体上以文身的形式体现，表明自己是该IP的粉丝。这种现象催生了多种IP亚文化。

这些都是IP能量场对个体的赋能过程。喜爱IP的人在获得IP能量后，自身的能量也会被激活，他们主动参与和行动，并进行再创造，最终构成了一个多元化的IP文化生态系统，如图1-5所示。

许多人渴望开发IP的原因在于，IP能够构建文化能量场。这种能量场不仅能够带来丰硕的成果，同时也能激发情感共鸣，是一种兼具情怀与经济价值的事业。

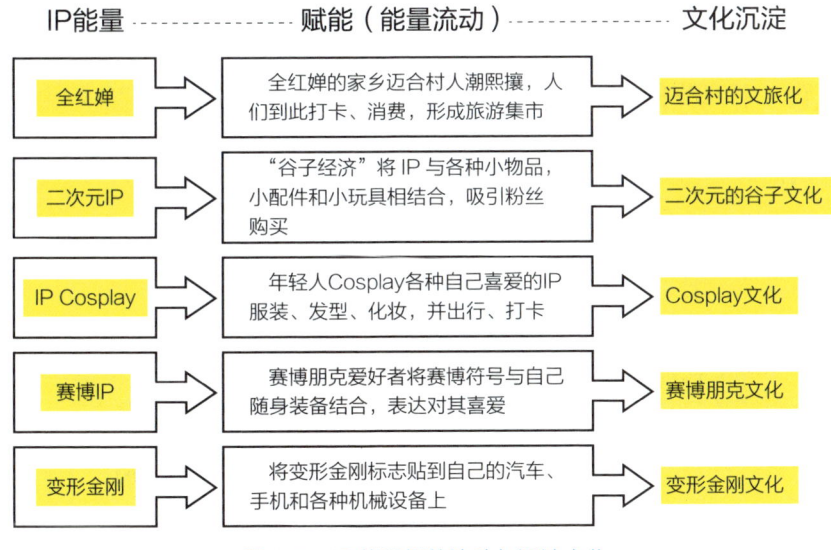

图1-5　IP能量场的流动与沉淀文化

要开发IP，途径是多样的。例如，创作者可以通过动漫、影视、游戏、音乐、文学和戏剧等文娱内容来打造IP。

企业可以开发IP，包括品牌IP，以及采取与活动、服务和个人IP矩阵相结合的形式。

文旅体育领域也是重要的IP开发场景，涵盖文化景区、历史文物、城市、小镇、展览会及体育竞技活动和体育俱乐部。这些领域天然适合IP开发以凝聚价值并实现价值变现。

个人IP的开发同样具有广阔前景，包括明星、网红、企业家等真人IP，以及虚拟角色和虚拟偶像等个人IP。

设计师和艺术家是IP开发的重要力量，他们通过创作形象、艺术作品和潮流艺术，成为IP的原始创造者。

值得注意的是，打造IP并不一定需要投入巨额资金，轻量化的开发方式同样可以实现IP的开发。

关于轻IP的具体开发方式，笔者将在本书的"应用篇"中进行详细阐述。既然开发IP的道路如此多元，那么又有哪些孵化模式可以探索呢？

1.6　IP孵化的八种产业模式

不同的IP产业化要求会产生不同的IP。全球主要有以下八种超级IP孵化模式，如图1-6所示。

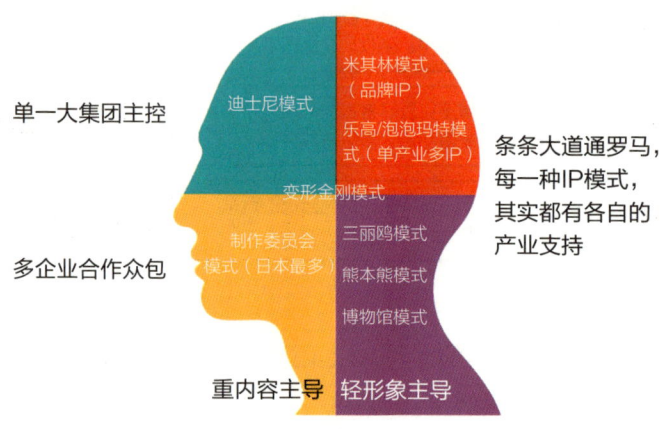

图1-6　IP孵化的八种产业模式

第一种是迪士尼模式。 该模式的特点是在一个大集团旗下，实现从内容原创制作、媒体发行、主题乐园体验，到各种跨行业授权商品落地的全产业链闭环自主完成。迪士尼旗下的所有IP几乎都是这样做的，并不断收购优秀的IP原创公司或强大的IP加入，从皮克斯动画工作室到漫威，再到《星球大战》。《哈利·波特》IP也是这一模式，因为是由环球影业主控。

第二种是日本的制作委员会模式。 该模式的特点是不在一个大公司下，而是让创作者、出版公司、媒体及发行公司、广告传播公司、玩具公司、游戏公司、服饰公司等以一个内容IP为中心，组成IP制作委员会且共同出钱，内容推出后大家各自在所擅长的行业领域发力，一起将IP做大，并按出资比例分享收益。日本的大多数内容IP都是这样做的，从早期的《哆啦A梦》到近期的《航海王》《火影忍者》等都是如此。

第三种是变形金刚模式，或称精灵宝可梦（皮卡丘）模式。该模式的特点是，虽然也是依靠强大的内容，但IP本身至少在初始孵化阶段有鲜明的行业商业属性，而不是纯内容的。例如，变形金刚的背后是美国孩之宝（Hasbro）公司，其动画起初就是为玩具服务的，后续一步步发展为全行业IP授权。这种在动漫行业被称为产业动画，代表IP还包括美泰玩具的芭比娃娃，以及国内奥飞玩具公司的巴啦啦小魔仙、超级飞侠等。而精灵宝可梦（皮卡丘）则来自任天堂公司的游戏，尽管也制作了动画和电影，非常受欢迎，但其核心产品始终是不断迭代进化的游戏。

第四种是米其林模式，即商业企业自主推出的IP形象模式。该模式的特点是以形象为主导，核心功能是辅助品牌和产品发展，同时也做一些IP化的延伸。例如，米其林轮胎人既是代表米其林轮胎的形象，又延展到米其林美食指南，成为大厨。世界上绝大多数商业企业的IP都可以归入此类。代表IP包括国外的M&M's巧克力豆公仔、七喜的Fido Dido（七喜小子）、日本NHK电视台的多摩君等，国内的则有江小白、三只松鼠等。LINE FRIENDS、KAKAO FRIENDS本质上也是这种IP模式，以及国内的QQ企鹅。

第五种是乐高模式，也是泡泡玛特模式。该模式的特点是企业本身未必有一个特别强的IP形象，但企业的产品却不断与各种IP结合，成为不同IP的舞台，从而让自己的产品具有极强的文化IP属性。例如，乐高的玩具就不断与各种IP内容结合，推出主题化玩具，从星球大战到漫威、DC和哈利·波特。同属于这种模式的国外IP包括Zippo打火机、Swatch（斯沃琪）手表、Moleskine纸质笔记本、可口可乐瓶、优衣库的UT、Supreme服装等，在国内则有RIO鸡尾酒、气味图书馆等，以及李宁运动服装大力推进的国潮运动，也在将自己变成IP舞台。

第六种是三丽鸥模式，或称设计师模式。该模式的特点是由设计师或原画师创造，IP从一开始诞生就是一个形象，可以直接应用于各种商品中。例如，Hello Kitty来自日本著名礼品公司三丽鸥，在不断扩张和进入不同行业的过程中，始终以形象和设计迭代为主导。国际上著名的KAWS、BAPE（猿人头，也称安逸猿）、大嘴猴，以及国内的魔鬼猫、HIPANDA等，都属于这种模式。严格来说，LINE FRIENDS也是这种模式，虽然依托于LINE软件，但本质上仍然是靠形象设计取胜。

第七种是熊本熊模式，或称吉祥物模式，往往为文旅和体育项目采用。该模式的特点就是通过设计一个吉祥物大使，让其代表文旅体育项目，出现在各种场合，执行各种任务，同时推出大量衍生品，成为文旅体育项目的重要收入来源。这种模式在体育、展览活动、文旅景区等领域都应用得非常普遍。例如，每一届奥运会、世博会都会专门推出吉祥物。在日本，基本上每一座城市甚至每一个乡镇都有自己的吉祥物，为当地做出各种贡献，甚至还有一年一度的城镇吉祥物评比大赛。吉祥物模式和Hello Kitty的设计师模式有很多相近之处，但前者相对来说更依赖于其文化母体的力量，如奥运会。熊本熊IP其实是同时跨越这两种模式的，所以既依托于熊本市在日本发展，又能以纯形象风行全球。

第八种是博物馆模式，也称故宫模式。故宫并没有吉祥物，却能将其丰富的文化内涵、文化角色、文物精品都发展为各种不同的IP衍生产品。这种IP模式的源头可以是任何东西，例如可以是一个人（如切·格瓦拉、玛丽莲·梦露）也可以是一条路（如美国的66号公路）。只要这个源头具备足够强的文化共识和个性特征，就可以被IP化，并衍生为各种产品。

泛IP时代，处处都有IP。

IP在中国之所以愈发受重视，原因在于中国经济与网络的发展已超越了关键阈值。在这种背景下，人们亟须运用"IP思维"以开创一个将大文化、跨行业、泛娱乐与商业、品牌和产品深度融合的泛IP时代。

以往，品牌营销主要聚焦于广告宣传。如今，人们将越来越多的关注点转向优质内容、小红书运营、自媒体建设以及直播带货等领域。这些策略能否取得成功，关键在于是否能够成功打造出IP。

再如，文旅行业过去的经营模式较为单一，仅需售卖门票和旅游纪念品。然而，如今的文旅行业需在网络和社交平台上引发流量热潮，同时拉动旅游收入及文化衍生品收入。这一转变离不开IP的精心打造。

1.7 IP联名，是能量交换

很多人都发现，IP联名往往是不按常理出牌且最有传播效果的。

这是因为，IP联名本质上是品牌与IP之间的能量互动。

为了实现成功的IP联名，品牌方需要寻觅与自身情感或文化能量相匹配或相对的两类IP。这恰如磁铁的正负极，两极相反则能产生最强大的吸引力，反差越大，效果越显著。

然而，IP联名并非仅仅依靠反向力，还需兼顾正向力，因为正向力能够累积品牌方的基础能量。

新消费品牌可通过IP联名迅速扩展文化影响力。老品牌则能借此注入年轻活力，刷新品牌文化能量。科技品牌则可利用IP联名增加人文文化内涵。而文旅品牌可凭借其固有的文化底蕴，通过IP联名拓展商业价值。

这就是：IP联名以奇胜，以正和。

很多企业仅关注品牌能量的正向面，这种单一视角显然不足以涵盖品牌的多样性。世间万物，阴阳相生，正反相济，品牌方需全面认识这一点，去寻觅与自身能量最能产生火花的IP进行联名，这样做往往能收获事半功倍的效果。

品牌方需明确自身在消费者心中的能量价值。这种价值可从情感维度和文化维度两个方面进行评估。

以李宁为例，其联名策略常常出人意料。它与《人民日报》的联名之所以令人印象深刻，正是因为双方在历史文化上截然不同，但又共享相似的中国情感与文化能量。

同样，李宁与国际顶尖艺术家空山基的联名也取得了惊艳效果。这种成功源于中西文化能量的碰撞，以及双方在时尚文化能量上的共鸣。

优衣库是一家以大众化快时尚为主的服饰品牌，其产品以平价和基础款为主，能够满足大多数消费者的日常需求。为了进一步拓宽品牌边界，优衣库推出了UT系列，这是一项战略级别的长期IP联名策略。

优衣库的正向磁场体现为大众化、平和与平民化的文化定位。

而通过UT系列，品牌成功构建了一个反向磁场，这一磁场呈现出多元化、个性化以及前卫的文化特质。

这种双重定位使优衣库能够敏锐地捕捉年度最新潮流，甚至与最具代表性的IP或潮流艺术家展开合作。

2019年，优衣库与美国著名当代艺术家KAWS的联名系列"KAWS: SUMMER"引发了全球范围内的关注与热潮。这一系列产品在当年6月3日正式发售后，线上仅用3秒时间就售出了10万件，而线下市场更是出现了消费者排队抢购，甚至有钻门等极端现象。这种现象充分体现了UT产品战略的长期积累与成功。

优衣库的UT模式实质上是将IP联名作为副品牌长期运作，并最终发展成为一个独立的产品平台。这种模式不仅提升了品牌的文化影响力，也为其带来了显著的商业价值。

喜茶的产品和门店设计以白色为主调，展现出了高雅且平和的品牌形象。

同时，喜茶通过丰富的联名合作，在其品牌基调之外又构建了极具张力的情感能量。这种能量不仅满足了消费者对多样化表达的需求，还通过不断推出的联名款带来了令人惊喜的体验。

这种策略正是通过正向与反向文化磁场能量的交锋来实现的。正面与反面形成鲜明对比，以此互动带来的奇妙效果成为品牌成功的关键所在。

IP联名是一种简便易行的合作方式，既可以大规模推广，也可以小范围尝试。它适用于广告宣传、社会传播以及产品化开发。这种形式既能提升品牌的高端形象，也能贴近消费者进行深入互动。

IP联名能够轻松适应网络传播的碎片化、圈层化和部落化特点，同时还能实现跨界合作，打破传统传播的局限。

简而言之，IP联名，**能量交换可盐可甜**。

1.8 超级IP是超级能量符号

当前市场上涌现出各种声称能迅速打造超级IP的方法，这些方法大多流于急功近利的短视行为。

这是因为，流量的叠加并不等同于超级IP的形成。

最常见的速成方法是将多个流量IP进行叠加，试图通过流量相乘的方式，使IP迅速跃升为超级IP。然而事实上，一部畅销小说加上流量明星，再搭配最热门的拍摄类型，制作出来的影视剧往往成为烂片的代表。

这些所谓的拼盘式超级IP项目往往质量不高，生命周期也十分短暂。它们的影响力在热度尚未消退时就已急速下降，难以实现持续的跨产业发展。

超级IP的成功不能仅仅依赖于营销手段。

同样，许多营销案例也暴露出表面化的泡沫，一些被宣传为超级IP的营销案例，几年后往往已被人们遗忘。IP确实需要营销的支持，但如果主要依靠营销手段来打造超级IP，不仅难以成功，甚至无法真正形成IP。正如优秀的产品比优秀的营销更为重要，优秀且具有持久力量的内容对IP的意义也远大于营销。

归根到底，超级IP是文化能量的积累和培养，而非单纯依靠营销手段的速成之路。

我们要去除虚妄回归根源，去认真分析IP在成长过程中会发生怎样的蜕变和飞跃，如此才能知道如何孵化超级IP。对IP成长不同阶段的描述如图1-7所示。

IP成长的初级阶段是以各种原创内容为基础的，例如故事、段子、绘画、音乐、文本和设计等。随着时间的推移，这些内容中的能量会逐渐沉淀并浓缩，最终形成独特的符号，这就是IP成长的高级阶段。当IP的符号具有极强的社会共识度和深刻的情感共鸣时，它便会成长为超级IP。所以，从IP到超级IP的第一个基本要点在于形成专属于自己的符号。

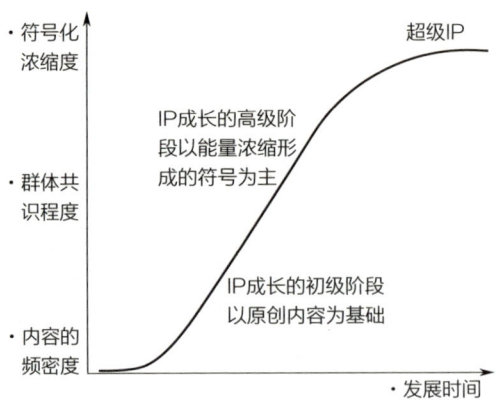

图1-7　IP成长的初级、高级与超级阶段

一个IP授权行业的常识是：**能真正跨产业授权的只有IP符号。**

内容，其实只是IP的炼丹炉，而不是IP本体。 真正能进行广泛而长期跨界赋能的，是从内容炼丹炉中冶炼出来的能量符号。

例如，漫威和DC之所以被称为超级IP宇宙，是因为其不仅有强大的世界观，还有一大群超级英雄角色，而且每个超级英雄都有自己的专属符号。

超级IP的孵化，其实是从内容到符号的产品化思维。

传统创作的生意模式是"销售播映版权"，必然追求快速盈利。由于不追求以IP为核心的多元化经营，缺乏长远的可持续发展规划，因此，传统创作很难在将来孵化出超级IP。

例如，传统的影视作品如果用的是公共文化IP，像《封神演义》《三国演义》《西游记》《红楼梦》《水浒传》，都更喜欢直接照搬原名。

而在新IP思维下，如果改编《西游记》，首先在名字上就会改为《大圣归来》，这样就能形成自己的独特专属IP。而《哪吒之魔童降世》不仅会特意突出"魔童降世"这一独创的名字，也会在剧情上出现"灵珠""魔丸"等全新的名词概念，并作为主导。

这是因为，IP思维会非常注重IP文化符号系统的独特性和专属性。

没有具有跨界赋能力的能量符号，不足以称为超级IP。

一语概之，超级IP就是超级能量符号。

第二部分
原理篇

双能共赋与4S齐生

孵化IP，
靠双能共赋。

从事过IP开发的人往往都经历过"感知困境"：当一个IP的形象和故事被开发出来后，尽管各项条件都符合要求，但总会感到"差点意思"。

这种欠缺的具体原因难以言明，但IP开发者可以明确感受到：这个初创IP与那些成功赢得大众喜爱的IP相比，似乎在直觉上存在差距和不足，但自己又无法准确指出问题所在。

我每个月都会遇到一些IP开发者向我展示他们开发的初创IP，希望我能评估其潜力，分析是否开发得好，以及存在哪些问题。说实话，绝大多数初创IP都确实"差点意思"。

作为目睹过数百个初始IP的失败，并亲历过极少数IP成功的人，我将从专业视角向大家揭示IP的源代码。

（1）情感和文化是IP的两大能量源泉，也就是情感能和文化能。

（2）情感是IP的第一推动力。IP是否能让人喜爱，取决于能否触及并打动人们的潜意识，激发情感共鸣。

（3）文化是IP的第一势能力。IP背后的文化母体是否具有强大的时代势能，决定了IP是否能充分建圈和破圈。

所以，如果你感觉自己的初创IP"差点意思"，那么导致你产生这种感觉的原因最有可能是以下两个：

（1）IP想建立的情感没能激发人们的潜意识，不足以让人喜爱。

（2）IP想塑造的文化没能触动人们的集体无意识，不足以引发群体的兴趣。

在"原理篇"中，我将一一剖析IP背后的两大能量，帮助IP开发者找到让IP更能打动人心的秘诀。

2.1 IP第一推动力：情感驱动

在心灵的最深处，人性的脆弱与孤独悄然浮现。人们渴望变得强大，渴望被抚慰、被关注，渴望获得安全感并得到爱的滋养。在个体发展过程中，若因种种原因导致人性的需求未能得到充分满足，个体往往需要借助外部理想化形象（IP）的投射，从而促进自性（心理学术语）的成长与整合。

当人性的自我发展需求愈发得不到满足时，人们内心的渴望便愈加强烈，因而就需要寻找一个可以代替的IP（人、物、故事、形象）来补偿。IP的移情代偿效应如图2-1所示。

图2-1　IP的移情代偿效应

情感驱动是IP的第一推动力

人类天生具有情感表达的需求，情感的驱动会促使创作者不断探索新的表达方式，从而推动了IP内容的创新与创造性发展。

同时，情感的投射与代偿机制也使IP能够引发观众的情感共鸣，从而产生读者、观众、听众对内容的喜爱和广泛传播。

当越来越多的人被情感驱动，参与到IP的传播中时，IP便会出现突破性发展和社会化传播的现象。最终，IP文化作为一种独特的亚文化在社会中获得广泛的认同。

遍览大千世界，小至一颗核桃里的微雕，大至数亿人共同的信仰、信念，到处都是情感能量的投射之果。

IP和品牌都是对人性心智的占位

"定位"这个概念早已在品牌和营销业界获得共识，代表着品牌或产品在人性心智中的空缺占位。我之所以认为IP的成功也是一种定位，是因为我在对上千个成功的IP和更多不够成功的IP进行考察后发现：

==但凡能在全球长久地大获成功的超级IP，概无例外，都在人心深处有一个独特的情感锚定，也就是"IP的情感定位"。==

而众多不成功的IP，或者曾经蹿红但很快随风而逝的IP，往往只把重心放在拨动人们的浅层情绪上，或者过于理性，无法真正到达人的内心深处。我将IP和品牌进行了比较：

（1）成功的IP和成功的品牌都是对人性心智的占位。这一点是非常相似的，完全可以将IP的成功理解为IP对人类心灵的某种定位的成功。就像品牌如果缺乏独特有力的定位，很难长期发展为强势品牌，IP如果没有独特的、占据人心的定位，也很难长期发展为强大的超级IP。

（2）成功的IP和成功的品牌的不同之处在于，品牌定位更接近心智中的"智"，更理智化、逻辑化；而IP定位更接近心智中的"心"，更情感化、本能化。

（3）还有一点明显的不同是，品牌定位往往依靠一句话，加上"视觉锤"；而IP定位更多依靠的是形象、故事或直觉，不只有"视觉锤"，还有"本能锤"。强大的内容IP有故事和世界观做支持，而另一些强大的形象IP则连文字和说辞都不需要，甚至连理由也不需要，就是靠形象和直觉，做到直指人心、直叩人性的潜意识。

（4）品牌与IP在商业上的差别是，品牌依托于行业和产品，而IP能自发构建与消费者的信任闭环，能自发完成与消费者的联系。

总之，在心智的战场上：

> 品牌入脑，IP走心。

品牌判断在脑，IP感受在心

品牌定位和IP定位对人性意识的锚定位置是不同的。为了更明显地展示两者的差别，我特意绘制了一张人性意识分层图，如图2-2所示。

在图2-2中，为什么品牌定位更靠近水面？因为品牌价值是理性意识与感性意识的结合。品牌要实现的共识一定不是纯感性的，而是结合了让消费者选择购买的道理。

而IP的定位为什么更靠近底层？因为IP的价值是感性意识与更底层的隐性潜意识的结合。因为IP要实现的共识，不仅是感性的共情，还会进入更深层次的集体无意识，从而与人们实现更深层次的联系。

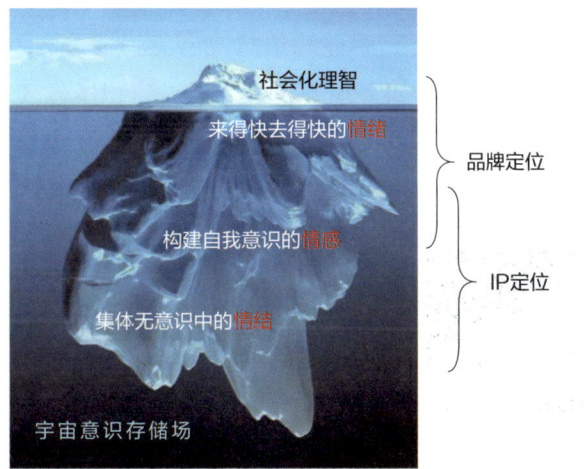

图 2-2　人性意识分层示意

这在营销学中被称为定位，在心理学中被称为共识，而在大数据领域则更通俗易懂地被称为标签化——无论是品牌还是IP，都会在人们的心智中形成一个个清晰的标签，便于信息的检索与匹配。

品牌或IP等无形知识资产的任务，就是在人们的意识中留下或深或浅的印记，从而与人们发生或深或浅的意识联系。品牌定位和IP定位的差异见表2-1。

表 2-1　品牌定位和IP定位的差异

品牌定位		IP定位	
理性+感性		感性+隐性	
社会化理智	自我意识	自我意识	潜意识情感

品牌定位的经典例子很多，例如在《定位》一书中提到的有可口可乐的"正宗可乐"定位，七喜汽水的"非可乐"定位，安飞士租车的"第二"定位，还有宝洁公司的多品牌覆盖不同定位。而在我国市场上，比较著名的有王老吉凉茶的"不上火"定位，百度搜索的"百度更懂中文"定位（这个是我当时策划的）。

很显然，这些品牌定位都有鲜明的理由成分，能在消费者的大脑中锚定一个理智化的位置，并成为销售的购买原因。

而成功的IP定位，则具有明显的情感及潜意识成分，一定是一个能打动内心深处的情感共振点。例如，加菲猫的"懒"定位、超人的"英雄"定位、蜡笔小新的"贱"定位、哆啦A梦的"解决童年苦恼"定位、大白的"呵护"定位、Hello Kitty的天然"萌"定位等，如图2-3所示。

图2-3　知名IP的情感定位

这一个个情感共振点就像一个个锚，锚定在人类心灵的某个位置，所以既强大又持久。你可能很多年没看过加菲猫，但不妨碍你一看见加菲猫，内心的"懒"本能就上脑了；我是长大后才开始看哆啦A梦的故事的，但不影响引起自己对童年感受的强烈共振，因为每个人的童年都难免像小学生野比大雄那样遇到困难时感到无力，所以我们都需要哆啦A梦。

总之，品牌定位是让人来做判断的，而IP定位是让人来感受的。判断在脑，感受在心，两者相辅相成，并不矛盾，但需要两套不同的思维体系去理解、运作。

品牌和IP的差异见表2-2。

表2-2　品牌和IP的差异

比较项目	品牌	IP
知识产权	商标权	著作权

（续）

比较项目	品牌	IP
心智战场	入脑	走心
意识层次	显意识	潜意识
意识属性	理智	情感
认知方式	判断	感受
商业点	立足行业	跨界行业
扩张点	消费需求	文化共识
文商关系	商业带动文化	文化驱动商业
成功模式	底部爆，上部成（产品）（品牌）	中心爆，周边成（形象/内容）（产品）

品牌和IP最终一定会合体的，因为IP本来就是更深文化维度的品牌。对企业来说，未来的品牌策略自然会有IP+策略在其中，不分彼此；从本质的角度看，品牌和IP都是知识产权，知识就是内容，而产权就是价值的归属。

当然，这个IP化的过程远远不只是将品牌形象化那么简单，需要真正下沉到企业的产品、服务当中去才行。

IP能更好地帮助品牌实现情感占位，缺少IP的品牌，不足以占领完整的心智

在全球范围内，许多品牌通过IP或IP化的产品和服务，成功实现了与消费者的深度情感沟通。以下是一些不同行业和形式的IP情感连接案例。

例如，奥利奥通过不断强化"黑—白—黑"的饼干视觉符号，将自己的特色饼干变成了高辨识度的文化符号，成功实现了IP化。

可口可乐通过定制瓶、歌词瓶等创新形式将瓶身IP化，可乐瓶已成为知名的文化符号。

M&M's将每个颜色的巧克力豆都赋予了独特的人格，使IP形象成为产品与消费者直接进行情感沟通的象征。

麦当劳则构建了一个完整的IP角色家族，并通过长期的IP联名特别款，不断进行文化建设和情感沟通。

肯德基将创始人山德士上校IP化，通过形象创新和故事营销，强化了品牌的情感认同。而"疯狂星期四"作为经典促销活动，也成为企业的IP化内容代表。

还有香奈儿，通过品牌故事和形象传承，将创始人可可·香奈儿（Coco Chanel）成功IP化。这种IP化品牌方式，在几乎所有的高档奢侈品牌中都是最惯用的方法。

在科技数码行业，苹果公司通过极简美学和用户体验，将产品设计IP化，建立起牢固的品牌情感忠诚度。

特斯拉和小米都是将创始人IP化，通过个人魅力和品牌故事的结合，强化了用户的情感认同，也都获得了极高性价比的营销与销售业绩。

在互联网平台领域，谷歌将搜索的首页Google艺术化，结合创意设计和节日纪念，实现了品牌IP化的打造。而中国的互联网平台企业，无论是天猫的猫形象、美团的袋鼠耳朵、京东的JOY小狗，还是经典的腾讯小企鹅，都通过形象化IP的打造，让自己的平台更加温暖有爱，帮助平台与用户建立更具人情味的连接。

瑞幸咖啡的快速崛起和它将产品创新与IP联名结合，不断创造爆品的产品IP化策略是分不开的。

为什么在互联网时代，IP变得更加重要

人的情感需求是自古存在的。在过去那个非互联网的时空，这些情感需求主要是通过家庭亲情、性与爱情、友情互助来实现。

但是在互联网的笼罩和高科技的浸染下，每个人和其他人的距离明显疏远了不少。以至于人性中的各种情感需求在个体的疏离下难以满足。

> 世界上的人与人越来越缺失感情，
> 作为情绪代偿品的IP越来越丰富。

人们日益渴望获得情感的补偿，而IP恰好满足了这一需求。因此，IP的

更新迭代速度较过去显著加快。以往，IP 的塑造以内容为核心，一个 IP 的成长周期通常需要四年到五年，甚至十年、二十年以上的 IP 也屡见不鲜。然而，如今轻内容盛行，打造一个热门 IP 可以更加迅速和便捷，但同时也更容易被时代淘汰。

这些 IP 的核心功能在于提供有温度的情感联结：在这个让人身心俱疲的时代，IP 不仅能让你为自己的心灵取暖，还能帮助你找到一群志趣相投的人，形成轻松的社交圈。

在当下，越是高高在上且完美无缺的 IP，越难以赢得人们的喜爱；而那些能够让人们自发喜爱的 IP，往往都具备独特的情绪价值。例如：

"Loopy"：这只傻愣又耿直的小海狸，为年轻人提供了一种略带"发疯"的吐槽方式，激发了广泛的众创热潮。

"Chiikawa"：这三只古怪又萌趣的生物，仿佛一种"情绪布洛芬"，为人们带来奇特的治愈效果。

"奶龙"：它以全新的方式展现了轻松诙谐的情节，成为新时代的"熊本熊"，深受大众喜爱。

此外，2025 年上映的动画电影《哪吒之魔童闹海》，通过其丰富的角色塑造，即使是配角，也能为观众带来强烈的情感共鸣，见表 2-3。这些 IP 的成功正是源于它们能够精准地捕捉并满足当代人的情感需求。

表 2-3 《哪吒之魔童闹海》中不同角色的情感能量

角色	情感能量体现
哪吒	承载"反叛情结"，传递"我命由我不由天"的畅快情感，激发观众对自我命运的思考与共鸣
敖丙	象征友情、支持、理解与关怀的情感力量，展现温暖的人际关系与互助精神
哪吒父母	体现对孩子的包容与无条件的爱，引发观众对家庭情感与亲子关系的共鸣
敖丙的父亲敖光	塑造潇洒、大度的英雄形象，满足观众对理想化父亲的想象

（续）

角色	情感能量体现
哪吒的师傅太乙仙人	以憨厚可亲的形象和幽默的性格传递包容感与谐趣感，为剧情增添轻松幽默的氛围
申公豹	亦邪亦正的角色设定，呈现"我命由我不由天"的另一种诠释，引发对复杂人性的思考
申小豹	纯真可爱、充满上进心，激发观众对成长与奋斗的认同
土拨鼠们	呆萌可爱的形象，特别能激发普通人的身份认同与情感共鸣
石矶娘娘	心态良好的"宅女"形象，契合当代年轻人的生活态度，引发观众共鸣
一对结界兽	憨态可掬的宠物形象，激发观众的喜爱之情与情感投射

在这个时代，IP不仅承载情感，还具备一种特别的情绪价值：帮助人们突破信息的茧房。以哪吒系列电影的爆火为例，它们成功吸引了许多年轻人对传统文化的兴趣，并促成了传统文化与现代潮流文化的跨界对话。

此外，观众在观影后通过社交媒体热情地分享情感、发表观点、进行思维碰撞，不仅打破了人与人之间的隔阂，还催生了热烈的情感交流与思想沟通。同时，哪吒系列电影激发了大量观众的共创热情，他们在网络上贡献了丰富多彩的图文、视频和段子，展现了自身的创作才华。

总之，在信息碎片化的时代，IP为人们提供了三重价值："情绪价值"（情感共鸣与治愈）、"社交价值"（打破隔阂、促进交流）和"自我突破价值"（激发创作与表达）。这些价值共同作用，帮助人们在信息茧房中实现超越与成长。

每一个成功的IP都有强大的情感定位

举一个最明显的比较案例：大侦探福尔摩斯和大侦探波洛。

这两位都是世界侦探小说中的顶尖角色代表。以他们为主角的小说广受欢迎，全球销量火爆，并被多次改编为电影和电视剧。

但从IP价值的角度来看,福尔摩斯远高于波洛,原因何在?

福尔摩斯之所以IP价值更高,是因为他是一个人们潜意识中的英雄原型。他的形象、性格和行动方式能够深刻触动人们的情感,激发对英雄的崇拜之情。这种英雄崇拜情感被不断强化,成为超级IP的核心特质。其塑造方式与漫威或DC的超级英雄IP有异曲同工之妙,赋予了福尔摩斯强大的情感感染力和传播力。

相比之下,大侦探波洛更接近于一个智者原型角色。他以理性、睿智和推理能力为核心特质,激发了读者在阅读时的理性思考与逻辑推理乐趣,为侦探文学爱好者提供了烧脑的体验。然而,这种偏重智性与理性的特质在打造超级IP的过程中显得力有未逮,难以突破圈层限制,缺乏足够的情感共鸣来支撑更广泛的传播与影响力。

福尔摩斯与波洛在情感能量上的巨大差异(见图2-4),直接导致了他们在破圈影响力上的显著不同。福尔摩斯所蕴含的强烈的情感能量,使其在IP发展过程中具备了更强大的感染力和传播力,这正是其能够成为超级IP的关键原因。

图2-4 大侦探福尔摩斯与波洛

福尔摩斯作为一个全球知名的IP符号,其形象特征包括手持烟斗、身材瘦削等,这些特征被广泛应用于各种商品中。福尔摩斯的超级IP地位主要归功于其创作者柯南·道尔采用的超级英雄设定方式。具体来说,福尔摩斯具有鲜明的个性、独特的嗜好和帅气的外形,不仅智慧超群,武力值也非常高。在故事叙述方面,案件的解决过程相对简单,这使读者在阅读后对福尔摩斯的超凡能力和精彩的冒险经历留下深刻印象。

阿加莎·克里斯蒂笔下的侦探波洛与福尔摩斯形成鲜明对比。波洛被塑造成一位老龄脑力智者,其外形特征是大腹便便的老者且武力值极低。在故事情节的发展中,波洛破解案件的过程极为复杂,细节丰富,如同剥洋葱般层层揭示真相。这种叙事方式对于喜爱逻辑推理的读者极具吸引力,因为它提供了深入的思考和推理过程。然而,这种复杂的案件破解过程在某种程度上削弱了波洛作为英雄形象的塑造,使他的形象更偏向于智者而非传统意义上的英雄。

再举一个例子:无脸男。

无脸男只是《千与千寻》中的一个配角,却成为通过这部电影孵化出来的最成功的IP形象,拥有最丰富的衍生品,如图2-5所示。

图2-5　无脸男

为什么不是《千与千寻》中的主角千寻、白龙、汤婆婆等成为最受欢迎的IP，反而是一个出镜不多的无脸男呢？

因为无脸男代表着人性潜意识中的阴影情结。他像是一个幽灵，既象征着人性中的贪欲，又映射出人性中的自卑，活脱脱是现代社会人的内心写照。

在形象设计上，无脸男极具符号感和记忆点，主要体现在以下几个方面：第一，他拥有独特的面具设计。他戴着一张白色面具，上面涂有黑影，这种鲜明的对比设计极具视觉冲击力。第二，他拥有半透明的黑色身体。他那黑色且半透明的身体造型神秘而独特，这进一步增强了角色的辨识度。第三，他拥有过目不忘的形象。他的整体造型简洁却富有深意，给人留下了深刻印象，令人难以忘怀。

因此，无脸男的形象设计以其独特性和符号感成为《千与千寻》中最具标志性的角色之一。

类似的情况还发生在《星球大战》系列电影中。

《星球大战》系列电影大获成功后，尽管代表正派的主角如卢克、公主和船长等角色深入人心，但他们并未成为最具影响力的IP形象。相反，得到最广泛流传、拥有最多商业应用和衍生品的是黑武士和白色暴风兵。这两个角色成为《星球大战》电影孵化出来的超级IP。

黑武士以其独特的黑色盔甲、低沉的声音和复杂的角色背景，成为流行文化中的标志性反派。而白色暴风兵则凭借其统一的白色盔甲和高度符号化的形象，成为极具辨识度的象征。

黑武士和白色暴风兵比主角们更能激发人们潜意识中的情感共鸣。尤其在《星球大战》系列电影的尾声，黑武士向主角抛出一个震撼人心的真相："I'm your father。"这瞬间唤醒了人们潜意识中对父权阴影的压抑与恐惧，引发了巨大的情感冲击与轰动，如图2-6所示。

有强烈情感力的IP往往迥异于常态

具有强烈情感力量的IP往往展现出与众不同的特质。例如，看似"傻气"的形象比普通形象更容易引发情感共鸣。熊本熊以其极致的呆萌表情脱颖而出，这种独特的"傻气"成就了它的非凡可爱。同样，憨豆先生通过一系列

图2-6　影片《星球大战》中的黑武士和白色暴风兵

滑稽行为，令人捧腹不已，成为经典。

懒散的特质同样能引发强烈的情感共鸣。懒羊羊之所以比喜羊羊更受欢迎，关键在于它的懒惰形象深入人心，令人难忘。

那些性格固执或行为独特的角色也更能激发观众的情感共鸣。阿甘的纯真、执着与许三多的顽强不屈，都成就了经典IP的传奇。灰太狼之所以广受欢迎，正是因为它屡败屡战，始终不屈不挠地宣告："我一定会回来的！"这种坚韧精神深深打动了观众的心。

中国许多组织和企业在IP开发中未能取得成功，一个重要原因在于其IP设计得过于平庸，缺乏独特性。尽管这些IP在初始设计上满足了逻辑自洽、推理合理和价值观正确等基本要求，但这些仅仅是表面的必要条件。真正成功的IP需要超越理性层面，深入挖掘人性与情感的共鸣，叩开人们潜意识深处的大门，才能触动人心，成就经典。

2.2　IP第一势能力：文化潮生

"情感驱动"是IP成功的第一推动力，但要实现IP的持续成功还需借助另一种力量——"文化的势能力"。

文化是群体共同认知与价值观的集合，由集体记忆、共同感受、生活方式和信仰体系等多重要素构成。从国家到城镇、村落，每个社会群体都孕育出独特的文化共识。宗教、节日、习俗以及经典文化作品也在塑造特定的文化认同。同样，每一个流行IP也会在群体中催生独特的文化共识。

随着社会意识的演进，不同文化形态如潮水般此起彼伏，催生出丰富多彩的社会创新。这种文化的动态变化现象被称为"文化潮汐效应"，如图2-7所示。

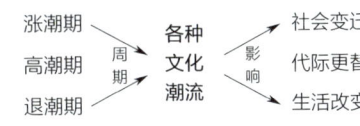

图2-7　"文化潮汐效应"示意

风起云涌，文化潮生

文化潮汐效应是一场人类集体意识的永恒冲浪。每一波浪潮都携带着独特的故事、色彩和韵律，冲刷着我们的思想海岸，塑造着社会的精神地貌。

这些浪潮可以源自任何地方，例如街头涂鸦或直播间说唱，其迅速蔓延且感染人们的心灵，推动社会的文化演变。人们参与其中，助力推动，使文化潮汐效应成为塑造社会精神面貌的重要力量。

在文化潮汐效应中，当参与的人数达到一定规模时会形成强大的文化势能。这种势能表现为一场庞大的文化盛会，其特征包括：

1）网络空间中回荡的各种"梗"（例如流行语、表情包、短视频等）。

2）现实生活中常出现的文化符号（例如特定的服饰、行为方式等）。

3）新IP的不断涌现，这些IP从文化势能中汲取养分，迅速获得关注和传播。

正如海浪会退去一样，这股文化热潮也会逐渐消退。旧有的文化潮流不会完全消失，它们会像贝壳一样沉淀在文化的海底，等待被重新发现和诠释。远方的文化海域中，新的浪潮正在酝酿，等待着掀起下一场狂欢的时机。

创造 IP 就像做文化的冲浪者，时而追逐最新的潮流，时而潜入文化的深处探索古老的智慧，或者两者结合。

IP 就是文化新潮的物种

第二次世界大战后，全球文化潮流呈现迅猛变迁的特征，每隔 5~10 年便会涌现新的文化现象，这些潮流不仅深刻影响着社会发展和人们的生活方式，还为新 IP 的诞生、发展与爆发提供了充足的机遇，以下进行详细阐述。

"垮掉的一代"文化潮流

特征：反叛传统束缚，追求个性解放。在文学与艺术领域，大胆的表达形式不断涌现，突破了既有的审美与思想边界。

影响：这一文化潮流挑战了当时社会的保守氛围，为后来的反主流文化运动奠定了重要基础。

IP 新物种：艾伦·金斯伯格的诗歌《嚎叫》和杰克·凯鲁亚克的小说《在路上》。

摇滚文化潮流兴起

特征：突破传统古典音乐的风格束缚，深度汲取并融合黑人音乐的灵魂与活力，例如布鲁斯、爵士等形成了富有强烈节奏和情感张力的新音乐表达形式。

影响：这种音乐革命深刻改变了流行音乐的发展方向，重塑了音乐产业的格局，同时也推动了青年文化向更加叛逆、多元化的方向发展，成为青年一代表达自我、追求自由的重要文化符号。

IP 新物种："猫王"埃尔维斯·普雷斯利、甲壳虫乐队和滚石乐队等。

科幻文化潮流

特征：人类成功登月后，科技的跨越式发展与太空探索的突破性进展，使科幻主题在影视作品中开始大规模爆发，呈现出前所未有的多样性与创造力。

影响：科幻文化成为流行文化的重要组成部分。它通过电影、电视剧等媒介，传播了对未来科技、宇宙探索和人类命运的深刻思考，推动了科技与艺术的进一步融合。

IP 新物种：电影《星球大战》。它不仅革命性地改变了科幻电影的类型、格局，还创造了一个庞大而复杂的宇宙世界，塑造了如达斯·维达、卢克·天行者等经典角色。

流行音乐文化进入高峰

特征：摇滚、流行、黑人音乐的深度融合，催生了音乐史上最为璀璨的黄金时代。这种融合不仅体现在音乐风格的多样性上，更展现了艺术家们对音乐边界的突破。

影响：这种音乐的融合催生了一批影响深远的音乐巨匠，他们的音乐作品超越了单一的音乐类型，成为流行文化的重要组成部分。

IP 新物种："流行音乐教皇"迈克尔·杰克逊、"流行女王"麦当娜，以及摇滚乐队 U2 等。

冷战结束和互联网文化兴起

特征：苏联解体和互联网的出现，标志着冷战结束与信息革命的开始。这一时期的文化创作既有对过去时代的反思，也有对科技发展带来的可能性的探索。

影响：这一时期的文化创作呈现出两类杰作：一类是对过去时代的深刻反思，通过个人故事展现时代变迁；另一类是对未来世界的想象与探索，试图解答科技与人性之间的关系。

IP 新物种：《阿甘正传》通过一个人的视角，展现了美国社会的变迁，传达了人性与坚持的力量；《黑客帝国》则通过其独特的哲学思辨和视觉革命，探讨了虚拟与现实的界限；《泰坦尼克号》将爱情与灾难完美结合，成为全球范围内的现象级电影。

互联网文化与新幻想文化

特征：随着搜索引擎的兴起，信息检索方式发生了翻天覆地的变化。人们不再依赖传统的纸质资料或线性浏览，而是通过搜索引擎快速定位所需信息，效率大幅提升。同时，个人博客的出现让普通人能够轻松发布内容，形成了多元化的信息来源和表达平台。

影响：这种信息革命深刻改变了传播方式和舆论形成的逻辑。传统媒体，如报纸、杂志和电视台的影响力逐渐减弱，而互联网门户网站和社交媒体开始崛起。这种变革不仅改变了人们的日常生活，也重塑了文化传播和社会互动的方式。

IP新物种：《阿凡达》以其震撼的视觉特效和环保主题，成为科技与艺术融合的象征；《魔戒》三部曲通过精良的世界观构建和史诗级的叙事，吸引了全球观众；而《哈利·波特》系列则通过书籍、电影以及周边产品，构建了一个庞大的魔法世界，成为跨越多代人的文化现象。

社交媒体文化和超级英雄文化

特征：随着社交媒体平台的兴起，内容创作和传播方式发生了革命性变化。人人都可成为内容生产者，自媒体、直播和短视频迅速走红，形成了一个内容创作和分享的新生态。个人IP和内容营销的价值也凸显出来。

影响：这场社交媒体革命重塑了人们的社交、工作和娱乐方式，催生了全新的社会形态。娱乐方式从单向消费转向互动参与，用户不再是旁观者，而是内容的创造者和参与者。

IP新物种：漫威宇宙和DC宇宙通过精心设计的超级英雄系列电影，构建了庞大的跨界宇宙，成功地将电影、漫画、游戏、周边产品等多种形式串联起来，创造了全球性的文化现象。网红IP则通过社交媒体平台迅速崛起，他们以个性化的内容和独特的风格吸引了大量粉丝，是社交媒体时代内容创作与传播的典范。

这些文化潮流的兴起与演变，深刻映射了社会变迁与人们价值观的转变，共同描绘出一幅多元而充满活力的现代文化图景。它们不仅对艺术、音乐、时尚等文化领域产生了深远影响，更从根本上改变了人们的生活方式、思维模式以及社会结构，成为推动时代发展的重要力量。

中国近五十年的文化势能变化

改革开放推动了中国社会的飞速发展，使得文化潮汐现象比其他国家更加剧烈，文化代际差异也更为显著。这种变化不仅深刻体现了时代的巨变，更凸显了中国社会在全球化背景下的独特发展轨迹。

我出生在一个大工厂里，那是一个自成一派的小社区，拥有医院、学校、电影院，甚至包括养猪场和豆腐坊，形成了一个半封闭的生活圈。人们的生活被划分为内部和外部两个世界：内部是一个紧密相连的小天地，而外部则象征着无限的可能与自由。正是这种对外部世界的向往，让三毛的流浪故事、琼瑶的爱情故事和金庸的武侠传奇深深吸引了我。作为一个武侠迷，那些游侠的自由行走、侠义精神与生死情谊，满足了我对外部世界的好奇与渴望，成为我心灵成长的重要养分。

然而，随着时代的变迁，这样的传统小社区逐渐瓦解。每当我回到童年的桂林机床厂，曾经的工厂车间、养猪场和烂泥池塘已被现代化的住宅小区、摩托车配件市场和城市公园取代。这种变化不仅是物理空间的重构，更是时代对人性和社会结构的深刻重塑。那些承载着情感记忆的生活场景如今只剩下回忆，让我深刻体会到时代的巨轮正以前所未有的速度碾过我们的生活，带来物质环境与精神世界的双重改变。

随着互联网的普及，人与世界的关系被彻底重塑。原本清晰的"小世界与大世界"界限逐渐模糊，取而代之的是一个无所不通的网络世界。曾经的流浪故事、爱情故事和武侠精神逐渐失去吸引力，取而代之的是仙侠玄幻和科幻故事，成为新时代的文化宠儿。年轻人对架空的玄幻世界更感兴趣，而曾经的武侠迷如我，也在不知不觉间转向了科幻。在这个信息爆炸的时代，人们被困在无形的信息茧房中，难以与外界建立深层次连接。

过去人们追求的"情怀"——对生命意义、自由和远行的浪漫想象，逐渐被"情绪价值"——对日常生活的小确幸与即时愉悦所取代。这种文化观念的转变，既是中国社会快速发展的结果，也反映了现代人在享受技术便利的同时正经历着精神世界的割裂与孤独。它提醒我们，在追求物质进步的同时也需要守护心灵的广度与深度，重新找回对生命意义的思考与对世界的真实连接。

在公共IP的基础上开发新IP，文化势能力更强

公共IP是指那些源于人类精神生活长期积淀的文化共识符号系统，承载

着深厚的历史文化价值。它们要么具有悠久的历史传承，要么已超越版权保护期限，因而可以被公众自由使用。例如，《西游记》《封神演义》《聊斋志异》《三国演义》《水浒传》《红楼梦》《八仙过海》《山海经》等经典文化作品都是典型的公共IP。每一个都蕴含着独特的世界观、丰富的故事内容和特有的符号仪式，深深植根于人们的集体记忆之中。

公共IP的能量场建立在强大的历史积累和社会共识之上，被誉为"文化共识的母体"。在公共IP的基础上开发新IP，文化势能会更强，因为新IP可以依托于文化能量母体，获得强大的发展动力。这种创作方式具有显著的起步优势。新IP能够在初期就获得广泛认同，就像站在巨人的肩膀上远眺。

==古老的公共IP与现代人的精神价值观、新潮流文化相结合，最容易产生超级IP。==

以名著《西游记》为例，从1986年电视剧《西游记》到2015年动画电影《西游记之大圣归来》，再到《黑神话：悟空》3A游戏大作，每一次新文化潮流的兴起都会带来《西游记》的新一轮改编，并创造出新的爆款IP。《西游记》之所以成为现代文创的灵感源泉，源于它包容了中国传统文化的儒、道、佛三大精神体系，呈现出一个立体的中国精神世界。其超越现实的奇幻世界观，让它在现代改编中占据独特优势，成为古典文化与现代表达的桥梁。

《封神演义》则是另一个超级文化体系，以其独特的超现实特质和完整的世界观体系，成为现代中国文创的重要灵感源泉。尽管其文学表达并不优秀，但其神、魔、妖、人共存的多元神话宇宙为现代改编提供了强大的灵感母体。哪吒系列电影的成功，充分验证了封神文化母体的影响力和文化价值，通过哪吒的成长故事，将中国神话世界观与当代年轻人的精神价值观相结合，实现了传统文化与现代审美的完美融合。

《流浪地球》作为一部具有深厚中国文化内涵的科幻电影，成功地将末日科幻的宏大叙事与独特的中国文化元素相结合。影片中"携带地球逃亡"的选择，不仅展现了中国人对家园的深沉情感，更体现了中华民族传统文化中"守护文明、传承家园"的精神内核。《流浪地球》将历史中的文明守护精神延伸到未来宇宙的设定中，构成了独特的"中国人精神家园"。影片通过科幻的想象，将中国人对故土的眷恋推向了宇宙的广阔空间，既是对传统文化的致敬，也是对未来文明的独特中国化思考。

构建IP文化宇宙：时间与空间的交织之旅

在当今文化创意产业中构建IP文化宇宙已成为核心课题。一个成功的IP文化宇宙不仅需要在时间维度上跨越历史与未来，更需要在空间维度上构建深刻而丰富的世界观，最终形成一个立体、完整且具有生命力的文化时空体系。

一、时间维度：过去、现在与未来

1.过去：文化记忆的传承

每一个成功的IP都建立在丰富的文化遗产之上。这些共同的文化记忆构成了IP的根基，让人群在认知上产生共鸣与认同。

2.现在：当下的情感共鸣

当下的文化体验是IP与受众建立情感纽带的关键。通过与现实中的情感共鸣，IP能够在当下产生强烈的影响力。

3.未来：共同的文化想象

未来维度则是IP与受众对未来的共同想象。通过描绘未来的可能性，IP能够引导人们对美好未来的向往与追求。

二、空间维度：符号、行动与信仰

1.一维空间：符号的交流

空间维度的起点是一维空间，即符号的交流。通过共同的符号系统，人群能够进行有效的沟通与理解。这些符号可以是文字、图像或者其他文化符号，它们构成了IP的表达基础。

2.三维空间：行动的实践

在三维空间维度上，文化共识的人群会有共同的行动。这种行动可以是实体的，也可以是虚拟的，但都需要人群的共同参与与实践。通过具体的行动，IP的文化价值得以在现实中落实。

3.高维空间：信仰的升华

最高维度则是信仰的形成。文化共识的人群在共同的信仰下会形成更高层次的文化认同。这种信仰不仅是个人的信仰,更是群体的共同信仰,构成了IP文化宇宙的精神核心。

三、文化宇宙的形成:时空交织

当时间的三个维度与空间的三个维度相互交织时,一个完整的文化宇宙便形成了。过去的文化记忆、当下的共鸣、未来的共同想象,与一维的符号交流、三维的行动实践、高维的信仰升华交织在一起,构成了一个立体的IP文化宇宙。

四、案例分析之迪士尼的文化宇宙

迪士尼的文化帝国构建在童话的文化宇宙上,如图2-8所示。

童话作为人类文化的重要组成部分,深深植根于人们的潜意识之中。迪士尼敏锐地抓住了这一点,通过精心打造的童话世界不仅征服了儿童观众,更成功吸引了整个家庭的关注,形成了独特而强大的市场竞争优势。

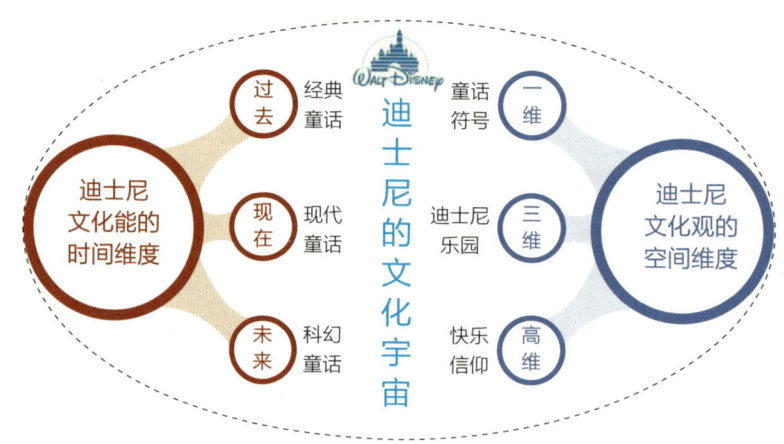

图2-8 迪士尼的文化宇宙

1. 文化定位的核心:童话故事的传承

迪士尼的文化成功建立在始终坚持童话故事讲述这一明确核心原则上,这一原则贯穿于其所有内容创作的各个层面,无论是经典动画电影还是现代作品,都致力于为观众呈现充满童话氛围的影视和动画作品。这种坚持不仅让迪士尼的作品跨越年龄界限，为不同年龄层的观众带来纯真的童话体验，更使其在文化市场中占据了独特且不可替代的地位。

2. 经典之作：童话的现代演绎

迪士尼的童话之旅始于其第一部动画长篇电影《白雪公主》的诞生。这部电影不仅奠定了迪士尼动画的基调，还为后续作品指明了创作方向。此后，迪士尼陆续推出了《木偶奇遇记》《灰姑娘》《睡美人》《小美人鱼》《小飞侠》《小鹿斑比》《爱丽丝梦游仙境》等一系列经典动画片。这些作品大多源自格林童话、安徒生童话等欧洲经典童话故事，传承了传统童话的精髓，并通过独特的艺术表现形式赋予了它们新的生命力。

3. 文化视野的拓展：多元化的童话世界

迪士尼不断拓宽其文化视野，将世界各地的经典童话与传说融入自身的文化宇宙。例如，《阿拉丁》汲取了中东《一千零一夜》的灵感，而《花木兰》则源于中国古代传说。这种多元化的文化融合不仅丰富了迪士尼的作品体系，更使其品牌影响力覆盖全球。通过文化的多样性与包容性，迪士尼成功地将童话故事的魅力推向了更广阔的世界。

4. 文化定位的坚守：童话基因的延续

迪士尼对自身文化定位的坚持始终如一。20世纪90年代，当迪士尼的动画部门计划推出一部以年轻人嬉皮士精神为主题的新片时，公司高层果断终止了该项目，这一决策充分体现了迪士尼对品牌文化定位的坚定执着。同样，当迪士尼发现皮克斯工作室的创作理念与自身文化基因高度契合，并且拥有更强的创作力时，便不惜斥资74亿美元将其全面收购。

5. 创新与延续：皮克斯的加入

皮克斯的作品属于现代童话的范畴，其创作内核与迪士尼传统童话的精神一脉相承，这种文化基因的互补性为两家公司的合作奠定了坚实基础。随着皮克斯灵魂人物约翰·拉塞特（John Lasseter）加入迪士尼动画部门担任创作总监，双方合作迈入了新的发展阶段。从《超人总动员》到《疯狂动物城》，一系列新型童话电影的诞生不仅延续了迪士尼的文化基因，更为其品牌注入了新的创造活力。

6.童话：迪士尼文化品牌的永恒之源

通过持续创造与重塑童话故事，迪士尼成功地将传统文化与现代审美相结合，打造出独特的文化品牌形象。这种文化创新不仅让迪士尼在全球文化市场中占据了重要地位，更为传统与现代的融合发展做出了重要贡献。而童话的魅力始终是迪士尼文化品牌的核心灵魂，引领着全球观众不断踏入奇幻而美丽的童话世界。

五、案例分析之哈利·波特的巫师文化宇宙

《哈利·波特》的文化帝国是基于巫师文化宇宙构建而成的，如图2-9所示。

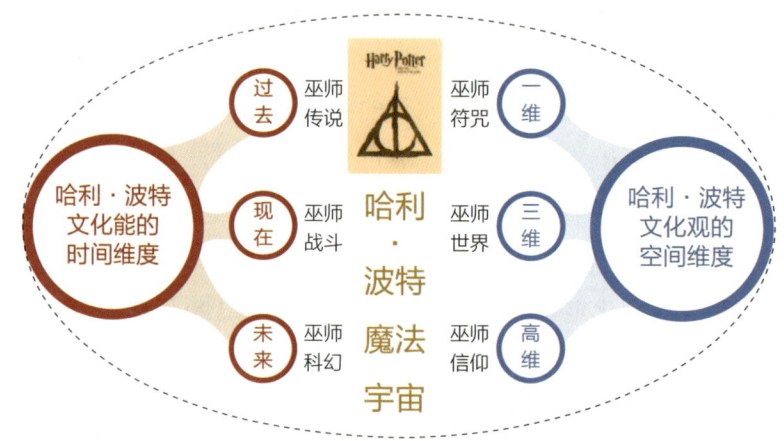

图2-9　哈利·波特的巫师文化宇宙

1.巫师文化的历史渊源

巫师文化作为《哈利·波特》IP的文化母体，其能量源自人类文明长河中最为隐晦却又根深蒂固的文化传统。这种文化并非J.K.罗琳凭空创造，而是早在许多宗教信仰出现之前就已存在的文化形态，它深深植根于人类的集体无意识之中，成为文化精神中最为隐晦却又持久的部分。通过历史的传承，这种文化传统在人类的集体记忆中生生不息，为《哈利·波特》的创作提供了丰厚的土壤。

2.巫师宇宙的创建：魔法的系统化

《哈利·波特》堪称巫师文化能量的集大成之作，成功构建了一个将现实世界与魔法世界交织在一起的庞大IP宇宙。在这个宇宙中，魔法学生、魔法学院、魔法道具、魔法场所、咒语、魔法球比赛等丰富的元素相互交织，从魔法教育体系到魔法竞技文化，从神奇物品到魔法社会规范，每一个细节都经过精心设计，形成了一个包罗万象、系统完整的超级文化宇宙。它不仅是一个虚构的世界，更是人类对魔法的永恒想象与文化记忆的集中呈现。

3.全球化传播与跨文化共鸣

《哈利·波特》的文化影响力不仅体现在其精妙的世界构建上，更在于其对全球文化产业的深远影响。通过书籍、电影、主题公园等多种媒介形式，这部作品将魔法文化传播到世界的各个角落，成为全球文化交流的重要桥梁和跨文化理解与共鸣的典范。其成功在某种程度上证明了魔法文化作为人类集体无意识中最深层能量的永恒魅力。

六、IP文化宇宙是不同文化的组合

成功的IP文化宇宙往往源于不同文化势能的巧妙组合。例如，在中国文化的宝库中，龙文化扮演着独特角色。从史文化学者研究表明，龙作为中华民族的文化图腾，是多个古代部落文化母体交融的结晶。相传黄帝在统一各部落后，通过"合符釜山"的行动，不仅统一了军令的符信，确立了政治结盟，还从各部落图腾中汲取精华，创造了新的民族图腾——龙。

在漫威宇宙中，神话、新科技、外星文明、当代传奇等多元文化母体交织共生。钢铁侠代表科技文明与现代性，雷神传承北欧神话的神秘力量，美国队长承载第二次世界大战历史的记忆，奇异博士融入佛教玄学的玄幻色彩，蜘蛛侠体现青少年成长的现实写照，蚁人展现量子科技的前沿探索，黑豹则彰显非裔文化的独特魅力。这种多元文化势能的交融，使漫威宇宙得以不断拓展文化创意的边界，影响力愈发扩大。

然而，漫威宇宙也存在一个根本性问题——过度的快餐化。它对多元文化势能的汲取往往流于表面化的拼凑，缺乏深度的文化内涵。这种创作方式如同美式快餐，追求快速组合与即时满足，却忽视了文化内核的真正共鸣与深度转化。漫威IP宇宙看似光彩夺目，实则只是一个不断更新包装的文化"汉堡"，既难以承载深层次的文化思考，也逐渐让人产生审美疲劳。

正如"文化潮汐效应"所暗示的，漫威与DC的超级IP宇宙在经历了20年的狂飙发展后，正在步入文化势能的衰退期。这种衰退既是对过度商业化的自然反噬，也是对表面化文化消费的必然反思。

国产IP正在迎来文化涨潮

与好莱坞及西方娱乐产业的老化形成鲜明对比，国产新文化IP正迎来蓬勃发展的黄金期，并开始向全球扩散。其中，《黑神话：悟空》作为中国首款3A大作，不仅在国内市场取得巨大成功，更在国际舞台上掀起热潮，吸引了大量海外玩家，甚至引起了马斯克的关注，他还在社交媒体上展示了自己扮演孙悟空的头像。同样，电影《哪吒之魔童闹海》在国内市场创下票房纪录后，凭借强大的影响力在海外市场斩获数亿元票房，成为中国动画电影走向世界的里程碑。此外，以泡泡玛特、名创优品为代表的IP零售品牌也在全球蓬勃发展，这些潮玩IP不仅在国内引发收藏热潮，更在美国、欧洲、澳大利亚、日本、韩国及东南亚等地开设旗舰店，选址于最具潮流地位的街区，吸引大量外国消费者排队购买。这种成功标志着中国品牌首次凭借引领潮流和创新设计在国际市场上取得突破，而非依赖于低价竞争或跟随潮流。

==国产IP的全球化扩张，实质上是一场由两股强大文化势能共同驱动的浪潮：其一是中国传统文化的复兴。==中国作为一个拥有悠久历史和深厚文化底蕴的文明古国，正经历一场类似于欧洲文艺复兴的文化觉醒。新文化的诞生，正是通过对古老文化的唤醒和重塑而实现的。==其二是现代中国人更紧密地拥抱全人类的精神文化共识。==新一代国产IP已摆脱过时的文化标签，转而聚焦于普世的人性价值，例如天真、个性和自由等，这些特质使其能够跨越文化界限，触动全球观众的共鸣。这两股文化势能既相互交织，又保持各自的独特性。例如，《黑神话：悟空》《哪吒之魔童闹海》《长安三万里》等作品既是传统文化的延续与再生，也孕育着全新的文化可能。而中国的潮玩IP则深入挖掘了人性中对童真与可爱的向往，征服了全球消费者的心。

与此同时，好莱坞及西方娱乐产业在经历了近二十年的超级巅峰后，正面临文化疲劳和衰退的挑战。这种趋势为中国文化IP的崛起提供了难得的战略机遇。未来十年，将是中国新文化浪潮全球化的关键期。凭借强大的生产能力、精湛的制作水平和不断涌现的成功案例，中国IP正站在新的起点上。只要我们以自信和开放的姿态不断突破创新，就一定能够在全球文化版图上书写新的篇章。

2.3　IP脑科学："三体脑"

优秀的IP往往源于潜意识中蕴含的情感能量与文化能量，而非单纯依靠显意识的逻辑分析。仅凭显意识的刻意雕琢，IP往往显得无趣、平淡无奇。只有深入挖掘潜意识的力量，才能赋予IP打动人心的魅力与情趣盎然的活力。

==一个IP的情感定位越是贴近底层情感，其打动人心的力量就越是让理智和逻辑无法阻挡，这背后是"三体脑"理论在发挥作用。==

"三体脑"（Triune Brain）是美国国家精神卫生研究院大脑研究和行为实验室主任麦克林（Mclean）提出的。此理论根据演化阶段，将大脑分成爬虫脑、哺乳脑和理性脑，随着整个生物和人类的进化而产生，分别对应脑干小脑、杏仁核海马体边缘系统和大脑皮层，如图2-10所示。

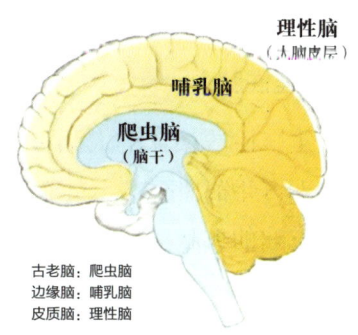

图2-10　"三体脑"结构

【爬虫脑】

第一阶段演化的大脑称为爬虫脑或脑干，于2.5亿年前演化形成。人类的爬虫脑和其他爬虫类动物的大脑在本质上并无二致，是不受意志控制的、冲动的，并带有强迫性，就像一台计算机的固化程序，是被写入的死板的回应。爬虫脑执着于自我防卫，在防备敌人，或是在现代社会中过马路闪躲车辆时，都可发挥保护自己的功能。另外，爬虫脑也不会从经验中学习，而是倾向于一再重复已经写入大脑的反应。

爬虫脑的任务是为了生存，因此其控制生命基本功能，如心跳、呼吸、打架、逃命、喂食和繁殖等，而不包含任何思考，甚至也不包括感情，只是一种本能反应。

爬虫脑倾向于斗争多于倾向于合作。叶茂中曾经写过一本关于营销创意的书叫作《冲突》，认为有效的营销都是诉求于各种冲突的，这个"冲突"与生物学中爬虫脑的斗争功能非常相近，是基于本能的脑意识。

【哺乳脑】

第二阶段演化的大脑称为哺乳脑，于五千万年前演化而成。人类的哺乳脑与所有哺乳类动物的大脑在本质上并无二致，包含感觉和情绪，拥有玩乐的欲望，也是母性的来源。哺乳类动物会照顾自己的后代，而爬虫类动物则不会这样做。

哺乳脑让人们对真正、实在和重要的事情有所感受，所带来的最核心人性意识是对"爱"以及"快乐"的追求。这几乎是大多数文艺作品的感性主题追求，也是大量的营销活动、品牌塑造所依据的人性。

【理性脑】

第三阶段演化的大脑称为理性脑或皮质脑，这就是人们的显意识。理性脑自四万年前便存在，目前依旧持续演化。

发达的大脑皮层具有推理、形成概念、计划，以及调整情绪反应的功能，是理性活动的中心，是解决问题、分析、判断、控制冲动，以及组织信息、从过去的经验与错误中学习、同情他人等能力的所在。

爬虫脑、哺乳脑和理性脑是三台不同的、各自运行的大脑计算机：爬虫脑主管本能和无意识；哺乳脑主管情感和情绪；理性脑主管思考和逻辑，如图 2-11 所示。

IP 定位的情感层次，与"三体脑"的构成紧密相关：在人脑中，掌管显意识的理性脑仅占 8%，掌管潜意识的爬虫脑和哺乳脑两者合计占据大脑的 92%。所以，潜意识其实比显意识要广阔和深邃得多。

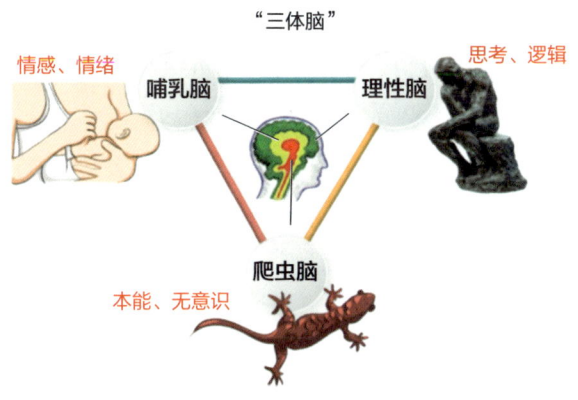

图2-11 人脑中有三台各自运行的计算机

这正是IP情感定位强大力量的源泉——IP所激发的情感，是定位在哺乳脑甚至爬虫脑的潜意识情感上，一旦成功，理性脑/显意识根本无法阻挡，人们可以无须语言和文字，甚至无须理由就直接产生喜爱之情。

9种显意识与潜意识的"相爱相杀"

《大脑》（*The Brain*）这本书里说道，显意识通过理性分析经验建立价值系统，潜意识通过情绪建立价值系统，这就形成了两大价值系统——理性价值和感性价值。这两者之间有巨大的差异，既不断冲突，又不断合作，以应对人生的各种挑战，有时应对得当，有时又因为协调不好而应对失当。

下面具体谈谈显意识和潜意识的冲突与合作方式，这与IP的魅力息息相关。

1. 视觉

心理学家通过实验证明：显意识掌管透过双眼视物收到的视觉信息，而潜意识却无法直接视物。这就意味着：潜意识无法区分实际和想象！这一点非常重要。

潜意识会用同样的方式响应实际发生的和想象发生的事件，两者对潜意识来说并没有区别。例如，当你梦到怪兽的时候，你身体的反应和实际看到怪兽时的反应是一样的。遭遇危机或战或逃的响应机制启动，让肾上腺素进入血液，导致你的身体出汗和心跳加速等，但实际上却没有怪兽或真实的威胁在你身边。

这就意味着，当一个IP通过想象化创造时，对潜意识来讲是没有区别的，和真实事物一样。尽管你可以在理性上告知自己这不是事实，但潜意识仍然不加区分，因为加以区分从来就不是潜意识的能力。

所以，一定是更感性化的、更有想象力的，或者说更潜意识化、本能化的图形、视频能够在人脑的情感中心留下烙印，形成情感定位。这也正是感性化IP的力量大于理性化IP力量的原因。

2. 沟通

显意识主要用语言沟通，因为词汇是传达思想的工具。而潜意识拥有的词汇很少，不擅用语言沟通。例如，你的显意识会说出"我很害怕，但是我不知道为什么我害怕"。而你的潜意识表达害怕的方式可能是让怪兽在梦境中追赶你。

这就意味着，越接近梦境式表达的IP内容，并通过图形、影像以高符号感的方式表达出来，越有可能成为成功的IP。

所以，那些童话、神话、寓言等经典的故事原型往往是超级IP内容的底层模型，因为这是经过千百年的反复认证、沉淀下来的潜意识原型。

3. 功能

显意识是单线程的思维行为，而潜意识是多线程的思维行为。

显意识有一个重要特性，就是一次只能做一件事；而潜意识可以在同一时间内完成千百件事情。正如我们不需要苦心孤诣地想着呼吸、想着消化食物、想着对抗外来细胞、想着释放胰岛素等；感到热的时候，也不用思考出汗的问题。这些都由潜意识自动解决。

以学习开车的经过为例。当一个人在学车时，因为是通过显意识学习的，而让显意识在同一时间做很多件事情是十分困难的，所以在学习时总是会顾此失彼。不过，当你真正熟悉之后，这些开车的动作就能够交给潜意识了，于是开车就变得很简单。因为这一连串动作不再需要通过只能做一件事的显意识去做，而是通过能同时做多件事的潜意识去完成。

另一个例子是打高尔夫球。在学打高尔夫球的时候，挥杆时要同时考虑很多事。初学者挥杆的动作往往笨拙、不流畅，不过当你把每一个动作输入潜意识后,挥杆时就不需要多加思索。事实上,挥杆时(用显意识)考虑再三,反而会阻碍你的表现。

这就是为什么IP所提供的价值不会是单一、明确的解决方法,而更多的是从感知到感悟的生命意识。

4.客观与主观

显意识是客观思考,潜意识是主观趋向。

显意识会客观分析字词,例如,"母亲"这个词是指女性家长。而潜意识会以主观的方式赋予字词其他含义,例如,听到"母亲"一词,会带给你各种相关的感觉,而这些感觉就来自你的潜意识。

显意识是有知觉的,知道人、事、物和条件;而潜意识有的不是知觉,只是纯感觉。所以,IP的本质是感觉,只有上升到文化层面,才形成知觉和共识。

5.记忆空间

显意识的记忆空间有限,多数为短暂记忆力,就像计算机里的临时内存;而潜意识却拥有无限的记忆空间,就像计算机里的硬盘,但这种记忆的储存并不精确。

比如,一个人在人生中的各种体验都会留下相当的记忆,但这种回忆往往不牢靠,有些是真的发生过,有些其实经过了改装,甚至并没有存在过。

所以,每个人的大脑里都有一个记忆的图书馆,但图书馆馆长却是一个无法理性的、神经兮兮的潜意识家伙,在表面上井井有条的条目下,经常有记忆被随性地移来移去。

6.控制

当显意识和潜意识发生冲突时,赢家往往是潜意识,所以,知道如何控制潜意识,最有可能获胜。当一个人学到如何影响并控制潜意识,而不被潜意识控制时,他就能创造出自己的专属精灵!

当一个人要对其他人提出建议,需要改变别人的行动时,加入情感打动对方会更有效。因为在潜意识中,情感就是力量。理性的意识能够写出程序,但必须使用情感的力量来获得成功。

显意识可以指挥潜意识行动,并扭转一些过于情绪化的负面思考方式,但同时，显意识有时候会过于虚伪、生硬甚至僵化。适当地加入一些潜意识，会让人生有温度和滋润感，这正是IP的力量。

所以，显意识和潜意识能否相互合作，对健康的人生是非常重要的。在这个过程中，好的IP能起到很好的心灵疗愈作用。

7. 时间

显意识存在于人们所知的时间，是过去、现在和未来，而潜意识只存在于现在。这些年非常流行的一个说法"活在当下"，其实就是一种在显意识的指挥下，更强调潜意识感受和行动的生活方式。

所以，好的IP往往能重构时间和空间。一个成功的想象化IP，往往能构建自己专属的时空结构。例如，《哈利·波特》里的魔法师空间和时间线；《魔戒》里的架空世界；《三体》所搭建的完全以宇宙维度来衡量的时空进程。

8. 意志与能量

显意识拥有意志，意志是显意识开始或引导某个想法的能力，意志能引导一个人的思路。

而潜意识拥有的是能量，我们所有的生命能量其实都来自潜意识，而非显意识。如果将大脑比作一台计算机，那么显意识是运作的程序，而CPU和长期内存都是属于潜意识的。潜意识的能量源源不绝，因为人的大脑在其一生中全年无休地在工作。

大脑是可以发电的，大脑所产生的微小电量能产生巨大的心理力量，潜意识可将这些电量转换成欲望、情绪、冲动，或紧张带来的刺痛等真实发生在人类大脑中的情况，就是"发电产生了爱"。

所以，强大的IP都拥有强大的心灵能量。换句话说，IP如果想真正强大，一定要立足于人的情感中心。

9. 认知与成长

显意识有强大的认知能力，以逻辑思考，运用先见和后见之明，还使用归纳法和演绎法分析，拥有抽象思考、理性分析、批判、选择、辨别、计划、发明和构成能力。

而潜意识的认知能力确实很弱，因为不用逻辑思考，仅靠感觉行事。潜意识是七情六欲的来源，爱、恨、焦虑、恐惧、嫉妒、悲伤、愤怒、喜乐、欲望等情感，都来自潜意识。当你说"我觉得……"时，就源自你的潜意识。

几乎所有成功的IP故事，核心都是一个角色能否完成蜕变和成长……从脑科学来看，这就是显意识和潜意识在经过相互的冲突后，通过相互合作而完成的。如果成功，就是一个正剧；如果失败，就是一个悲剧。

在IP开发的初期，应以潜意识的驱动为核心，充分挖掘其中蕴含的情感能量与文化根基。随着IP的发展，理性思维的作用需逐步增强，以实现逻辑上的合理化与规范性。从心理学角度来看，IP的情感能量源于哺乳脑的直觉与共鸣，而理性脑则负责对其逻辑性、连贯性进行完善。因此，情感为体、理智为用，是IP迈向超级IP的必备组合。这种内外因的有机结合不仅推动IP不断发展与壮大，更使其具备了风靡全球的潜力。

IP定位=80%情感+20%理智

从脑科学的角度来看，IP的大量感性诉求瞄准的是人的间脑，即前文所说的情感中心；而理性诉求瞄准的是人的大脑皮层，即理性中心。一旦IP激发出潜意识的力量，理性中心就只能跟随。这正是很多IP风靡全球、大受喜爱和打动人心的原因。

在宫崎骏所创造的众多内容中，龙猫只是他早期的一部小电影，1988年就上映了，当时并没有大热。但几十年过去，龙猫的魅力始终不减，在我国也同样极受欢迎。

龙猫是宫崎骏IP宇宙中的一个强大的超级IP，原因无他，就是因为龙猫的情感定位极其贴近人性的底层：人们可以凭直觉和本能而喜爱龙猫，它宛如人类童年的守护精灵。

更有代表性的例子，是排名全球50大IP第二位的Hello Kitty。

Hello Kitty完全不依靠内容，只依靠形象而取得了在全球的巨大成功。这是因为，Hello Kitty的情感定位其实是在比"自我情感"更深层次、更本能化的"情结"上，直达潜意识，与人性的底层形成共情效应。

另外，Hello Kitty也并不是完全没有运用显意识，其各种层出不穷的设计、不断调整的着装和形象变化,就是在运用显意识,去结合各种时尚、潮流和文化元素,这样才能让Hello Kitty历久弥新。

这就是情感为体、理智为用,是一个IP能够持续成功必不可少的组合。

总之,能定位在潜意识哺乳脑的IP,更容易实现全球化发展,不受民族、国家等区域文化的隔阂,因为其激发的是"三体脑"中的哺乳脑和爬虫脑。

2.4　IP定位学:十六种情结

在上一节中我谈到了IP需要情感定位:有情感定位的IP,才可能发展为超级IP。

而情感定位是有强弱之分的,虽然所有的IP都会含有情感,但大部分IP都有情感定位不强的问题,导致IP的能量不持久,很容易随时代的变迁而消逝。

在人的意识分层图中,在海平面以上的是社会化的理性意识,在海平面以下则是情感的不同层次,从浅到深分别是情绪、情感与情结,共同构成人的意识结构,如图2-12所示。

图2-12　情绪、情感与情结的层次

在人性意识中，最顶部是社会化理智，然后进入水下，从浅到深分别是情绪、情感、情结（潜意识），最底部是集体无意识，共同构成人的意识结构。下面着重对情绪、情感、情结这三种情感做进一步的阐述。

"情绪"是人最浅层、最容易受外界刺激的感受，也是想让一个 IP 快速走红必须经过的路径。一个走红的爆款，从心理学上说，就是使大量人群的情绪受到直接冲击。所以，一个 IP 若想成功，总是需要几次广泛而浅显的情绪共振。

情绪的优点和缺点都很明显。其优点是能快速与大众心理呼应，形成爆点。它往往与社会热点、热门时事、长期积压的某种生活不满或者是长期积累的某种生活快感等联系起来，从事件出发，以情绪推动，从而引发社会的快速传播效应。

但依靠情绪的 IP 缺点是来得快去得也快。因为它对人性的挖掘是浅层次的，当时过境迁，社会热点快速转换后，IP 就很容易被遗忘，只能不断提高情绪煽动的阈值。最终，大众要么麻木，要么强烈反噬。

所以，情绪虽然必要，但仅靠煽动情绪是无法形成 IP 定位的，因为情绪很容易随时间的推移和时代的变迁而消失，这正是众多一时红火的 IP 无法走得更远的原因。

"情感"是比情绪更深层次、更稳定的人性意识，是可以被认知的、清晰的情感定态，也是组建自我认知的关键，所以经常被称为"自我情感"。

但凡比较成功的 IP 和品牌，都会在情感这一层级形成定位。

"情感"层次所展现的意识，大家一般耳熟能详，例如爱、关怀、呵护、慈悲、自信、自尊、自强、成长、独立等，往往就是人们描述一个成功 IP 或品牌时会用到的词语，来自人们对它们真切的感受。

人们经常将"情感"与"价值观"混为一谈，但其实两者是有区别的。

能形成定位的"IP 价值观"，本质还是立足在"自我情感"上，如果不能立足于"自我情感"，那"价值观"一定是虚无缥缈、空洞虚伪的。

很多非常成功的超级 IP，说不出来其"价值观"是什么。这类明显的例子之一是 Hello Kitty：你也许根本说不出来 Hello Kitty 的价值观，但并不妨碍你喜爱它。

"情结"是最深层次的情感意识，非常接近集体无意识（潜意识）。不像"自我情感"可以很容易地表述出来，"情结"往往不方便言说，却会被强烈感知，也非常强大。总之，情结是超越人类社会历史的、由生物进化而长期沉淀下来的、与人性本能相关的东西。

情结（Complex）是一种心理学术语，是指重要的无意识组合，或藏在人们心理状态中、强烈而无意识的冲动，是无意识中的一个结，由一群集体无意识与信念形成的结。荣格（Jung）认为，情结是观念、情感、意象的综合体。由此可知，情结不仅有情感，还有意象表现，这与成功IP的特征极为相似。

情结是普世的、泛人性的，能超越民族、文化、生活习惯和不同时代的隔阂。所以，有"情结"定位的IP，往往能成为全球化IP。

下面列举三个全球化超级IP的情结定位。

【熊本熊】

喜欢熊本熊不是因为故事，它就没有故事，人们其实是被它"呆憨"的表情、状态、动作直接打动的。这种"呆憨"其实是某种内在的、底层人性的萌化表达，所以喜欢熊本熊是无法言述的，它代表了人类潜意识中无辜、简单的那一面，让人们不由自主地喜欢，如图2-13所示。

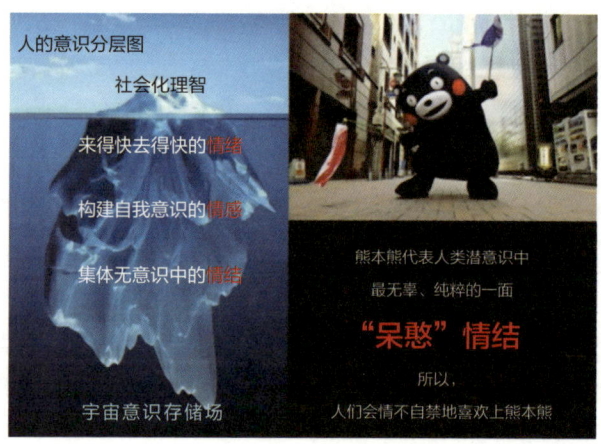

图2-13　熊本熊

【加菲猫】

懒是一种人性中本能的情结,是一种与安全、休息、保护有极大关系的潜意识需求。加菲猫的漫画故事实际投射的是人的本身,是人类"懒"性的投影,所以能击中人们的内心,自然广受喜爱,如图2-14所示。

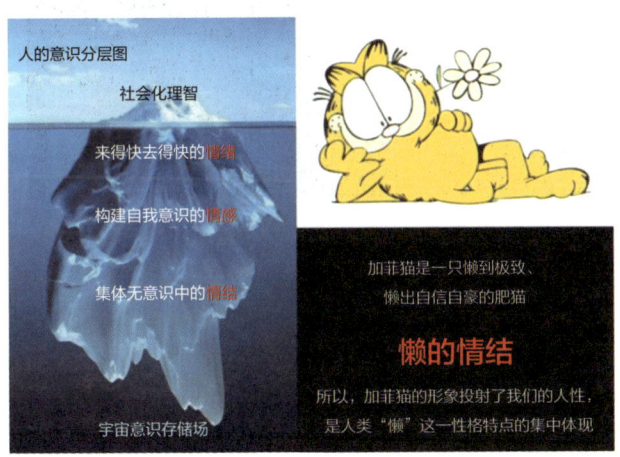

图2-14　加菲猫

【奥特曼】

很多成年人都很难理解为什么奥特曼能在低龄儿童中如此受欢迎,包括曾经的我。直到我的儿子降生后,我发现他在7岁以前看奥特曼,一集又一集地看个没完,一到奥特曼大战各种怪兽的时候,更是目不转睛、瞠目结舌,这激发了我研究的兴趣。

经过研究后我发现,奥特曼打怪兽其实是远古时期原始人与大型野兽搏斗的再现。这种记忆不是图书带来的,而是本来就印在人类的集体无意识记忆当中的,所以当儿童的理性还远未发育完成时,这种来自集体无意识的印记自然会深深吸引他们,如图2-15所示。

上述三个IP都是将"情感定位"锚定在人类最底层潜意识,所以它们能超越国家、民族和文化的区隔,成为全球化的IP,并且经得起时代变迁的考验。

图2-15 奥特曼

在情结上的IP定位最强大

有强大共识的超级IP，可以分为传统IP和现代IP。传统IP包括各种信仰系统（宗教和民间信仰等）、经典文化系统（故宫、著名地区、著名文化艺术、文物）等，这些都是在长期历史沉淀下形成的文化共识。

而现代IP没有足够长的时间去沉淀，但这并不影响一个IP在推出后的短短几十年时间内，发展为年度营收过百亿美元的超级IP。例如，在全球50大IP的榜单内，排在第一位的是诞生于1996年的精灵宝可梦家族（代表角色皮卡丘），其年度营收过千亿美元；排在第二位的Hello Kitty，年度营收约800亿美元；而排在第五十位的火影忍者，年度营收也有约101亿美元。

是什么力量能让一个IP在如此短的时间内实现如此大的跨产业价值呢？其根源就在情感定位的深度上。正如之前所分析的，最具有深度和力量的，是定位在人性"情结"上的IP。

情结是人性欲望与人类集体无意识相结合的点，如同中国风水文化中的结穴，如图2-16所示。最强大的IP，都是在情结上形成的情感定位。

如果把情感比作河流，文化比作土壤，那情结就是河流回旋沉淀下的冲积地，不只能生长出内容，还能生长出IP社群和IP亚文化。

IP定位越接近情结，越不受时代喧嚣的干扰，不受国家、文化、种族的差异化影响，越有可能成为全球化的超级文化符号。

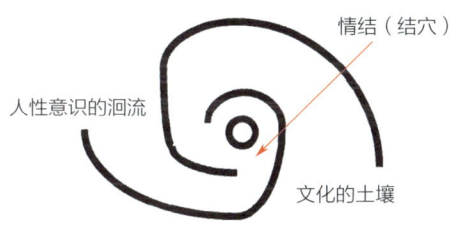

图 2-16 情结如结穴

总之，<u>越是定位在最基本人性"情结"并能将暗黑潜意识能量转化为正向能量的 IP，越有可能成为超级 IP</u>。

十六种贴近潜意识的情结

用文化心理学的说法，任何成功的文化 IP，其核心都是一个人类共通的情感经验模式，即"原型"。

> 情结就是潜意识情感的原型。

这些年来，我经过深入探究，整理出了十六种最贴近潜意识的情结原型，如图 2-17 所示。这也许还不能完全覆盖，但我相信，至少能给 IP 的创造者一个比较完整的指引。

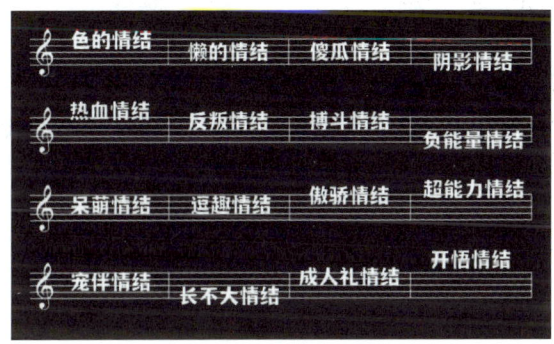

图 2-17 十六种情结原型

1.色的情结

排在第一位的是"色的情结"。色就是性，是人最基本的本能之一。总有一些超级性感偶像，例如玛丽莲·梦露、美少女战士等能风靡全球；而且不同的民族和亚文明都有自己经典的风流浪子形象，即使时代变换也会涌现新的形象，例如国外的唐璜，我国的唐伯虎、韦小宝等。

蜡笔小新是一个典型"色的情结"定位的IP，这就是很多人不把蜡笔小新列为儿童动漫而作为成人动漫的原因。从本质上看，蜡笔小新就是将成年男人的性等意识，以孩童的、天真的方式表达出来，让人既看着有趣，又无伤大雅。这很像弗洛伊德在《梦的解析》中所说的，一些性的、难以启齿的观念，在梦中以不一样的方式呈现出来，非常成功。

此外还有白雪公主吃了一口毒苹果而死去，后因王子而复活，这是一个非常具有女性的性成长寓意的IP故事。

小黄人按照最初《卑鄙的我》中的设定，其实就是发明家教授将香蕉粉倒入胶囊中制成的，所以它们的本质就是一群小香蕉胶囊，从色彩到造型，都极具性潜意识的象征，如图2-18所示。

图2-18　小黄人

由于"色的情结"足够基本、足够强大，所以我们能在不同的媒体、不同的表达方式上，发现各种以暗示或直白的方式出现的新性感IP，从影视、动漫到潮流玩具，而且每一次出现新媒体风潮、新文化动向，都会涌现出新的代表性IP。

2.懒的情结

"懒"也是一种基本的人性潜意识情结。人天生就有不想动、想要坐享其成的属性，即使对那些很勤奋的人，"懒"也会有天然的吸引力，因为这是人的一种本性。人们会出自天性、不可抗拒地去观看与"懒"有关的作品，喜欢上代表"懒"的IP角色。

懒是一种本能的情结，一种与安全、休息、保护有极大关系的潜意识需求。加菲猫的"懒"其实投射的是人的本身，是人性潜意识的投影。所以，看有关"加菲猫"的漫画是有天然快感的。因为加菲猫表达了懒的天性，它仇恨星期一、贪吃，而且还懒得天经地义，如图2-19所示。

图2-19　加菲猫

猪八戒也是一个极具代表性的例子。而且，猪八戒不只是"懒"，还有"色"以及后面会提到的"逗趣"情结。同时具备三个情结，难怪它能和孙悟空一起，成为具有魅力、经久不衰的超级文化符号。

根据统计，在《喜羊羊与灰太狼》的观众中，喜欢"懒羊羊"这个好吃懒做、总想蒙混过关的角色的观众人数远远大于毫无缺点的喜羊羊。这是因为，喜羊羊其实是按照社会化理智的显意识塑造出来的理想角色，反而不够"接地气"、不易打动人心。人们觉得，懒羊羊才是更贴近自己的、情不自禁喜爱的角色。

懒的情结往往与贪吃结合在一起，这两者几乎不可分离，共同组成了人内心深处最无法摆脱的一种追求。

3. 傻瓜情结

"傻瓜情结"式角色或故事很难做好，一旦做好了就是经典，例如《阿甘正传》《士兵突击》、卓别林、憨豆先生、《三傻大闹宝莱坞》等。

"傻瓜"为什么深受欢迎，是因为"傻瓜"状态是一种本真的状态，有直接触动心灵的能力，所以"傻瓜"是"傻"而能量强大的。中国人经常用"愚者"这个词，这就很有"大智若愚"的意味了。其实这个"大智若愚"的"大智"，不是普通的可言说的智慧，而是对本性的穿透。

正如乔布斯所说："Stay hungry, Stay foolish."（保持饥饿，保持愚蠢）傻/愚这种生命状态，能够让人们更加贴近生命的本相。

阿甘虽然是一个常人认为的"傻子"，但是他保留了最朴实的单纯和天真，诚信、善良、忠贞在他身上得到自然而然地体现。

许三多也是一个"傻子"，却征服了现实生活中的绝大多数观众。因为这个角色有一种钝感的魅力，一种迟钝、缺心眼、一根筋的忠诚本色，一种不会玩弄权谋的、执着和善良的品质。

憨豆先生也是一个极为缺心眼的"傻瓜"，一方面我行我素、处处添乱，另一方面又富有爱心、极其友善和充满童趣。憨豆先生其实有一种打破生活的表层，直击生活荒诞和真实意义的潜意识能量。

"熊本熊"之所以备受欢迎、人见人爱，就是因为它的"呆憨"。其实你只要认真看"熊本熊"的形象，将它想象成一个人，其实就是个呆憨到爆的孩子。所以，"熊本熊"的形象并不是完美的，甚至从人的角度看，是有严重缺陷的，但是作为一只熊，反而变得极具萌感。

人们喜欢熊本熊不是依靠故事，而是被它极为"呆憨"的表情、状态、动作直接打动。这种"呆憨"其实就是内在的、底层潜意识的萌化表达，所以喜欢熊本熊往往是情不自禁的。

4. 阴影情结

"阴影情结"是潜意识中被压抑的暗黑能量。用荣格的话来说，它就是人们内心那个与自己相随而又不被承认的角落。

"阴影情结"在故事里会被投射到恶人、反派或敌人等角色身上，往往表现为阴暗的角色、未曾实现的愿望或者被抛弃的身份。当心理创伤或罪恶被放逐到阴暗的无意识当中就会"化脓"，这些被否定的情感会转化为毁灭性的恐怖力量。

这么看起来，"阴影情结"似乎非常坏。但为什么我要重点提及呢？因为"阴影"角色往往有着巨大的感染力，甚至比主角还要吸引人。

想想《星球大战》中的"黑武士"、《哈利·波特》中的"伏地魔"、《千与千寻》中的"无脸男"，还有《喜羊羊与灰太狼》中的"灰太狼"，你会发现，这些反派或悲剧式人物深深地刻印在观众心中，形成了强大的IP定位。

"伏地魔"是当代最经典的大反派IP之一，是《哈利·波特》魔法世界中黑暗力量集大成的角色。他是一个被抛弃的孤儿、麻瓜和巫师的混血、旷世的天才，有自己强大的执念。他和哈利·波特加在一起，正好代表了一个人的恶与善的两面性。换个角度看，如果没有伏地魔，魔法世界是不完整的，《哈利·波特》也是不完整的。

再说说"无脸男"。《千与千寻》中的"无脸男"代表的是现代社会中被无尽饕餮物欲追求吞没和控制的人，以一种无助的、虚弱的、彷徨的方式表现出来。它以一张苍白的、带着血红泪滴的面具掩盖住自己的脸，在面具背后其实是千千万万的现实人类，具有极强的象征和概括意义，所以成为著名的"阴影情结"IP角色之一。

灰太狼也是大反派，有与生俱来的要吃羊肉的欲望，所以是恶的；但同时，它有一点和"无脸人"非常相近，令无数辛苦打拼的现代人从灰太狼身上看到了自己：不断奋斗却又不断失败，却又永不气馁，如图2-20所示。

图2-20　灰太狼

同时，灰太狼深爱妻子红太狼，这使这一角色很有厚度和温度，形象非常饱满，并实现了从"负"转"正"，以至于很多人都认为"嫁人要嫁灰太狼"。这也让灰太狼成为这部动画中最受欢迎的IP角色之一。

所以，应该用开放的眼光看待"阴影情结"，将其理解为未被转化的生命潜能。将它们压抑在阴暗的领域是有害的，但如果放到阳光下，照亮它，阴影就有可能转化为正面能量，而且魅力非常大。

5.热血情结

"热血情结"是一种与青春化、抗争紧密结合的情结，其力量不受置疑，因为这是人成长到青春期自然呈现的生命基本状态。

从《灌篮高手》到《圣斗士星矢》，热血类作品和人物形象一直备受欢迎，"燃烧吧，小宇宙！"的台词也非常深入人心，成为流行语。

"热血情结"是青春的本色，是代表年轻和鲜活力量的生命能量，每一代人、不同的文化都需要属于自己的热血作品和热血角色。所以，"热血情结"

总能每隔一段时间就涌现出新的IP内容、新的IP角色，广受欢迎。

如果要孵化出"热血情结"的超级IP，故事或形象必须反世故、纯粹而热血，太过世故、"宫斗化"的角色则无法成为真正的热血系IP。

6. 反叛情结

"反叛情结"也是人类无法掩饰的一种基本天性，这种情结有可能带来一些灾难，但也是推动世界前进的动力。

很多人非常欣赏"叛逆者"，例如切·格瓦拉、詹姆斯·迪恩，以及苹果的《1984》广告，建立起自己永恒的"叛逆者"形象。这是因为，"叛逆者"能深深触动人性中不安的天性。甚至有人说，每一个人都要经过"叛逆期"才能真正长大成人。

切·格瓦拉作为一个资本主义建制社会的反对者、叛逆者，以悲情英雄的故事成为当代著名的个人IP之一，如图2-21所示。

从最初的哪吒到"哪吒闹海"时的哪吒，再到最新一代"魔童降世"和"魔童闹海"中的哪吒，他始终是叛逆精神的代表。

图2-21 切·格瓦拉

7. 搏斗情结

"搏斗情结"是人类与生俱来的、为生存而奋斗的本能。从远古时代起，人类就在和野兽搏斗，这种记忆转为集体无意识，埋藏在人类意识的深处，并通过"奥特曼打怪兽"的形式表现出来，因而奥特曼受到对集体无意识最具有直接感知力的孩童们的喜爱。

《猫和老鼠》动画片体现的是最基本的天性斗争，当人们观看时，总是会自然而然地被吸引，产生天然的快感，这是无法阻挡的。其实在其剧情中，猫和老鼠并没有善恶之分，甚至老鼠杰瑞具有强大的反击力，让猫汤姆屡屡失败。这一反转增加了情趣，让最原生态的搏斗情结变得搞笑和有趣了。

为什么李小龙的功夫片能风靡全球，李小龙的形象能成为全球熟知的中国IP符号？这是因为功夫作为搏斗的一种，直接贴近人类的潜意识，而李小龙又展现得最为简单、纯粹，从双节棍的道具到明黄色的服装，再到其出手时的叫声，都是最为鲜明的符号系统，所以可以超越国家和文化的障碍，风行世界。

8. 负能量情结

第八个"情结"称为"负能量情结"，因为负能量不只是懒、色或者阴影，还有丧、颓、废、嚣张、霸道等。

美国成人动画《马男波杰克》可以说是一部集合了各种负能量情结的作品。其主角波杰克是一匹中年过气的明星马，正面临严重的个人危机，故事中还有很多颓废的人物，同时有很多抑郁的情节，以一种黑色幽默的方式表现出来。

世界著名的设计师类IP：KAWS，其情感基因就是负能量的"丧"，其核心符号标识是"两个交叉"，代表着否定与自我否定，来自反文化非主流。有趣的是，KAWS不断通过对各种经典时尚、经典IP的否定式、反讽式戏谑，反而成为新时尚的IP坐标，如图2-22所示。

图2-22 KAWS

我国其实也有这类情结的IP，也是设计师创造的，例如魔鬼猫（见图2-23）。这个中国原创的IP形象，其实就是来自负能量星球的。从魔鬼猫的名字到张开大口的样子，本身就具有强烈的暗黑气质，而同时，红色与欢乐的表情，又相当"燃"和正能量，再加上"吞噬负能量"这个品牌化主张，充分实现了负能量转正，并且会比一般的正能量形象，潜意识能量要大得多。

图2-23 魔鬼猫

运用"负能量情结"创造IP角色一定要记住，如果想超越内容，成为超级文化符号，仅仅有负能量是不够的，还必须进行对抗和转化，由负转正。

9.呆萌情结

"呆萌情结"是一种当潜意识冲动处于波澜不惊中的人性基本状态。它貌似没有强烈反应、没表情、一脸懵,其实却具有随时转化为其他能量的能力。

Hello Kitty是"呆萌情结"的全球著名代表:它看似面无表情,却自然地抓住人心。

而LINE家族中的头号角色布朗熊,则是呆萌中的呆萌:它貌似完全没有任何表情,却有着超强的情感联系力,让人不由自主地喜欢上它。

阿狸IP也是呆萌情结的杰出代表。它始终能用一种童真而又温暖的情感去与粉丝们进行连接,从而营造出一种童话的感觉,如图2-24所示。

图2-24 阿狸

近几年在"抖音"崛起的萌芽熊IP则是另一种"治愈系呆萌"。萌芽熊是一只从多肉植物中诞生的小熊,这是它最与众不同的一点:植物系萌宠,多肉植物出身,使它天然具有令人舒服和缓解压力的特质,如图2-25所示。

张小盒则是另一种在盒子化城市里展现"呆萌"生活状态的IP。他的现实生活感很强,将现代人在都市生活中的"囧"感充分展现出来,并暗藏着执着的力量,如图2-26所示。

"呆萌情结"和"治愈系"故事之间关系很深,几乎所有以"呆萌情结"为主角的轻故事都是"治愈系"的。按治愈系故事的设定,这些故事一般是清新的、温暖的、节奏舒缓的,以能让人会心一笑的生活小细节故事为主,自然温暖人心和净化心灵。

10.逗趣情结

"逗趣情结"是人性潜意识中的恶作剧能量的化身,其角色往往极为谐趣,有一种不太正经的态度,惹人发笑,让人轻松愉快。

"逗趣情结"带来的心理能量很强,尤其是能化解那些特别严肃、沉重的

图2-25　萌芽熊

图2-26　张小盒

东西。几乎所有的喜剧明星都可以归类为"逗趣型"IP，而"逗趣"如果与"愚者"（傻瓜）结合，更是能诞生超级喜剧巨星。

海贼团全员都是非常搞笑的角色，大部分都自带逗趣属性。罗宾原本是高冷的"御姐"形象，在上了路飞的船后，也变得逗趣了，时不时就说一些恐怖的话，吓得乌索普都不敢听她说话了。

所以，航海王整个大IP都可以说是以"逗趣情结"为中心的，并结合了"超能力情结"，塑造了许多非常谐趣搞怪的英雄。

北欧神话传说中的洛基是一个非常搞怪的角色，洛基的真正原型比《复仇者联盟》中的洛基还要有趣得多。《怪物史莱克》中的驴子也是一个典型的逗趣角色，还有《冰雪奇缘》的小雪人。几乎所有迪士尼动画大片里都会出现"逗趣型"的小配角，可以算得上是标配了。

"逗趣情结"的力量在于：

（1）将人类膨胀的自我切成碎片进行嘲弄。

（2）揪出人类表面的虚伪和愚蠢做派。

（3）借着恶作剧和口误，警示生活。

（4）揭示生活的荒诞，给意识带来健康疗愈。

"逗趣"往往是真相的催化剂，能在嬉笑中撕开现状，展现更本质的真实，既能让我们自嘲，也能让我们自省。

11. 傲娇情结

"傲娇情结"展现的是潜意识中不屈服的生命张力，代表了生命中特立独行的、"拽"的情态。

"傲娇情结"的IP角色很容易引起人们自发的喜爱甚至传播，因为它展现了大多数人在生活中不敢肆放的一面，"我拽我做主"。所以，无论是Molly潮玩公仔、兔斯基表情还是"吾皇"系列漫画，在我国都备受追捧。

从最初以一个小画家的身份诞生之日起，撅着嘴就是Molly最显著的特征。无论Molly更换多少服装、穿越到任何文化里，都始终保持着一副撅着嘴的傲娇样子。

兔斯基表情推出时，如同闪电惊雷一般打破了之前表情只会卖萌的惯例。这只白兔子以既自恋又自负的傲娇动作，映射出新一代年轻人的自我意识和个性，迅速走红，而"傲娇"始终是它最打动人的情感点。

吾皇猫也是如此，它极其张扬的自我，通过一种唯我独尊的"皇式"态度达到了极致。喜欢它的人，会发自内心地与这种傲娇的精神产生共振，如图2-27所示。

图2-27　吾皇猫

怪盗基德是典型的"傲娇情结"者，他自恋、自以为是。其实，在生活中遇到这样的人可能挺令人讨厌的，但作为故事中的角色，却不同凡响。同样类似的角色还有《樱桃小丸子》中的花轮同学，以及《航海王》中的众多角色。

总之，"傲娇"类形象IP非常受我国的年轻人欢迎，因为贴合了年轻人希望不同于父辈的一种生活态度和自我主张。

12. 超能力情结

人总是渴望超越平凡的自己，拥有各种想象得到甚至想象不到的超能力，成为盖世英雄，去反抗或拯救世界，这就是"超能力情结"。

我国著名的超级IP角色，例如孙悟空、哪吒，还有各种武侠英雄，都是

"超能力情结"的代表。

而在国外,也有大量的超能力英雄在不同的文化和国家中存在,例如法国漫画中的高卢英雄阿斯特克斯、比利时的丁丁、古希腊的大力士赫拉克勒斯、日本的阿童木,以及美国漫威、DC 的众多超级英雄(如超人、蜘蛛侠、蝙蝠侠、钢铁侠等)。

所有"超能力英雄"IP,一定有正反两大要素:

第一,超能力英雄要有自己独特的强大技能,并配以相应的超强道具。

例如,孙悟空的技能和超强道具是金箍棒、七十二变、筋斗云、火眼金睛等;哪吒的超强道具是风火轮、混天绫、乾坤圈、火尖枪等;超人的技能和超强道具是来自氪星的全套超能力和一套超人服装;蜘蛛侠的技能和超强道具是飞天遁地、发射蛛丝和一套蜘蛛侠服装,等等。

第二,超能力英雄会有一个基本弱点,让他们失去力量。例如,孙悟空的弱点是紧箍咒;超人是遇到来自氪星的石头;蜘蛛侠的弱点则是人性上的,他还在青春期,有很多不确定性;而哪吒也和蜘蛛侠类似,有不稳定的内在人格。

这种英雄有致命弱点的有趣设定,被称为"阿喀琉斯之踵"。这一说法源自希腊神话:超级英雄阿喀琉斯虽然无比强大不会受伤,但却有着脚后跟这个致命弱点,最终因此被杀死。

为什么会这样设定?因为完美的、彻底"高大上"的英雄是不能打动人的内心深处的,凡事皆有正负极,超能力英雄必须有一个能打破其超能力的弱点,才能更鲜活、有血有肉。人们想看的并不只是超能力英雄的无所不能,还想看到他们如何因致命弱点而遇到危险和死亡的危机,并突破或避开危险。这才是能打动人心的过程。

13. 宠伴情结

"宠伴情结"即人性中对宠物、非人类伙伴的信任、需要与爱。

"宠伴情结"源远流长,早在远古时期人类驯狼为犬时就开始了,宠伴一直是人类生活和对抗危险的好帮手。

而到了现代故事,宠物式伙伴则赋予了新的童话式传奇,从皮卡丘、哆啦A梦到大白，都具有一种全新的神奇能力，帮助主人渡过各种难关，克服成长的问题。

要做到真正受人喜爱，必须让角色接近甚至锚定到潜意识，而这种角色往往不那么沉重，非常轻松，这正是"宠物/伙伴型"IP角色的精髓。

"宠伴情结"很容易诞生超级强大IP角色，在全球排名50强的IP榜单上，有超过1/3是宠伴型角色。但因为种种原因，我国的IP在这部分成功的例子还比较少，有极大的发展空间。

以下是三个著名的"宠伴型"IP角色：哆啦A梦是童年的伙伴；皮卡丘是冒险的伙伴；大白是健康的伙伴。它们的精神境界都非常纯粹，直达我们潜意识深处的伙伴需要，如图2-28所示。

图2-28　三大宠伴型角色

不只是内容型IP，品牌IP也同样容易以"伙伴"的身份成功：M&M's把巧克力豆变成宠物公仔，可爱得让人不忍心吃掉，又很想吃掉；NHK电视台把电视服务变成小怪兽，多摩君虽然有一张血盆大口，却非常可爱；米其林轮胎人是令人类可以放心出行的好伙伴。

14.长不大情结

每个成年人的内心深处都隐藏着一种潜意识的"长不大情结"，它代表人类潜意识中那永恒的童真与纯真。绝大多数人虽然长大了，心里还藏着一个小男孩或一个小女孩，时不时会忍不住出来捣乱。所以，定位于"长不大情结"的角色，总是有着莫大的吸引力。

"不长大的孩子"是文艺作品的永恒主题之一，经典的作品包括《彼得·潘》《小王子》《名侦探柯南》等。

荣格提出过一个说法，即"圣童"（Divine Child），用来说明人的内心有一个永不长大的小孩。荣格认为，圣童在人类本性的深处诞生，象征着幼小的心灵、生命的潜力以及自我的新生，但同时也很轻浮妄动、乐天顽皮，以及永远不以长大成熟为目标。

"长不大情结"也可以被称为"小飞侠情结"。《彼得·潘》是一本著名的童话作品，书中描绘了一个永不长大的"小飞侠"彼得·潘（Peter Pan），生活在一个叫"永无乡"（Never Land）的岛屿上，与坏蛋铁钩船长（代表成年人的功利）进行着永恒的斗争，并与代表原始力量的酋长公主虎莲结为盟友。他来到现实世界，带着代表正常人类小孩的小女孩温迪和她的两个弟弟，前往"永无乡"玩耍、冒险，当冒险任务完成后，彼得·潘会送孩子们回家，并将此事忘记。

另一个著名的不长大的孩子角色是小王子，如图2-29所示。小王子生活在一个孤独的星球，与玫瑰、火山和猴面包树相伴，出于对未知世界的好奇和自我的探寻，小王子离开了自己的星球，在经过多个暗喻人性状态的小星球后，他来到了地球，降落在撒哈拉沙漠上，与一个飞机师（作者）相遇，并从童真的视角，对人类社会的很多规则和问题进行了质疑。最后，小王子决定离开，以死亡的方式回到了自己的星球。

图 2-29　小王子

15. 成人礼情结

和上一种情结相反，人性中不仅有拒绝长大的一面，也有渴望长大的一面，而这一面，表现为"成人礼情结"。

我之所以要在"成人"后面加上一个"礼"，是因为如果仅仅是渴望长大成人，太过寻常、普遍，不足以形成IP符号。只有加入仪式感的"成人礼"才是形成强大IP的关键。

《哈利·波特》讲的就是一群孩子长大成人的故事，通过巫师世界特殊的入校礼、分院仪式、毕业礼，使之形成非常特殊的文化符号系统。

《狮子王》讲述的也是一个孩子如何在失去父亲和社会地位、颠沛流离后成长的故事。它的成人礼是狮王的加冕仪式，也是全片最令人激动和兴奋的场景。

"成人礼"是一种对孩子长大成人的加冕，具有强大的心灵魔力。拥有这样内容的IP，非常具有成为超级IP的潜质。

16. 开悟情结

"开悟情结"也可以称为"导师情结"，代表着人性潜意识自我升华的渴求，可以说是一种最高等级的情感能量。

开悟蕴含在人性最基本的基因里，不仅是人性对升华的渴求，也是一种人性对自身巨大潜力的发现。自古以来，在没有经书、大道甚至文字之前，人类就已经天然具备了开悟的能力。

"开悟情结"是宗教和神话IP的核心。每一种不同的宗教、不同的超现实信仰，都有不同的开悟之道。这些宗教和信仰IP凝聚成一个个经典的超级文化符号，指引着人类。

而在现代故事中，"开悟情结"往往以超然、睿智的导师形式出现，例如《哈利·波特》中的邓布利多、《星球大战》中的尤达大师等。

"开悟情结"同时也因不同的文化有不同的开悟方式，但不管是哪种方式，都殊途同归，代表着人性对更高层次升华的渴求。

每一种"开悟情结"的IP都会树立一种精神典范，也是人类意识进化的顶峰。在这个潜意识能级，一定是超越对原有人性意识的、超越对身体或"自我"的执着的。

所以，"开悟情结"的IP角色如果要成功，一定需要有强大、独特的世界观作为支撑，通过塑造"弧光式"成长的IP角色，打造系统化的仪式、道具，才可能获得成功。

成功IP角色同时有多种情结

上面介绍了十六种最贴近潜意识的情结原型，有助于在孵化IP时，尽可能有效地将角色的情感挖得更深、情感定位更加扎实，让IP角色更具有深层感动力。

值得注意的是，只有单一情结的IP角色往往比较单薄，而同时有多种情结的IP角色，内涵更加饱满、丰富。例如以下著名IP角色：

（1）孙悟空　他既有"超能力"的情结，展现出强大的能力与英雄气概；又有"逗趣"的情结，体现出幽默与智慧；还带着"傲骄"的情结，彰显出自信与反叛精神。

（2）猪八戒　他集"懒"的情结（给人一种可爱的慵懒感）、"逗趣"的情结（通过搞笑行为吸引人）和"色"的情结（人性化的弱点使角色更真实）于一身。

（3）航海王中的角色群　无论是"傲骄"的情结、"逗趣"的情结，还是"超能力"的情结，每个角色都在多个维度上与观众建立了深刻的情感连接。

同时有多种情结的IP角色，能与人们形成多维度的情感连接，也能更好地发展内容、创造故事，自然也就更为强大。

总之，孵化IP的本质不是物理过程，而是生物化学反应。所以，梳理出情结是一种很有用的辅助工具，能让IP角色变得更好，但不能确保IP一定成功。IP最终能否成功，仍然要依靠机遇和勤奋的结合。

2.5　IP第一性原理：双能共赋

第一性原理（First Principle Thinking）是一种源自哲学的思维方式，最早由古希腊哲学家亚里士多德提出，科技企业家埃隆·马斯克对该原理也很是推崇。这一原理强调从事物的最基本、最根本的元起点出发，通过逻辑推理和创新组合构建出全新的系统或模式。它的核心在于打破现有的思维定式，回到事物的本质，从而发现更深层的规律和解决方案。

发现第一性原理的具体步骤：

（1）归零　将复杂问题还原到最基础的状态，忽略现有的表象和假设，重新审视问题的本质。

（2）解构　对现有的系统、模式或产品进行深入拆解，识别其核心要素和内在逻辑。

（3）重构　基于第一性原理，创新性地重新组织这些元素，构建出更优化、更具创新性的解决方案或系统。

通过这种方法，人们可以突破传统思维的局限，发现更根本的真相，并创造出具有革命性意义的价值。

现在，让我们来探寻IP的第一性原理。

第一步：归零

IP是通过形象、内容、符号、历史和文化等多种表现形式，感动人心并在人心中沉淀下来。透过表象究其本质我们会发现，IP的核心在于与人心中的潜意识产生持续、深层的共鸣。因此，IP是人性潜意识的能量载体（详见导入篇）。

第二步：解构

深入分析人类潜意识的能量，我们可以将其分为两大核心类别：个体潜意识和群体潜意识，如图2-30所示。

图2-30　个体潜意识与群体潜意识

（1）个体潜意识　由个人的情绪化记忆组成，形成"情感能量"。这种能量通过与IP的共情，让IP具有情绪感染力。

（2）群体潜意识　由人类在漫长进化过程中沉淀的群体心灵印记组成，形成"文化能量"。这种能量通过与IP的共振，使IP获得文化共识力。

第三步：重构

情感能量是IP与个体的共情纽带，缺少它，IP便难以走心；文化能量是IP与群体的共识基础，缺少它，IP便失去强大性。

因此，IP的终极目标是将情感能量与文化能量有机结合，构建出一个完整的"IP能量场"。这种双能共赋的魅力，不仅让IP能够赋能万物，还能在人心中激发更深层次的共鸣与认同。

双能共赋

通过情感能量和文化能量的双重赋能，IP在个体情感共鸣与群体文化认同之间架起了桥梁。情感能量是IP的首要驱动力，使IP能够触动人心最深处且产生共鸣。文化能量则作为IP的关键势能力，赋予IP广泛的文化认同与深远的社会影响，如图2-31所示。

情感能量与文化能量这两种潜意识能量共同构成了IP的核心价值体系，推动IP在情感共鸣与文化传播中实现持久的影响力。

图2-31　IP第一性原理：双能共赋

情感赋能为主的IP，主要依靠超萌可爱的形象和情绪价值来吸引受众。例如，Chiikawa、Loopy、线条小鲸、库洛米、Hello Kitty等萌宠类轻IP，它们以强大的情感感染力触动人心，成为人们心灵的慰藉与情感寄托。这种类型的IP通常通过简单、易于理解的形象和情感共鸣，满足人们对温暖、快乐和轻松的需求。

以文化赋能为主的IP，则通过悠久的历史和深厚的文化底蕴来展现其价值。例如，故宫、敦煌、西安、洛阳、杭州西湖、大英博物馆、卢浮宫等历史文化IP，它们以强大的文化影响力和历史意义，成为人类文明的象征与文化传承的载体。这些IP不仅承载着丰富的历史故事，还通过文化认同力在人们心中留下深刻的印记。

而兼具情感赋能和文化赋能的IP，则更具复杂性和深度。例如，《西游记》《封神演义》《三国演义》《山海经》、迪士尼系列、《哈利·波特》《变形金刚》《奥特曼》《航海王》《火影忍者》《机动战士高达》等内容型重IP，它们既能通过深刻的情感共鸣触动人心，又能通过丰富的文化内涵和历史积淀展现其文化价值。这些IP通过内容的深度与广度，在情感共鸣与文化传播中实现了持久的影响力。

Molly IP的双能共赋

Molly作为中国潮玩界的超级IP，在过去十年累计实现了数十亿元的潮玩盲盒销量。她不仅在国内广受欢迎，也在国际市场上取得了显著成功。那么，Molly是如何实现情感赋能与文化赋能的双重共鸣，征服全球粉丝的心呢？

Molly的情感赋能主要体现在其独特的脸部设计上。她的噘嘴和通透的大眼睛巧妙地传递出一种既傲娇又可爱的神情，这种设计极易引发情感共鸣。通过这种设计，Molly能够让人们超越日常生活中的平淡，进入一种拽劲不羁的情绪状态，从而获得情感上的满足。

在文化赋能方面，Molly通过其潮玩盲盒的多样化文化主题系列，展现了丰富多变的文化内涵。每一个系列的设计都将IP形象与不同的文化潮流相结合，呈现出独特的换装风格，成功击中了消费者内心的各种文化潜意识，如图2-32所示。

图2-32　Molly IP的双能共赋

自2016年首次推出盲盒以来，Molly已经发布了40个不同的文化主题系列，充分体现了其在文化多样性方面的探索，如图2-33所示。

系列	日期	系列	日期
星座系列一代	2016/8/5	婚礼花童系列	2019/6/16
运动系列	2016/8/28	开心火车派对系列	2019/8/16
星座系列二代	2016/11/5	艺术大亨系列	2019/10/21
2016圣诞系列	2016/11/27	鼠年大乐队系列	2020/1/8
职业系列一代	2016/12/17	小鸟系列	2020/2/14
2017新年系列	2017/1/19	蒸汽朋克系列	2020/6/11
水果系列	2017/3/26	Molly的一天系列	2020/8/14
国际象棋系列	2017/6/11	Molly美食派对系列	2020/10/21
十二生肖系列	2017/6/25	娃娃装侵蚀系列	2021/5/14
寻找大耳牛系列	2017/8/11	我的小时候系列	2021/7/23
职业系列二代	2017/9/30	魔力卡卡系列	2021/9/24
2017圣诞系列	2017/12/2	蒸汽朋克动物机车系列	2022/1/21
2018新年系列	2018/1/20	放空的一天系列2	2022/6/1
海洋系列	2018/3/3	MEGA SPACE100%周年1系列	2022/8/11
宫廷瑞兽系列	2018/6/9	料理系列	2022/8/25
西游系列	2018/8/17	花瞬间幻象系列	2022/11/17
昆虫系列	2018/9/22	幻想流浪记系列	2023/1/12
胡桃夹子系列	2018/12/12	华纳100周年系列	2023/5/11
2019新年系列	2019/1/13	MEGA SPACE100%周年2系列	2023/8/10
校园系列	2019/3/31	周年雕塑经典回归系列	2023/9/22

图 2-33　Molly 的盲盒全系列清单

星座系列和职场系列是Molly早期推出的两组具有里程碑意义的盲盒主题，如图2-34所示。星座系列巧妙地结合了当下流行的星座文化，将Molly这一可爱又拽气的小女孩形象融入十二星座的特质中，赋予每个星座独特的性格与风格。职场系列则以职场文化为灵感，让Molly呈现出多元化的职场形象，诠释了各行各业的"天选御姐"打工人角色，成功打造了一个充满趣味与创意的职场小宇宙。

MEGA SPACE100%周年系列是Molly潮玩后期最具创新力的作品之一，它巧妙地将"酷"与"萌"两种截然不同的文化能量融为一体，如图2-35所示。Molly本身代表着萌趣文化，而太空服和机甲则象征着酷感与科技感。这种看似对立的元素在设计中犹如冰与火的碰撞，迸发出独特的魅力。这种"酷萌共生"的艺术效果使这一系列深受玩家喜爱，尤其是超大款版本，更成为收藏热度最高的经典，成为潮玩文化中不可或缺的代表作。

图 2-34　Molly 盲盒的星座系列和职场系列

图 2-35　MEGA SPACE100% 周年系列

芭比娃娃 IP 的双能共赋

芭比娃娃作为玩具界的百年经典 IP，经过 60 多年的发展，已经远远超越了普通玩具的范畴，成为女性自我认知与进步的文化符号。它不仅是儿童玩具，更是承载着时代变迁的文化载体，展现了女性在不同历史阶段的社会角色与价值追求。

她的双能共赋特性非常明显。一方面通过"情感赋能"唤起消费者的共鸣与热爱；另一方面通过"文化赋能"传递了女性独立、多元化发展的价值观，如图2-36所示。

图2-36　芭比娃娃IP的双能共赋

芭比娃娃蕴含的情感能量，深深契合了女孩子天生对打扮和过家家的天真情趣。这些娃娃们通过精心设计的服装、发型和场景，完美捕捉了女孩子们对美的向往和对生活的好奇心。这种独特的情感能量使芭比娃娃超越了普通玩具的范畴，成为孩子们童年记忆中不可或缺的一部分，赋予了无数女孩童年最珍贵的欢乐与成长体验。

而在文化能量的表现上，通过不断与时共进，芭比娃娃的设计始终反映女性在不同时期的社会角色与文化价值观，其款式更新与文化变迁同步。

芭比娃娃的演变堪称一部女性文化史。20世纪60年代，芭比娃娃捕捉到了当时的流行风潮，身穿迷你裙，佩戴重叠假睫毛，双层眼影与粗眼线的妆容，奠定了芭比娃娃的基本造型。20世纪70年代，芭比娃娃化身《草原小屋》电影中的女主角，身穿西部风格的长裙与短装，配合当时流行的日光浴风潮，肤色呈现古铜色，展现出健美自然的气质。

20世纪80年代，芭比娃娃开始展现女性职业发展的新风貌，身穿行政套装，手拎公文包，包中还配有名片、信用卡、报纸和计算器，象征着女性迈向职场的坚实步伐。同时，Mattel玩具公司大力推进多元化发展，推出了"黑人芭比""拉丁芭比""日本芭比"和"中国芭比"等不同肤色和民族背景的系列。为了唤起社会对残疾人群体的关注，公司还推出了"轮椅上的芭比"，其发布会更是在因脑中风需靠轮椅代步的美国小姑娘汉纳·威瑟斯的家中举行，寓意深刻。

通过这些设计，芭比娃娃不仅记录了女性在不同年代的社会角色与文化变迁，更赋予了女性更多的可能性与期待，成为连接过去与未来的文化桥梁。

《哈利·波特》IP的双能共赋

《哈利·波特》将人类心灵原力的情感能量与深厚的文化能量充分结合，构建了一个跨越文学、影视、游戏等多领域的超级IP能量场。这一现象级的文化产物在世界范围内掀起了哈利·波特热潮，成为21世纪最具影响力的文化现象之一，如图2-37所示。

图2-37 《哈利·波特》IP的双能共赋

《哈利·波特》的情感能量来源于一个深刻的人性母题：一个从小备受虐待的孤儿男孩逐渐成长为拯救世界的英雄。这个故事不仅仅是一个简单的成长叙事，更是一个关于自我发现、救赎与超越的深刻的人性故事。哈利在霍格沃茨魔法学校的旅程中，不仅掌握了强大的魔法能力，还收获了真挚的友情与智慧的引导。面对象征邪恶与暴政的伏地魔，哈利经历了无数次的考验与磨难，最终通过自我牺牲与重生，实现了对自我的完善与救赎。

而《哈利·波特》的文化能量则体现在其构建了一个极其丰富且系统的魔法世界。从霍格沃茨魔法学校的城堡场景到魔法部的官僚体系，再到魁地奇比赛的精彩瞬间，每一个细节都经过精心设计，形成了一个完整而自洽的魔法宇宙。

J.K.罗琳在创作中融入了大量的魔法文化元素，包括复杂的魔法仪式、独特的魔法道具、精妙的法术体系，以及一个拥有数百年历史的魔法世界观。这些元素不仅深深植根于欧美的文化传统中，是西方集体无意识的一部分，也同样在全球范围内引发了强烈的共鸣。即便是在东方文化圈，人们也能在《哈利·波特》的魔法世界中找到与自身文化传统相似的影子。

《熊出没》IP的双能共赋

《熊出没》是国内最具影响力和生命力的动漫IP之一，如图2-38所示。这个起源于2003年的动画IP，从最初以光头强、熊大、熊二为核心的搞笑小动画起家，经过数十年的持续创作与发展，逐步演变为一个包罗万象、跨越自然、人文、古代与科幻的儿童合家欢文化宇宙。

图2-38 《熊出没》IP的双能共赋

《熊出没》的情感能量来源于一个简单有趣的人性故事：一个傻乎乎的伐木工光头强与两只聪明机警的森林熊——熊大和熊二之间的相爱相杀。最初，他们的关系充满了喜剧性的对立与冲突。随着故事的发展，光头强从一个伐木工转变为一名热爱自然的导游，而熊大和熊二也从对立的对象转变为与光头强并肩作战的伙伴。这种角色的关系蜕变，不仅展现了人与自然应当和谐共处，也体现了人性中的善良、友情与成长。

而《熊出没》的文化能量则来源于其丰富多彩的冒险故事和跨界文化的独特魅力。光头强、熊大和熊二的冒险从最初的森林生态保护，逐步扩展到都市生活、古代传说、未来科幻等多个领域，将传统与现代、东方与西方的元素巧妙融合，形成了一个独特的文化宇宙。

二次元文化的双能共赋

兴起于日本的二次元动漫文化,是一个由无数创作者共同铸就的瑰宝,成千上万的创作者以各自对动漫的热爱与执着,为这个独特的艺术形式注入了生命力,如图2-39所示。他们不仅继承了传统文化的精髓,更将现代社会的多元文化元素融入其中,创造出一个丰富多彩的二次元世界。

图2-39 日本二次元IP的双能共赋

二次元IP实现了从未有过的精准情感需求划分

二次元IP在潜意识的情感能量发掘上取得了重大突破,通过细致入微的情感分类,构建了独特的IP情感坐标系。这种分类不仅丰富了作品的内涵,更精准地满足了观众的多元情感需求。以下是几种典型的二次元IP情感类别及其代表作。

首先是治愈系IP，这类作品以其温暖、细腻的情感表达和生活化的叙事方式，给观众带来心灵的慰藉。例如，《樱桃小丸子》以其平凡却充满笑点的日常生活描写，展现了童年时代的无忧无虑；而《夏目友人帐》则通过人与妖的和谐共处，传递出对自然与人性的深刻思考，成为治愈系动漫的经典之作。

其次是少年向热血系IP，这类作品以少年时期人们的热血与青春为核心，展现了成长中的冒险、挑战与蜕变。例如，《航海王》描绘了草帽团伙伴们追求"ONE PIECE"的冒险之旅，展现了友情、梦想与坚持；《火影忍者》通过忍者世界的争斗与成长，传递了热血、努力与团队协作的精神；《灌篮高手》则通过篮球赛场上的奋斗，展现了少年的拼搏与激情；而《JOJO奇妙冒险》以其独特的战斗风格和家族传奇，成为热血动漫的标杆。

再次，二次元动漫在"萌宠情感能量"方面也大放异彩，创造了大量深受观众喜爱的IP。从经典的哆啦A梦到全球现象级IP精灵宝可梦，再到Hello Kitty、库洛米和Chiikawa等，这些充满可爱力量的角色不仅征服了全球观众的心，还成为流行文化的象征。

和萌宠系动漫正好相反的暗黑系动漫也在二次元IP中占据重要地位。例如，押井守的《攻壳机动队》以其黑暗、颓废的未来世界观和深刻的哲学思考，展现了独特的暗黑风格；大友克洋的《阿基拉》则通过少年叛逆与末世题材，呈现了强烈的反抗与震撼。

综上所述，二次元IP通过深入挖掘和创造性表达不同的情感，充分展现了现代人丰富、差异化的情感需求。

二次元IP也开创了各种新的亚文化潮流

二次元文化在全球范围内开创并影响了许多亚文化潮流。这些潮流不仅塑造了特定的审美风格和世界观，还对全球流行文化、电影、音乐和艺术产生了深远影响。

赛博朋克文化虽然最初源于美国科幻小说，但其影像化表达最早由二次元作品《阿基拉》和美国电影《银翼杀手》共同开创。押井守的《攻壳机动队》进一步完善并奠定了赛博朋克世界观的基础。赛博朋克文化以其黑暗、霓虹灯光、科技与人性冲突的主题为核心，影响了全球电影、游戏和艺术设计。例如，好莱坞电影《黑客帝国》中的绿色滚动字符（实际上是日文）就直接受到二次元赛博朋克风格的启发。

二次元文化还创造了经典的机甲（Mech）文化，例如《铁臂阿童木》、高达系列、《新世纪福音战士》等。这些作品不仅在日本国内广受欢迎，还对全球机甲题材的动画、游戏和电影产生了深远影响。甚至《变形金刚》的最初原创也受到日本机甲文化的启发，进一步推动了全球机甲文化的发展。

二次元文化还重塑了现代女性文化，催生了大量突破传统女性形象的作品，例如《魔法美少女》《美少女战士》《初音未来》等。这些作品重新定义了女性角色的多样性和独立性，并对全球女性角色的设计和叙事方式产生了深远影响。

御宅族（Otaku）文化起源于日本，是一种以动漫、漫画、游戏为核心的亚文化。御宅族代表了一类热爱二次元，并以此为生活中心的年轻人群体。御宅文化通过动漫展会（如Comiket）、游戏、动漫周边商品等形式传播到全球，成为许多年轻人认同的亚文化标签。

《航海王》极大地丰富了冒险主义和海洋文化的内涵。它以开放、自由的精神吸引了全球观众，成为冒险题材作品的标杆。航海王不仅塑造了海盗文化的新形象，还通过其独特的世界观和角色设计，启发了许多后来的冒险类动漫和游戏。

此外，二次元文化还催生了"后末日核文化"。例如，《新世纪福音战士》通过其极具冲击力的视觉表现和深刻的哲学思考，重新定义了后末日和生存主义的主题。这些作品对全球科幻和动作片的视觉效果和叙事风格产生了深远影响。

总结一下，二次元动漫IP既对情感能量进行了细致分类，又在文化能量上兼容并包。它通过其独特的创意和世界观，不仅开创了赛博朋克、机甲文化、御宅族等亚文化潮流，还深刻地影响了现代女性文化、冒险主义、科技末世等主题。这些潮流不仅在日本国内广受欢迎，还通过动漫、电影、游戏等媒介传播到全球，成为全球流行文化的重要组成部分。

二次元也深刻影响了中国的动漫产业。近年来国漫最优秀、最受欢迎的一些IP都受到了二次元的影响，例如《哪吒之魔童降世》中的少年哪吒和敖丙，其形象与动作姿态就融入了二次元风格。

国产动漫IP的双能共赋

国产动漫的发展历程可大致划分为两个相隔的黄金时期。早期，国产动漫迎来了第一个创作高峰，诞生了《大闹天宫》《哪吒闹海》《九色鹿》和《葫芦娃》等经典国漫IP，这些作品至今仍被观众所欣赏和怀念。然而，随后因体制转型等因素，国产动漫经历了一个较长的沉淀期，发展进程显著放缓。

进入21世纪，国产动漫重新迎来蓬勃发展期，在漫画、影视、游戏、潮玩和教育等多个领域全面拓展，涌现出了一系列备受瞩目的新IP。无论是面向儿童的经典动画，还是年轻人喜爱的二次元作品，抑或是适合全家观看的合家欢类动漫，国产动漫都展现出了强劲的创作活力和多样化的题材选择，如图2-40所示。

从情感能量的角度来看，国产动漫在情感表达上展现出了极高的创造力和多样性。国产动漫的创作者们充分汲取了现代动漫的情感表达方式，使国产IP内容在情感深度和细腻程度上不断突破。无论是萌宠系、治愈系、甜美系、热血系、幻想系，还是无厘头搞笑系，国产动漫都在这些领域中创造出了令人印象深刻的优秀作品。

例如，《罗小黑战记》以其独特的画风和治愈系的叙事方式，成功地将温暖的情感与奇幻的世界观相结合，给观众带来了强烈的情感共鸣；而《刺客伍六七》则通过热血系的剧情和深刻的人物刻画，展现了充满张力的故事张力和角色魅力。此外，《吾皇巴扎黑》以其无厘头的搞笑风格和对生活的调侃，成为一部极具观众喜爱的搞笑系动漫代表作。《我不是胖虎》则以萌宠系的可爱形象和治愈系的情感表达，俘获了无数观众的心。《狐妖小红娘》则通过甜美系的浪漫剧情和精致的画面，成为年轻观众心中的二次元情感经典。

这些作品不仅在情感表达上展现了极高的水准，还通过多样化的情感类

图2-40 国产动漫IP的双能共赋

型,为观众提供了新颖有趣的新时代情感体验。

从文化能量的角度来看,国产动漫的创作呈现出以下四个主要领域的独特融合与创新。

第一,中国传统文化的再汲取与翻新。国产动漫深入挖掘了中国传统文化的丰富内涵,将经典文化作品进行了现代化改编与创新。这些经典故事成为动漫、影视、游戏等领域的创作源泉,代表作品包括《大圣归来》《黑神话:悟空》、哪吒魔童系列、《梦幻西游》等。同时,国产动漫也热衷于将中国古代辉煌时期的历史文化进行艺术化再现，例如大唐、先秦、两宋等朝代的场景与故事被广泛运用，地域上则以长安、洛阳、北京、敦煌/西域、四川三星堆、客家土楼等地为背景，形成了独具特色的文化画卷，代表作有《长安三万里》《秦时明月》《画江湖之不良人》等。

第二，**武侠、仙侠、魔怪等奇幻文化与二次元文化的跨界融合，创造出了极具东方特色的新型文化潮流**。代表作品包括有《原神》《诛仙》《斗罗大陆》《斗破苍穹》《一人之下》等。这些作品既保留了中国传统文化的精髓，又融入了现代二次元的审美和叙事方式，成为国产动漫的重要IP。

第三，**儿童向动画与新时代生活方式的结合**。国产动漫在儿童向领域也展现了强大的创作力，通过轻松幽默的叙事方式和可爱的角色设计，创造出了"国民级"动画IP。《喜羊羊与灰太狼》和《熊出没》等作品不仅成为儿童观众的最爱，也通过其独特的教育意义和娱乐价值，成为新时代家庭共享的文化现象。

第四，**萌系文化与潮玩文化的轻IP创造**。国产动漫在萌宠、治愈系等情感表达上也展现了独特魅力，涌现出了一批超萌IP，例如《麦兜故事》《兔斯基》《阿狸》《吾皇巴扎黑》《罗小黑战记》《我不是胖虎》《奶龙》等。这些IP通过可爱的形象设计和治愈系的情感表达，俘获了广大观众的喜爱。此外，潮玩圈也涌现了许多代表性IP，例如Molly、Labubu、DIMOO、Skullpanda等，这些IP以其独特的设计风格和文化内涵，成为年轻人追逐的潮流标志。

总而言之，国产IP正在通过将传统文化元素与现代人的情感共鸣相结合，实现传统文化的创新性转化与传承，从而推动文化的复兴和创新发展。

挖掘人类潜意识中的文化能量与情感能量需要创作者具备敏锐的洞察力和深刻的理解力。这种双重赋能不仅是对传统文化的传承与创新，更是对现代人精神世界的深刻回应。通过这种方式，国产IP将能够突破地域和文化的界限，真正实现从"中国制造"到"中国创造"的跨越，最终在全球文化市场中占据重要地位。

2.6　4S要素之一：角色三步创造法

在上一节，我详细阐述了IP的核心原理——双能共赋。其中，情感能量与文化能量作为IP的内在精神核心，共同构成了其独特的基因特征。与之相呼应，IP的外在呈现则主要体现在四个关键要素上：角色（Starring）、故事（Story）、世界观（Scenery）以及符号（Symbol）。由于这四个要素的英文名称均以"S"开头，我将其统称为"4S要素"，如图2-41所示。

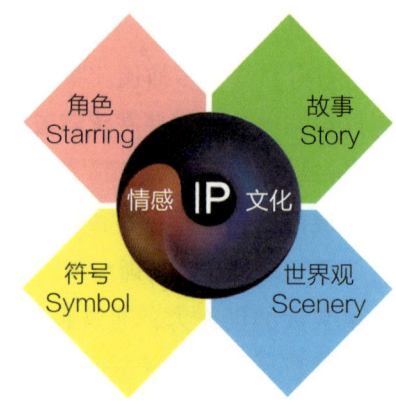

图2-41　IP的双能共赋与4S齐生

双能共赋与4S齐生是一种内外结合的机制，构成了IP孵化的核心原理。情感能量与文化能量的深度融合赋予了IP灵魂层面的动力，而角色、故事、世界观与符号的有机统一则为其提供了丰富的外在表现形式。这种机制不仅揭示了IP创作的内在逻辑，更为打造具有深度与广度的超级IP提供了科学的理论指导。

第一个"S"：角色（Starring）

"角色"指的是IP的形象与性格设定。我选择"Starring"一词来代表角色，是因为它常出现在影视作品的字幕中，意为"担任主演的明星"。同理，在IP内容中，只有最具明星特质、人格魅力最强的角色才具备成为IP的潜力。例如，哪吒、孙悟空、蜘蛛侠、Hello Kitty、库洛米、熊本熊等，这些角色凭借鲜明的情感能量和精彩的人设脱颖而出，成为IP的核心。

第二个"S"：故事（Story）

"故事"是IP的内容载体，通过情节、人物关系和情感冲突打动受众。即使是非内容型的形象化IP或品牌IP也隐含着某种故事，例如企业、文旅或个人的历史与传奇。然而，并非所有故事都能成为IP。相比之下，原型化、情感化的故事更容易成功。原型化故事是指表达人性最基本的成长、安全感、帮助等追求。

第三个"S"：世界观（Scenery）

"世界观"是根据IP主题和情感所创造出的独特世界规则，形成独特的情境。我用"Scenery"一词来代表世界观，是因为它原指根据戏剧主题而设计的舞台布景。世界观的范围可大可小，从最小的情景设定（如情景剧），到完整世界的设定（如世界运行法则），再到多个世界融合的设定（如多元宇宙）。总之，只有系统化的世界观才能让IP的表现清晰有序，形成完整的IP生态。

第四个"S"：符号（Symbol）

"符号"通过图像、标志、颜色等方式传递IP的独特性和识别度，为IP的传播和记忆提供直观支撑。如果在IP孵化初期不注重符号性设计，后续发展将面临诸多问题，如延展性差、授权和衍生开发困难。IP符号化设计的核心原则是：独特的辨识度和简洁的可延展性。只有核心受众能识别的符号并不强大，能让普通大众也能识别的符号才是成功的。缺乏辨识度的IP只能沦为平庸，而非超级IP。

本节将深入剖析IP的第一个核心"S"要素——IP角色创造，系统梳理角色构建的原则与方法，并全面探讨角色设计对IP价值的重要性。角色创造是所有IP孵化的基础，甚至比故事创造更为关键。在本书的导入部分我提到，当下是一个泛IP化时代，IP不仅诞生于影视、动漫、游戏等传统文娱领域，还源源不断地从以下四个领域涌现：

（1）企业IP。

（2）文旅景观类IP。

（3）个人化IP。

（4）设计师创造的IP。

这四大领域的IP有一个共同特质：它们都是形象化的IP，并且都必须从角色入手，以形象为先导，再考虑故事。这与文娱领域的故事型IP形成了鲜明对比。

一个优秀的IP角色不仅能为企业品牌、产品或服务赋能，还能成为文旅项目的核心竞争力，成为广受欢迎的文化符号，甚至成为文化的代言者。

多年来，我和团队一直致力于各种IP角色的开发，积累了丰富的成功经验，也总结了诸多失败教训。在此过程中，我们研究了大量海内外成功的IP角色，并逐步探索出一套"创造IP角色三步法"，如图2-42所示。以下将对此进行详细阐述。

图2-42　创造IP角色三步法

第一步：IP角色的两大类型设定

IP形象最关键的一点是具备鲜明的情感表达能力，能够与人们建立深刻的情感连接，而不仅仅是停留在理性的认知层面。一个形象，只要能够触动人心、引发共鸣，就能被大众接受和记住。即使它不够完美、有些怪异或存在缺憾，这些特质反而可能成为它独特魅力的一部分。

只有情感鲜明的IP角色，才能成为超级IP。

在研究了上千个IP角色后，我们团队发现，从"IP角色与人的情感连接"这一维度来看，IP角色主要分为两种类型，分别是自我投射型和宠物/伙伴型，如图2-43所示。它们带给人的情感价值不同，也构成了IP角色与人之间最核心的情感互动模式。

自我投射型

这类IP角色使人们能够自我代入，因为它们体现了人们的某些梦想和渴望，象征着"我希望成为这样的人"或者"我就是这样的人"

宠物/伙伴型

这类IP角色让人们渴望拥有，希望它们成为自己的宠物/伙伴，表达出"我真想要这样一个伙伴，那该多开心"或者"它真是我的得力助手"的情感

图2-43　IP角色的两大类型

在全球范围内，无论是深受故事内容滋养的角色形象，还是以独立设计

为核心的视觉形象，成功的IP角色都可以归结为两大类型。有趣的是，在我提出这两大分类之前，尚未见到其他关于IP角色塑造的文章或书籍提及，甚至人们常常将这两种类型混淆：明明是宠物/伙伴型的角色，却强行赋予人格化设定；或者本应是人格化的设计，却偏向宠物化表现。这种混淆极大地削弱了IP角色的魅力和能量。

> 角色设计最易犯的错误，是将两种类型混淆起来。

在中国企业或机构中，这种混淆尤为常见。例如，很多IP设计选择以动物为原型，形象设计上强调"萌"，但在精神内涵上却完全按照人格化要求设定。这种强行混合两种角色类型的做法，导致IP形象呈现出"两头不到岸"的状态——既不够萌，也不够强，显得不伦不类。

在进行IP角色/形象设计时，创作者必须在创作初期明确核心设计方向：是希望角色成为人们的情感寄托，引发自我投射，还是成为可爱的宠物/伙伴型形象？具体来说，IP角色/形象设计可以分为以下两种主要类型：

（1）自我投射型　以"个性与人格"为核心，塑造一个具有鲜明个性和独特人格的角色，让人在自我代入中获得提升和满足的情感价值。

（2）宠物/伙伴型　以"可爱"为核心设计理念，塑造一种温暖、亲切的形象，像宠物或伙伴一样，给人带来帮助、陪伴、照顾和依赖的情感价值。

明确这一点，有助于在后续设计过程中保持一致的创作方向和风格。

自我投射型的代表IP，如图2-44所示。

- 漫威和DC的超级英雄角色。这些角色诵讨强大的能力和英雄事迹激发人们内心深处的英雄情结。当观众沉浸在超级英雄的漫画或电影中时，实际上是在通过代入感想象自己成为这样的超能英雄。
- 葫芦娃七兄弟。他们不仅是孩子们对超能力的想象化身，也是中国父母心目中勇敢、善良、正直等理想孩子的具象化表达。这种双重代入性不仅让孩子们能够将自己融入葫芦娃的冒险故事中，也让家长们在这些角色中看到了对孩子的美好期望。

- 《西游记》中的师徒四人。唐僧的执着与坚持、孙悟空的勇敢与顽皮、猪八戒的幽默与直率、沙僧的憨厚与勤劳，各自代表了鲜明的人格特质。每一种特质都能引发观众的强烈共鸣，让人们能够在师徒四人中找到与自己性格相契合的角色。

图2-44 自我投射型的代表IP

在《航海王》中，海盗角色们凭借各自独特的冒险故事，唤醒了人们内心深处对自由、冒险和远大理想的向往。每一个角色都充满青春的热血，展现出对未知的探索欲望和对理想的执着追求，这些特质使观众能够在他们的故事中找到强烈的情感共鸣。

在《喜羊羊与灰太狼》中，角色们也蕴含着深刻的代入意义。对男性观众而言，灰太狼象征着永不言败的奋斗精神和对生活的执着追求，堪称"好男人"的典范；而对女性观众而言，红太狼则代表着理想的生活伴侣，体现着家的温暖与责任的担当。

在品牌IP领域，江小白是一个极具代表性的自我投射型角色。通过贴近生活的语录和形象设计，江小白成功融入了人们的日常情感与思考，不仅增强了产品的吸引力，更在潜移默化中与消费者建立了深厚的情感共鸣。

宠物/伙伴型的代表IP，如图2-45所示。

宠物/伙伴型IP角色：让人们投入爱护

图2-45 宠物/伙伴型的代表IP

宠物/伙伴型IP角色的核心在于简单、纯粹、可爱与有趣。与自我投射型IP角色不同，它们通常不会赋予过于复杂的人格，也无须强烈的社会身份认同。在设计时，需注意以下几点：

（1）保持宠物特性，避免过度人格化　角色设计应突出其"伙伴"的温暖与陪伴特质，而非赋予复杂的人格化性格，要保留其天然的可爱与纯粹。

（2）明确宠物为主人服务的价值点　清晰定义角色的核心功能与价值，明确它为主人提供的帮助或服务，让角色的存在更具意义。

（3）轻化人生观与价值观　不必赋予角色深刻的价值观或人生哲学，保持轻松、简单的设计理念，让角色更易被大众接受。

（4）强化人与宠物的情感联结　通过角色的行为与互动方式，强化其"伙伴"属性，让人与角色之间形成深厚的情感联系，让观众感受到陪伴与温暖。

以下是宠物/伙伴型IP角色的经典案例：

哆啦A梦是宠物/伙伴型IP角色的典型代表。它利用神奇的道具，成为主人公大雄童年中的万能助手，帮助他克服种种困难。这种无微不至的关怀与支持，让哆啦A梦成为人们心目中理想的童年伙伴，它的可爱与神奇传递出温暖的情感。

皮卡丘与小智的关系是宠物/伙伴型IP的又一经典案例。皮卡丘不仅是小智的宠物，更是冒险旅程中不可或缺的伙伴。他们之间的互动充满萌趣与情感，传递出真挚的友谊与团队精神，让观众感受到陪伴的力量。

大白是宠物/伙伴型IP在健康领域的成功应用。它被设计成一个贴心的健康护理伙伴，以温暖的关怀和呵护为人们提供支持，成为生活中可靠的健康守护者，传递出关怀与保护的情感价值。

在品牌IP领域，M&M's巧克力豆公仔是一个杰出的宠物/伙伴型案例。通过将巧克力豆拟人化为可爱的宠物形象，M&M's让消费者感受到角色的趣味与可爱，甚至激发了消费者不忍心将其吃掉的情感，强化了品牌与消费者之间的情感联结。

多摩君以可爱的外形和夸张的设计，成功地将电视服务的抽象概念具象化为一种宠物伙伴形象。尽管其形象略显怪异，但其可爱与趣味性让消费者对电视服务产生了更强的情感认同，成为一种独特的陪伴。

米其林轮胎大叔并非一个需要人们"成为"的角色，而是一个出行时的"放心伙伴"。其设计强调可靠与安全的特质，让消费者在使用过程中感受到无形的保护与支持，传递出安心与陪伴的情感价值。

这些案例展示了宠物/伙伴型IP角色的核心特质：通过简单、纯粹的设计，传递温暖、陪伴与支持的情感，从而与受众建立起深厚的情感联结。

第二步：IP角色的三观建立

在确定IP角色的类型后，创作者需进一步塑造其"三观"，以确保IP角色的双能共赋得以实现。此处的"三观"并非传统意义上复杂的人生观、价值观和世界观，而是更贴近角色的核心设计理念，如图2-46所示。

图2-46　IP角色的不同"三观"

自我投射型IP角色的"三观"：

（1）个性　角色需具备鲜明的个性特征，能够引发观众共鸣并激发代入感，使观众在角色中看到自己的影子。

（2）信念　角色应拥有坚定的信念或追求，成为观众内心的精神寄托，为观众提供情感共鸣和力量。

（3）世界观　角色所处的环境或背景需构建一个包容且丰富的世界观，让观众在其中找到情感共鸣点，增强角色的沉浸感和可信度。

宠物/伙伴型IP角色的"三观"：

（1）特性　角色设计需突出鲜明的特性，例如可爱、温顺、聪明等，以独特魅力吸引观众，引发喜爱之情。

（2）使命　角色的核心使命是为主人或用户提供服务与帮助，例如保护、陪伴、呵护等，明确其价值定位。

（3）情境　角色的情境设计需贴近生活场景，让观众在日常生活中感受到角色的存在价值，增强角色的实用性和亲和力。

通过明确IP角色的"三观"，创作者可以更好地统一角色的设计方向，确保IP角色在形象、功能和情感上实现双向赋能，提升其吸引力和影响力。

哈利·波特与哆啦A梦的不同"三观"设定

哈利·波特的"三观"设定通过其个性、信念和世界观的塑造得以充分体现：

（1）个性塑造　哈利的个性贯穿整个故事，呈现出鲜明的成长轨迹。他从一个生活在麻瓜世界、胆小且缺乏自信的孤儿，逐步成长为一个勇敢、坚定且富有牺牲精神的魔法师。这一蜕变不仅展现了角色的自我突破，也让观众在哈利的成长中找到共鸣，仿佛看到了自己的潜力与可能性。

（2）信念坚守　哈利的信念在故事中不断明确和强化。他深知自己肩负的使命——成为一名伟大的魔法师，并且打败伏地魔。这一信念并非孤立存在，而是在邓布利多的指引下，在赫敏的智慧和罗恩的忠诚的支持下逐步形成并坚定。正是这种信念，让哈利在面对黑暗势力时始终保持坚定，无畏前行。

（3）世界观构建　哈利所面对的是一个充满矛盾和挑战的魔法世界。他坚定地维护魔法世界的和平与友爱，尊重并保护那些拥有麻瓜血统的魔法师，并为此与伏地魔及其食死徒展开殊死搏斗。这种世界观的设定不仅赋予了角色深刻的使命感，也赋予了整个魔法世界以深刻的意义，使其成为一部伟大的奇幻史诗。

作为宠物/伙伴型IP角色，哆啦A梦的"三观"设定贯穿其角色设计，具体体现在以下三个方面：

（1）特性设计　哆啦A梦的核心特性源于其独特的身份：它是一只来自未来的机器猫，拥有一个神奇的四维口袋，能随时掏出各种奇妙的道具和工具。这一设定不仅赋予了它强大的功能，还让它成为一个充满科技感和未来感的角色。同时，哆啦A梦的可爱外形、憨厚性格以及对主人的忠诚，进一步强化了其作为宠物/伙伴的温暖特质。

（2）使命设定　哆啦A梦的使命非常明确：它是被未来世界的奶奶派来帮助大雄的。这一使命赋予了它强烈的责任感和目标感。哆啦A梦的存在是为了帮助大雄解决生活中的困难与烦恼，鼓励他成为一个更好的人。无论是考试失败、被嘲笑，还是面对其他生活挑战，哆啦A梦总是尽心尽力地为大雄提供支持。

（3）情境塑造　在哆啦A梦的帮助下，大雄的童年虽然仍有诸多困扰，但因为有了这个神奇伙伴而变得温暖而有意义。哆啦A梦不仅填补了大雄心中的空缺，还为他创造了无数美好的回忆。从帮助大雄应对日常问题，到陪伴他度过孤独和无助的时刻，哆啦A梦的角色设定将一个普通孩子的日常生活变得充满奇迹与欢乐。这种情境的塑造，让观众深刻感受到宠物/伙伴型角色的温暖与重要性。

从哈利·波特和哆啦A梦的对比中，我们可以清晰地看到两类IP角色"三观"设定的显著差异，见表2-4。

自我投射型IP角色是完全人格化的，其核心在于强调角色的独特个性、坚定信念以及所处的世界观。对于这类角色而言，世界是其成长与探索的舞台，是充满挑战的迷宫或战场。角色需要依靠自身的个性和信念，直面并解决各种问题，从而实现自我成长与价值的体现。

表2-4 两类IP角色的不同任务

自我投射型IP角色	宠物/伙伴型IP角色
要靠自己的个性、信念去直面和解决自己与世界的问题	要靠自己的特性为主人带来独特的情感或功能价值
个性 / 信念 / 世界	特性 / 使命 / 情境
世界是角色探索的迷宫或战场	让主人的生活因宠物/伙伴的出现而更好

宠物/伙伴型IP角色不必具备完整的人格,它们可能只展现人性中的某一点特质。这类角色的核心在于特性设计、使命或任务的树立,以及它们能创造出的独特情境。它们通过自身的特性,完成与生俱来的使命或任务,从而让主人的生活和所处的世界因它们的存在而变得迥然不同。

第三步:IP角色的六种情感调色板

现在到达了IP角色创造最神秘莫测的阶段。

> 如何让角色形象更贴近观众的潜意识化情感?

为什么这一点如此重要?如前所述,IP角色的情感定位越贴近潜意识,其能量就越强大。当角色的情感锚定深入潜意识层面时,人们会本能地、自发地接受并喜爱它,这种情感反应完全不受显意识的理性分析所左右,从而使其具备成为超级IP的巨大潜力。

事实上,几乎所有成功的IP角色——从皮卡丘、Hello Kitty、黑武士、小黄人、奥特曼到米老鼠——都成功实现了潜意识化的情感锚定。这种锚定使它们能够跨越国界、文化差异,激发全球范围内的长期喜爱。

然而,目前国内角色设计的成功与否大多依赖于创作者的个人灵感,缺乏可预期性和系统性。尤其是那些刻意采用工业化方式创作的角色,往往效果不佳。

有没有可能提高成功率呢?我正在尝试一种方法:通过梳理最接近潜意识的情感,找到其中的脉络和能量来源,从而实现有目的的创作。经过梳理,我总结出六种核心的潜意识化情感：萌、骚、燃、丧、拽、呆，如图2-47所示。

几乎所有强大的IP角色都蕴含了这六种情感中的一种或多种，因此我将其称为"六感调色板"。

你可能已经注意到，我所概括的"萌、骚、燃、丧、拽、呆"与一般人常说的"快乐、忧伤、幸福、难过、奋斗、失望、绝望"等情感有所不同。原因在于，后者是经过理智和逻辑加工的中层情感，属于显意识层面；而前者则是底层情感，更直觉、更本能，是从潜意识深处涌出的原生情感。简而言之，萌、骚、燃、丧、拽、呆是六种更为初始的情感。

图2-47　让人一见钟情的潜意识六感

接下来，我将通过列举代表性IP角色，对这六种情感进行简要阐释。

1.萌系

往往小的、天真孩子气的、不成熟的、需要呵护的、有缺点的人或物更具有"萌"感，拥有将人们引领到漫无目的之梦想世界的能力，如图2-48所示。

除了经典的皮卡丘、Hello Kitty、LINE布朗熊、帕丁顿熊属于萌系，我国知名的IP阿狸、长草颜团子也属于萌系，新崛起的、由多肉植物变成的萌芽熊也属于萌系。

图2-48　萌系IP

阿狸是我国IP的萌系代表。这只可爱的红色小狐狸，有一种直指人心的情感魅力，同时又有"相信童话"的价值观，所以不仅是表情包走红，绘本也非常成功。

长草颜团子是另一个备受喜爱的表情IP，它有一种极为纯粹的"春萌"情态，非常贴合人们的心情，所以成为微信表情中最受欢迎的表情之一。

2. 骚系

"骚"其实是"萌"的反面状态,"萌"是天真的纯情,"骚"则是天真的荡情,两者是同一种潜意识能量的一正一反,如图2-49所示。

图2-49　骚系IP

骚系是表情包中的一大霸主,几乎1/3的流行表情包都属于骚系,但由于相对非主流,不太适合发展衍生品。

3. 燃系

"燃"是最强有力的、潜意识中的正能量,代表生命力旺盛火热的样子,如图2-50所示。

图2-50　燃系IP

它最具有激情,也最能鼓舞人心。从路飞、灌篮高手、圣斗士星矢到超级英雄中最年轻范儿的蜘蛛侠,燃系的正能量特质使之非常容易发展衍生品和多产业延伸。

4. 丧系

"丧"是"燃"的反面状态,如果说"燃"是旺盛激昂,那么"丧"则是颓丧自弃,两者其实是同一种潜意识能量的一正一反。"丧"表达了难以言说的忧伤和颓唐感,如图2-51所示。

图2-51　丧系IP

悲伤青蛙等都是"丧"的代表,丧系也是表情包中的一大类别。同样,由于其负能量倾向,不太适合发展衍生品。

5. 拽系

"拽"是另一种强有力的潜意识能量,代表生命中傲娇、高冷、特立独行的情态。做得好的"拽"角色很容易引起人们自发的热爱,"我拽我自主",如图2-52所示。

图2-52　拽系IP

拽系由于是一种不亚于燃系的正能量情态,

所以不仅容易受欢迎,而且衍生品也很容易发展,例如兔斯基、吾皇白茶、加菲猫、巴特·辛普森都是如此。

6. 呆系

"呆"是一种满脸木然、没反应、没表情、一脸懵逼的情态,它其实和"拽"是同一种潜意识能量的一正一反。有趣的是,"呆"虽然是反能量,但并不负面,它其实是潜意识蛰伏时的情态,随时可能转化,如图2-53所示。

所谓"呆萌",是一种最基本的情态,呆系能自然转化为任何情态,是任何IP角色都必有的一种表现。

图2-53　呆系IP

这六种基本情态看似简单,但要设计出真正打动人心的角色却并非易事。事实上,我甚至认为,设计出一个大受欢迎的IP角色比创作一个受欢迎的故事还要困难得多!那么,如何才能让IP角色更贴近潜意识呢?

以下是三个关键步骤:

(1)追随潜意识的自由本质　潜意识是一种不受显意识控制的自由存在,我们只能去追随它,找到那种直觉上的感觉并依此进行设计。

(2)寻找契合的画师　如果已经确定了情感定位,那么一定要找到真正契合这一情感的画师。能否贴近潜意识,与年龄或名气无关,只与感觉的契合度有关。只要感觉对了,哪怕是一位技艺尚未成熟的年轻学生,也可能比经验丰富的画师更能精准地捕捉到这种情感。

(3)情态的混合与调配　这六种情态并不是孤立的,而是可以相互混合、调配的。不必局限于单一情态,通过组合多种情态,反而能创造出更具特色和深度的角色。

以上就是IP角色创造的三步法,它是一个系统化的产品设计过程。与传统的仅凭灵感一蹴而就的方式不同,这一过程可能充满挑战,但只要能逐步落实到位,就能系统地将强大的情感能量注入角色之中。这样的角色将更具情感张力,也更有机会孵化为超级IP。

在本节的最后，我将提供一张 IP 角色进一步细分的思维导图，为角色设计提供更深层次的指导。在这张思维导图中，我将"自我投射型"IP 角色进一步细分为"普通自我投射"和"超级自我投射"两大类，分别对应表达普通人的 IP 和超级英雄的 IP。同时，"宠物/伙伴型"IP 角色也被进一步细分为"宠物型"和"伙伴型"，并根据宠物和伙伴的种类进行更详细的划分。此外，思维导图中还列举了各类型相应的 IP 角色示例，如图 2-54 所示。

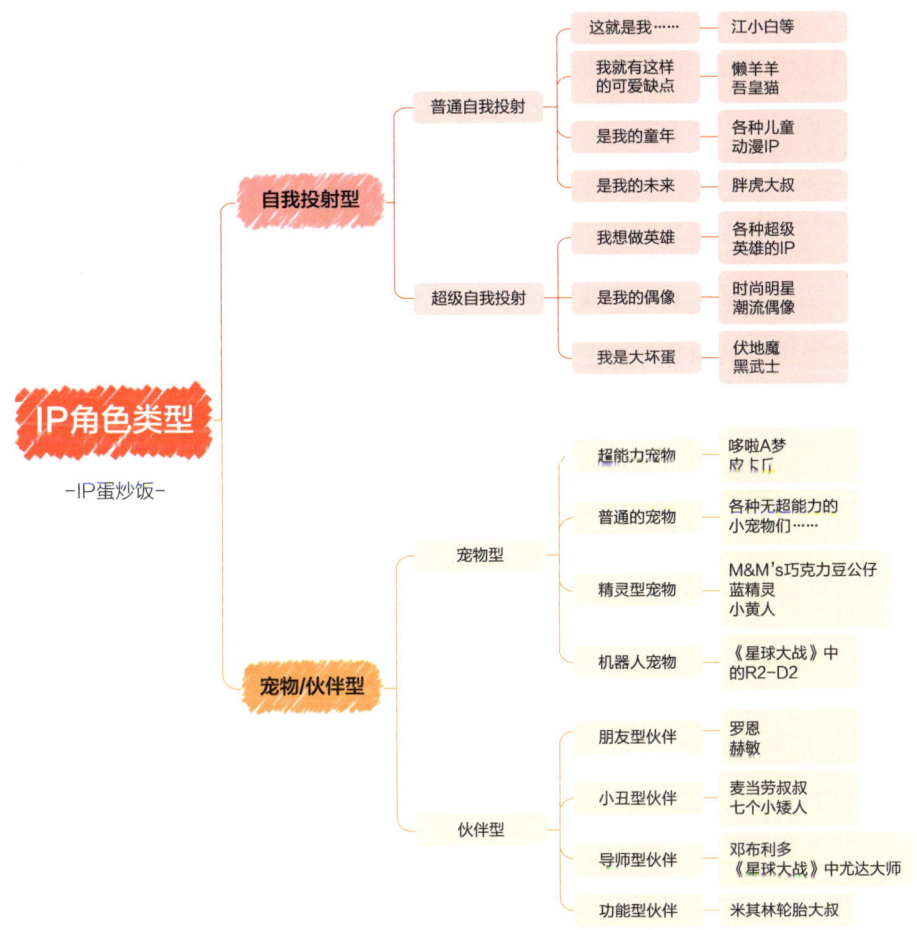

图 2-54　IP 角色类型细分

2.7　4S要素之二：故事的九种原型

原型化的故事最有情感力

在IP孵化原理中，情感内核、角色设定、世界观设计这几项都是有固定的创作规律可遵循的。但故事的具体创作方法则是丰富和多元化的，每一个创作者、创作团队都有自己的经验和秘诀，不需要一概而论。

只有故事的原型，有相对固定的模型，可以进行提炼和归纳。

原型是什么？按荣格的说法，它是指神话、宗教、梦境、幻想、文学中不断重复出现的意象，源自民族记忆和原始经验的集体潜意识。这种意象可以是描述性的细节、剧情模式，或角色典型，它能唤起观众或读者潜意识中的原始经验，使其产生深刻、强烈、非理性的情感共振，表达人类潜意识寻求突破的渴望和努力。

通俗地说，故事原型指的就是：

> 故事定位在基本人性点上，
> 表达人性最基本的成长、关爱、安全感、帮助等。

例如，《老友记》讲的是一群年轻人从自由相爱到成家的过程；《航海王》讲的是一群年轻人成长与团队冒险的故事；《哆啦A梦》展现的是童年渴求的伙伴。

每个超级IP的故事都有一个**故事原型**。

在我写这本书之前，好莱坞已经有一整套的故事原型分类法，给我们的创作提供了不少帮助。但是也有问题：我逐渐发现，好莱坞的故事原型分类法，主要针对的是真人剧情片的模型，对如何孵化超级文化符号（超级IP）的故事，关照得不够。

于是，我决定在好莱坞故事原型分类和荣格关于原型的理论上，做了一些调整和补充，进行了新的故事原型分类，希望有助于不同创作团队在初始策划阶段的思考。而具体的创作方法仍然应该是多元丰富的，每个创作者有其自己的秘籍。

创造超级IP的九种故事原型

超级IP的九种故事原型,如图2-55所示。

有缺陷的人与神奇伙伴

人性本真者的日常生活

对抗恐惧的化身

与自己的阴影作战
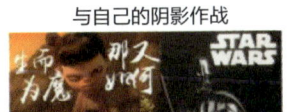

寻找圣物的寻宝团

无名小卒被选为救世英雄

王者归来

天真无邪者的大获全胜

悲情英雄的救赎

图2-55 超级IP的九种故事原型

1. 有缺陷的人与神奇伙伴

这一原型故事的代表IP有《精灵宝可梦》(小智与皮卡丘)、《哆啦A梦》(大雄与哆啦A梦)、《超能陆战队》(小宏与大白)、《花生漫画》(查理·布朗及小狗史努比)等。

在好莱坞故事类型中有"伙伴之情"可以将这个IP容纳,但远远没有能讲出这种类型是如何创造超级IP角色的。所以我特意将其单列出来,并作为第一个类型。

这一故事原型有三个核心:

(1)有缺陷的人。

主角是一个有明显的各种缺陷的人,但要谨记的是,主角的各种缺陷就是普通人的各种心理缺陷,并不会达到病态,但是会将普通缺陷有所夸张,从而让观众对这个角色产生足够多、足够强的投射,产生"这家伙的这些缺陷和我一样"的共鸣。

(2)神奇伙伴。

一定要有一个超现实的强大伙伴,这个伙伴往往不是人,而是动物、机器人、外星生物、精灵等种种类型，它们具有某种强大的超级能力或奇特的性格，并担负起帮助主人的使命，非常神奇，但又有一些明显的小弱点，使之显得可爱和可亲近。

（3）典型的成长情境。

故事的背景往往与人的基本成长情境有关，要么是童年，要么是青春期，要么是第一次出外闯荡探险的经历等，这样能结合人性自我成长的基本需要，让观众产生足够的自我投射。

这一故事原型有一个非常显著的结果：故事中的神奇伙伴极可能成为超级IP角色！而主角则未必很受人待见或喜爱，甚至主角的成长性是不足的，长期处在各种缺陷改不好的状态（如大雄）。

所以，从正统的故事角度看，虽然主人公的成长和发展是不足的，但这样反而更能让神奇伙伴成为超级文化符号，让人们对它投入足够多的喜爱，并在后期的衍生中抛开主角，让神奇伙伴成为中心，因为它代表了人们最渴望拥有的陪伴。

2. 人性本真者的日常生活

这一原型故事的代表IP有《樱桃小丸子》《蜡笔小新》《小猪佩奇》《加菲猫》，真人剧则包括《生活大爆炸》《老友记》《爱情公寓》等。

此故事类型往往情节平淡，不适合大电影，有大量情景化喜剧，但并不是每一个情景剧都能产生超级IP。

这一故事原型也有三个核心：

（1）人性本真状态的夸张化主角。

主角往往个性非常鲜明，而且极其本真，几乎所有故事点都是主角的个性驱动的。

（2）基本的日常生活状态。

故事往往都是基本的日常生活，而且世界一般不大，要么围绕着一家人，甚至就是主人和宠物，或者是一群未成家的年轻人的单身生活。

（3）主观化情境。

虽然是日常生活，但却并非客观化的故事，而往往是极为主观的情境故事。例如，樱桃小丸子是以她为第一视角讲故事的；蜡笔小新的故事完全因主角的特殊化而不同；加菲猫的故事从头到尾都是加菲猫的主观傲娇视角；《生活大爆炸》讲的则是一群"怪咖"的不同寻常的生活，特别是谢尔顿（Sheldon）。

这一故事原型的成功与否，取决于主角是否因其独特个性和态度成为超级IP角色。与第一种类型不同的是，这种类型要求主角非常受人喜爱，完全是主角英雄。

还有，这类故事常常被归类到"治愈系"，因为故事能抚平人心的某种创伤，让心灵得到抚慰。

3. 对抗恐惧的化身

这一原型故事的代表IP有《哥斯拉》《侏罗纪公园》《奥特曼》《喜羊羊与灰太狼》《生化危机》等。

这一故事原型有两大要素：

（1）被恐惧的象征所包围。

例如，哥斯拉进攻人类社会；《侏罗纪公园》的故事就发生在遍布恐龙的公园中；奥特曼必须不断应对各种外星大怪兽对城市的袭击；喜羊羊所在的羊村和学校始终处于灰太狼的窥探和图谋中。

特别指出的是，虽然《喜羊羊和灰太狼》是喜剧，而且灰太狼总是被轻易打败，但本质上它仍然是人类集体无意识的恐惧的表现。这是它备受欢迎的根本原因之一，喜剧只是用来克服原始恐惧的手段。

由于此类故事原型是人类对外部恐惧的具象化，所以这类故事几乎都有一个相对封闭的、备受威胁的环境。

（2）胜利只是暂时，对抗永无停息。

尽管在故事中，人类能想出各种办法抵抗外敌，但威胁永远存在，人类只能永远提高警惕，不断应对新的危机。

这类故事很容易产生代表恐惧力量的超级IP角色，如果人类的对抗也非常强大，则同时能产生正反两种超级IP，例如奥特曼和各种怪兽。而《喜羊羊和灰太狼》则通过战胜和嘲弄恐惧取得了不一样的效果。

4.与自己的阴影作战

这类故事原型同样是强对抗型,但与上一种对抗外界恐惧不同的是,这主要是与自己内心的阴暗面和邪恶作战。

其代表IP包括《变形金刚》《哈利·波特》《星球大战》《猫和老鼠》《熊出没》《哪吒之魔童降世》等。

这类故事原型的共性是:

(1)大反派要么亦正亦邪,要么是正派的堕落者,或者正邪非常相似。

例如,黑武士和伏地魔都是堕落者,而博派和狂派的能力、风格都非常相似,完全可以看成人性内在善恶的两元对立。

(2)反派是人性的阴影,有"转正"的可能。

阴影其实代表人性中被压抑的能量,是内在的另一个我或负面人格。所以,尽管阴影型反派和主流价值有巨大冲突,但本质并非不好的,一旦承认和正视,则完全有可能"转正"。

例如,黑武士最后拯救了卢克;哈利·波特从伏地魔身上汲取了巨大力量,他自己也是伏地魔的魂器之一。还有一个简单而搞笑的例子,就是经典动画《猫和老鼠》,它们总是在打来打去后突然又和解,变得温情起来,令你无法分出它们谁正谁邪。

《哪吒之魔童降世》中的哪吒是典型的正邪合体,他最大的敌人、要突破的人都是自己,最终实现从阴影到光明的转化,如图2-56所示。

图2-56 哪吒魔童是有阴影的IP

越是矛盾化的阴影型角色，越易产生超级IP。

5.寻找圣物的寻宝团

一群能力各异的人物上路去寻找某种宝物，是人类最经典永恒的故事之一。这一原型故事的代表IP有《西游记》《夺宝奇兵》《航海王》《魔戒》等。

阿尔戈号金羊毛探险队是集体寻宝探险故事之一。这类杰出作品很多，但如果要发展成为超级文化符号，还有几大要素：

（1）寻找的东西必须有某种神圣内涵。

要么是能给人带来升华的典籍，要么是某种圣物，要么是心灵的钥匙，总之不能太世俗。

所以，《西游记》中取的是真经，《夺宝奇兵》中寻找的是圣杯，《航海王》中寻找的是人生梦想，《魔戒》中寻找的是解决魔戒、拯救世界的办法。

只有当寻找的东西是神圣的，与经典文化母体相关，IP才能成为超级文化符号。

（2）寻找者必须有坚定的信念。

这也正是唐僧尽管无能却极为重要的原因，因为他有信念。整部《西游记》的基础还是依靠唐僧的信念来支撑的。

（3）寻找过程是"天人交战"，是自我超越。

所以我们可以看到，在这些探险故事中，无不有各种人性的基本欲望在与探险的神圣任务进行交战。

6.无名小卒被选为救世英雄

这是一个小人物从"Nobody"成为"The One"的被选中、拯救世界的故事原型。代表IP包括《黑客帝国》《超人》《蜘蛛侠》《哈利·波特》《星球大战》等众多英雄成长的故事。

这一类故事的基本特性已被人熟知，就不再一一介绍，只说一个非常不一般的特质：主角要么大有来历，要么是被选择的。

虽然在开始时，主角总是以各种自卑的形象或被排斥的身份出现，但其实剧情往往会设定为主角其实不是一般人，只是他自己不知道而已。

例如，超人后来才发现自己是氪星人；哈利·波特在现实中是个可怜的孤儿，却是魔法界崇拜的、从婴儿时就击倒伏地魔的人；卢克是个乡下小子，但其实是黑武士和女王的孩子。

又如，小程序员安德森被告知是救世主，是NEO；蜘蛛侠曾是一个自卑的、没有父母的贫穷男孩，却无意中被蜘蛛咬了一口……

我发现，凡是能成为超级文化符号的超级英雄，其觉醒往往来自外界的启发。

7. 王者归来

与第六种类型不同的是，这一故事原型的主角从一开始就很清楚自己的身份、来历，但因为各种原因而被压制或放弃，最终又重整旗鼓，恢复了自己的信念和能力，重新站在世界之巅。代表IP包括《西游记之大圣归来》（见图2-57）、《狮子王》《魔戒》中的阿拉贡王子、角斗士等。

图2-57 《西游记之大圣归来》就是一个英雄在落难后重振雄风的故事

《权力的游戏》中，龙母和雪诺刚好代表了两种原型：一个是自觉的王者归来，另一个是大有来历而不自知的小人物。所以，只有让这两者之一登上铁王座，才能满足观众的潜意识心理。

这一类故事进一步成为超级IP，最重要的特质是：王者归来所代表的王者，一定要有足够强大的文化母体背景，才能足够令人信服。

8. 天真无邪者的大获全胜

这一故事类型的主角与前两种不同的是，真的都是不太强大的角色或者边缘者，其胜在足够单纯、足够天真。代表IP包括《阿甘正传》《帕丁顿熊》

（见图2-58）、《怪物史莱克》，以及格林童话中的众多故事，例如《灰姑娘》《白雪公主》等。

这类故事的主角取得的成绩往往是有限的，更多的是成就自己、拯救自己，而不是成为救世英雄，所以更像是童话或者寓言；而前面几种英雄故事则更像神话。

不是所有小人物逆袭的故事都能成为超级IP，事实是大多数都不能，因为大多数这样的故事都是普通的成功学故事，而世俗成功学式故事是很难成为超级IP的。

图2-58　帕丁顿熊是"至萌则无敌"的代表

只有角色本身足够简单、纯粹、呆、萌和可爱，才有可能成为超级IP符号。

9.悲情英雄的救赎

与前一类角色能大获全胜不同的是，这类角色往往以失败、悲情结束，但同样能成为超级IP符号。代表IP包括切·格瓦拉、唐·吉诃德、关公（见图2-59）、我国四大民间传说等。

这一类强文化符号的成功关键，不只在于失败和悲情，而在于以下两点：

（1）主角要有足够强的信念，而且是

图2-59　关公是民间信仰中最受欢迎的IP之一，是典型悲情英雄的成圣过程

超越世俗的。

例如，关公的义薄云天是远远超乎于常人的，而切·格瓦拉、唐·吉诃德都有普通人达不到的、不为世俗所理解的坚定信念。

（2）不能仅仅有苦难，还要有救赎转化仪式。

唐·吉诃德与风车作战成为永恒的经典。关公从关羽转化为武帝经过了历代不同册封和加封。

又如，我国的梁祝、牛郎织女、孟姜女、白蛇传这四大民间传说，不仅都是悲剧故事，而且都有重要的蜕变仪式：梁祝是化蝶，牛郎织女是一年一次的七夕鹊桥相会，孟姜女是哭倒长城，白蛇传是水漫金山及被镇雷峰塔。

以上就是我提炼并梳理的九种最适合孵化超级IP的故事原型，与好莱坞的九种故事原型不同的是，更注重故事中角色成为超级文化符号的可能。

附上好莱坞的九种故事原型供参考，如图2-60所示。

阿喀琉斯	康迪德	灰姑娘
一个有致命弱点的英雄	一个纯真无邪者大获全胜	一个出身卑贱者梦想成真
喀耳刻	浮士德	俄耳甫斯
好人被坏人穷追不舍	把灵魂卖给魔鬼，终要偿还	被夺走的幸福，努力寻回
罗密欧与朱丽叶	特里斯坦	流浪的犹太人
真爱路上的巨大阻挠	三角之恋，第三者可能是使命所趋	被放逐的流浪者，无法回家

图2-60　好莱坞的九种故事原型

故事创作领域存在九种经典故事原型。这些原型的核心优势在于其对剧情张力与冲突的极致挖掘，它们将重点聚焦于情节的跌宕起伏与矛盾的层层推进，而非单纯地专注于IP角色的深度塑造。因此，基于这些原型所开发的故事，往往在打造引人入胜的情节方面表现出色，能够凭借紧凑的剧情设计牢牢抓住观众的注意力，但在直接塑造具有强大生命力与影响力的IP化角色方面可能稍显不足。不过，这些原型所蕴含的丰富叙事智慧以及对角色核心特质的精准提炼，依然为IP角色的设计提供了极具价值的参考依据，尤其是在情节构建这一关键环节。

事实上，IP故事创造的思考方式是多元且丰富的。本书对4S要素的详细阐述中也隐含着多种故事模式的运用。例如，在2.6节介绍的创造IP角色的三步法中，其中关于"自我投射"和"宠物/伙伴"两种类型的三观设计过程，本质上就代表了两种截然不同的故事模型。

2.8 4S要素之三：世界观六脉神剑

每个IP都有一个独属的世界观

"中国为什么一直很难出现持久的、强大跨产业的超级IP？与过往的内容在世界观设计上的不成熟有极大关系，往往只有故事和人物，欠缺好的世界观和文化符号系统。"

其实我不只是在说别人，也是在批评自己……这些年来，我和团队努力将自己的IP向超级IP进军，却屡屡不满意，还想绕开世界观，通过取巧来完成大创作，但就是过不去。

直至最近我才真正明白，想孵化出超级IP，世界观设计是绝对无法绕过的坎，是必须坚决跨越的山。

> 每个IP都有一个独属的世界观，
> 有独特的设定、规则和冲突，
> 这就是IP的"世界观"。

一花一世界，一叶一菩提，在超级IP孵化的4S要素中，世界观负责完成系统性/生态性的建设。

世界观不系统，IP会是一团乱麻；世界观无生态，IP没有发展的生机。

在剖析内容型IP的世界观之前，我觉得有必要先讲讲非内容型IP的世界观。有趣的是，很多形象化IP也有强大的世界观。

乐高是一个典型的代表。它不仅是玩具，还有用拼装进行创造的价值观和世界观，能够与各种经典IP进行无限的组合，也能创造自己的乐高世界。

又如芭比娃娃，就是典型的用世界观支持无数角色、没有故事的超级IP。自从1959年诞生以来，芭比娃娃IP创造了成千上万形象的玩偶，并创造了一系列配套物件，从服装到玩具屋，构造了一个丰富的、日新月异的世界，却并没有故事。

这几年在国内成为潮玩爆款的Molly也是如此，各种千姿百态的套装，加上"盲盒"的方式，使Molly极为风靡，自成一个Molly宇宙。

另一个近年在我国快速崛起的潮牌IP魔鬼猫，也是没有故事却有明确的世界观（来自未来一个编号为ZC66星球的外星球，在2666年被横行宇宙的僵尸军团侵占了家乡，通过时间黑洞穿梭到了现在的地球），也有"魔鬼猫吞噬负能量"的价值观，在产业化发展上成绩斐然，发展出上百种品类的数千种衍生商品。

文旅型IP的一大特征就是一定有自己的世界观和历史文化，并先于文创故事存在，例如故宫、奥林匹克运动会、桂林山水、纽约、66号公路等，如图2-61所示。

图2-61　文旅型IP的特点是以自己的世界观为中心容器，不断容纳各种不同的故事和角色

IP世界观设计的六脉神剑

经过几年的探索，我逐步梳理出了IP世界观设计的组成脉络，并借用了金庸武侠宇宙中的一个概念，称之为"六脉神剑"，如图2-62所示。

这六脉两两成对，分别是"元设定"与"文化母体""规则"与"冲突""情境"与"人与物",是 IP 创造世界观不可或缺的六种动力。

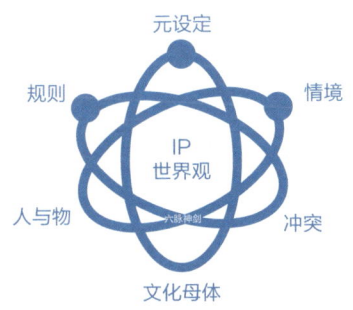

图 2-62　IP 世界观设计的六脉神剑

1. 元设定

IP 的世界观必然有一个元设定,整个世界根据元设定而生成。

最典型的如《流浪地球》,从一个高概念的、极具脑洞的科幻设定出发:"如果太阳急速衰老膨胀,人类能否可以带着地球一起逃亡,去外星系寻找新的家园?"由此创建出一个独特的未来世界,一切事情、人物、场景皆因此而生。

又如《北京折叠》,整个世界基于一个大开脑洞的设定:北京折叠成几个完全不同的区域,分别由不同阶级和财富的人居住。

《玩具总动员》则基于一个假设:如果玩具都有灵,在暗中都是活生生的会怎样?

还有各种时间穿越型的故事,都是基于时空穿越的设定而创作的。

以上都属于单个创意型的元设定,还有另一种也很普遍,就是直接创建出整个架空世界的元设定。

架空型的世界观设定,例如《指环王》(《魔戒》)、《冰与火之歌》《九州缥缈录》《三生三世》等;结合历史文化或神话再创造一个并非现实的奇幻世界也属于这种,又如《西游记》《封神榜》等。

还有一种创造世界的方式,不是完全架空,而是创造一个与现实世界并列的平行世界,与现实相互交融,例如《哈利·波特》是魔法世界与现实世界共存。

皮克斯动画工作室非常擅长创造两个世界并行的世界观:《寻梦环游记》

是生的世界和墨西哥亡灵世界共存；《怪兽电力公司》是现实世界的衣橱之内，连接着一个靠人类的恐惧与快乐维系能源的怪兽世界；《头脑特工队》则进入人的大脑，创造与现实息息相关的心理世界。

皮克斯世界观设计的独特之处在于，直接将情感代码放入新创世界的元设定中。换句话说，"情感内核"就是众多皮克斯电影里奇特世界观的法则。

以《寻梦环游记》为例：

——Remember me。

——死亡并不可怕，遗忘才是最终的告别。

——爱的反义词不是恨，是遗忘。

上述这些是《寻梦环游记》的情感价值观精髓，而且，这就是电影的世界观元设定：亡灵是靠生者的记忆所维系的，一旦生者的记忆消去，亡灵也将随之消散，迎来"最终的死亡"。生与死在这里并不是以肉体为分界点，记忆才是。一切故事、人物、世界的运转自然会深受其影响，均由此展开，自然就能给观众的心灵打下最深的烙印。

这使《寻梦环游记》的情感力量非常强大，让观众潸然泪下，因为"有家人和爱你的人记忆为生，遗忘即死"同时是情感内核和世界观元设定。

在《怪兽电力公司》中，是吓唬孩子还是逗乐孩子既是全片的核心价值观冲突，又是平行怪兽世界的核心法则。平行怪兽世界不断从人类世界中汲取电能，先是靠吓唬孩子，后来转变为逗乐孩子。

《机器人总动员》的情感价值观是回归地球与自主耕种。为此，皮克斯的创作者做了极为重要的世界观设定：一旦飞船发现并确认泥土和绿植属实，则自动开启回程地球的设置。这正是全片的中转点，在这时发生了人类、瓦力、伊娃与已经异化的机器自动系统的斗争，并最终获胜，人类觉醒，返回地球开始新的自主耕种。

《头脑特工队》的情感价值观直接体现为内心世界的九个情绪角色：乐乐、忧忧、怕怕、厌厌、怒怒、焦焦、丧丧、羞羞和慕慕，是世界观设计的核心。而整个故事就以主角女孩从无忧无虑的童年期进入烦恼的少年期为主线，展现从情绪角色乐乐为主导的童年心态，向代表悲伤的忧忧出让一大部分主导权，才能让主角女孩顺利进入青春期，唯有放声大哭，才能完成成长，并重建新的平衡心理王国。

皮克斯的IP世界观设计呈现出显著的共性，如图2-63所示。它们通常将潜意识中的情感能量直接融入新创世界的元设定之中，构建出一套"情感化世界规则"。这种规则不仅赋予了故事世界独特的魅力，更营造出一个情感力强大的"IP能量场"。

图2-63 皮克斯的IP世界观设计方法

其他动画内容公司的电影在设计世界观时也偶尔触碰到情感伦理，但往往没有皮克斯如手术刀切割一样精准、犀利，让情感伦理和世界观的设定关系如此紧密。

随着拉塞特等皮克斯灵魂人物出任迪士尼动画创作总监，迪士尼近几年的新作也明显出现了这种手术刀式精准的情感伦理世界观设定。

《超能陆战队》是将温暖治愈的情感价值观直接设计为机器人大白的科技功能。

《疯狂动物城》是将现实中不同族群的文化差异及冲突直接设计为动物城的动物群体差异和视觉差异巨大的社区，成为世界观设计的核心理念，这使《疯狂动物城》从立意和世界观上就明显迥异和高于其他众多以动物为城市居民的动画。

2. 文化母体

IP世界观的设计一定与文化母体息息相关，所有成功的世界观设定，一定是依托于某个现成的文化母体，再结合其他文化母体再创造的。

图2-64展现了我之前介绍过的一些经典IP与文化母体的关系。

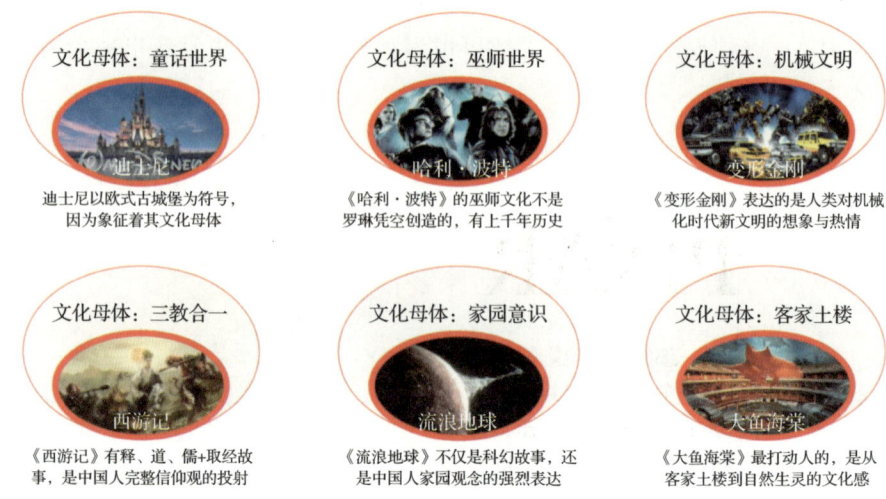

图2-64　经典IP的文化母体

文化母体可以按照时间维度（过去、现在、未来）、时空维度以及不同想象维度（现实、超现实与架空现实）进行分类。这些分类共同构成了多样化的世界观体系。

图2-65是我总结的根据世界观的不同而形成的内容IP分类。

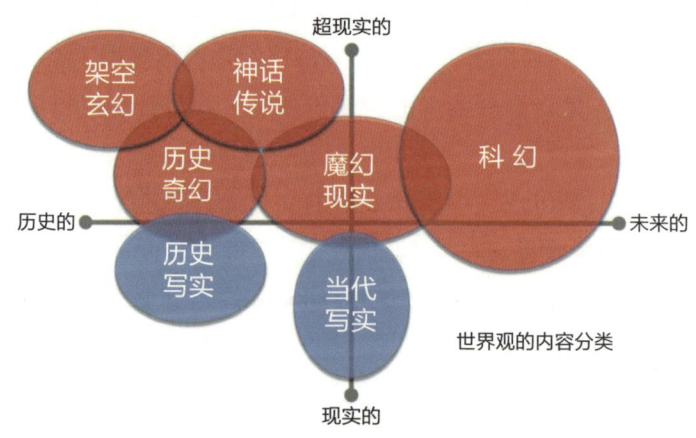

图2-65　IP世界观的分类

要想成为能创造超级文化符号的超级IP，基本都在图2-65的上半部分，纯现实的故事是很难做到的。

这是因为，只有创新的文化符号，才能成为有自属知识产权的IP。

打个生动的比喻，有人拍了一部与中秋节送月饼有关的现实电影，也许这部电影拍得非常好、非常感人，人物角色也不错，但它是不可能因此就独占"中秋节送月饼"这个文化符号仪式的。

只有当IP作品是在中秋节文化母体的基础上，以想象力创造新的中秋节神话时，才会产生新的、作品知识产权专属的文化符号。

所以，只有当你用想象力重新演绎了中秋文化，至少让嫦娥或吴刚、玉兔有新的形象，并有新的想象化故事创新，你才有可能独占你创造的新符号的知识产权。这才是IP，IP就是知识产权。

没有创造性地发展文化母体，就没有独特的世界观，也就无法形成创新的文化符号，将来的产业化延伸就极其困难和有限，很难成为广泛赋能的超级IP。

3. 规则

世界观仅仅有元设定是不够的，还要根据元设定和文化母体的特性，按照一套严谨的逻辑，设计出整个世界的运行规则，并完全围绕元设定展开，偏离越大，问题越大。

电影《长城》的问题就出在不尊重元设定产生的逻辑：

元设定是有大怪物饕餮的存在，但除了这个产生了长城，在电影呈现的日常生活中，完全感受不到有大怪物饕餮的逻辑存在。在影片中，世界的风景、日常生活、社会矛盾与元设定的关系极弱，饕餮的存在流于形式，整部电影是"混搭"出来的，不是浑然一体的，整个是脱节的。

这些问题在《哪吒之魔童降世》中得到了很好的解决。新版哪吒中的所有社会关系、所有人物关系矛盾、所有人物的成长和情节冲突，都紧扣在封神IP世界的运行规则中，与其设定紧密相关。

所以才说，中国电影的世界观变得成熟了。

尽管我国在相关领域取得了一定成绩，但与世界顶尖水平相比仍存在差距。例如，迪士尼动画电影《疯狂动物城》就很好地展现了如何以一套完整逻辑展开元设定，构建了一个严谨细密的"动物城"世界。影片中的规则逻辑并非凭空乱造，而是基于现实常情的投射，所有设定都遵循现实逻辑，使得这个世界既奇幻又真实，观众容易产生共鸣。

《疯狂动物城》是将现实中美国的多元化种族社会，在创造世界中按照肉食动物和草食动物的分类，以及不同动物的体型，进行了清晰完整的划分。

而最绝妙的是，这同时又形成了一套新文化符号系统，不仅是动物的特性差异，还有气候、体型大小的划分，极其清晰明了，并通过反差，产生了极多的笑点。

又如，黑帮大佬的打手们都是身材巨大的熊，而大佬自己则是一只小小的鼩鼱；树懒成了车管所办事员，其缓慢的特性与行政低下的作风高度相符，还起了个极为反差的名字"闪电"。

4. 冲突

与一般现实型作品中冲突往往来源于人际关系矛盾不同的是，超级IP的作品，其冲突必须来源于世界观和规则本身。

基本上所有能成为超级IP的作品，冲突都来源于此。换句话说，如果一般有强世界观设定的作品，其冲突不来自元设定的规律，那这部作品基本上就崩塌了。

这正是《无极》让人失望的根本原因：只搭建了一个漂亮的世界，光怪陆离，元设定和规则却缺乏张力，让故事的核心矛盾无法落在此处，让人记住的，只有对一个馒头的记仇，和"跟着你，有肉吃"这种没有世界观也存在的人际关系。

反之，《哪吒之魔童降世》的根本冲突就不是来自人与人，而是主角哪吒作为魔丸，产生的魔性与人性的对抗，以及被元设定锁定的宿命，即"我命由我不由天"；而另一主角敖丙，其冲突也是来自一方面是身为灵珠的善性，另一方面则是身为妖魔的宿命。

《哈利·波特》故事的核心冲突则是西方式的，即主角与伏地魔，围绕巫师身份和社会地位产生的两种价值观冲突。

《玩具总动员》中伍迪的烦恼，其实是身为玩具的使命，与其他玩具及宿命之间的烦恼，构成了全部四部片的主线，最终到第四部，以摆脱玩具身份、实现自由而彻底解决。

所以，仅有元设定和规则逻辑是不足以成为故事的，人性和规则、元设定发生冲突，才产生了故事。

仅仅是人变成僵尸是没有价值观的，怎样摆脱僵尸才会有价值观。

哈利·波特仅仅是普通人变成巫师是没有价值观的，怎样与伏地魔斗争才能体现价值观。

总之，冲突的根源力度，决定了超级IP的强度。

5.情境

所谓"情境"，就是世界观里的人情味。

情境和整个IP的情感内核息息相关，而情感内核代表着世界观的最终人性本质。

所以，一个IP世界的创世、元规则、社会系统、冲突对立面、角色体系、未来走向等所有这一切，都要与情感内核扣在一起，不然就会生硬而没有共情。

总之，核心设定、时间、地点、人物、故事、逻辑、细节……这些都需要经过情感内核的一次过滤和取舍，最后留下来的、呈现的就是情境。

6.人与物

在超级IP中，人、物和景观都不是普通的，而是文化符号体系里的角色、道具、场景，这些既是故事的组成，也要与世界观及背后的文化母体紧密结合，并做出创新。

如果不能让人与物形成创新性的文化符号，那IP的新世界观还是无法真正落地。

在设计世界观中的"物"上，最成功的案例之一当属《精灵宝可梦》。它有成千上万种宝可梦，皮卡丘和可达鸭等更是风靡全球。

在设计世界观中的"人"上，最成功案例之一是以漫威/DC为代表的超级英雄。它们有成千上万的、取之不尽用之不竭的超级英雄库，而且个个都有自己鲜明的文化符号识别，以及独特的能力和使命。

要像设计游戏一样设计世界观系统中的人与物，简单来说，就是要做到符号指代感、道具感、仪式感。就好比《哪吒之魔童降世》中的两位主角，可以用最简单的额头上的符号来指代；而所有关键物品都是有象征意义的、功能性的；关键的场景则是可游戏性的、互动的。

但是，这部分的设计一定是最后考虑的，首先要将前面的设定、规则、冲突、情境设计好，并与文化母体做好连接，不然就会出现世界观准备不足，靠砸钱和请一堆大明星来弥补的问题，但其实这是修补不好的。

总结一下IP世界观设计的六脉神剑：

（1）元设定尽可能独特、创新、高概念。

（2）要有强大而现成的文化母体做依靠，以旧带新。

（3）世界规则一定要逻辑严谨、自然合理，确保世界观下的生活质感，否则人们无法持续沉浸。

（4）冲突要与核心设定紧密相关，最好是人性与世界规则的冲突。

（5）要营造出高共情力而独特的情境，依此进行取舍，决定风格美学。

（6）把人、物和景观当成文化符号系统来设计。

从"六脉神剑"看几个IP的成败

下面，我用"六脉神剑"来剖析解读几部著名电影的世界观设计系统。先从《捉妖记1》开始，如图2-66所示。

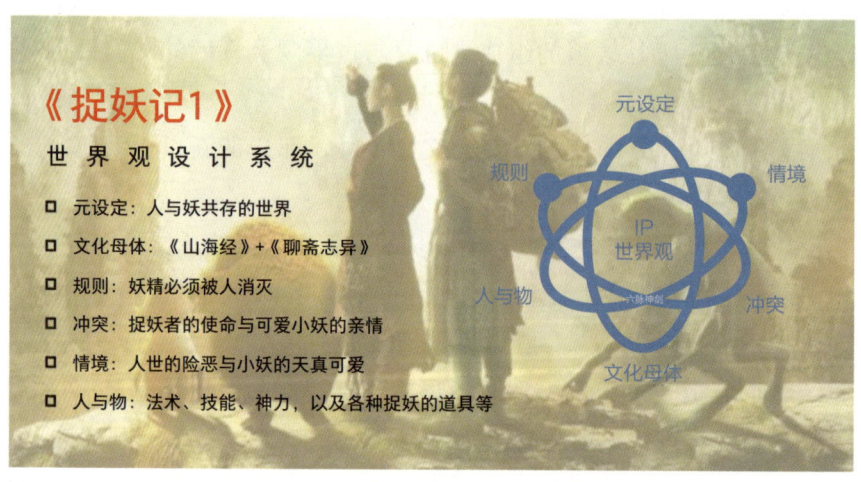

图2-66 《捉妖记1》的世界观

在《捉妖记1》中，世界观的元设定是一个人与妖共存的世界，其文化母体显然来自《山海经》和《聊斋志异》，而世界规则是人可以任意消灭妖，因此有十钱天师等职业捉妖师；而故事的核心冲突就是捉妖者的使命以及与可爱小妖产生亲情之间的冲突，情境也因此而产生，人世的险恶与小妖的天真可爱形成了强烈的对比，并因此有小妖王胡巴、各种捉妖师、各种妖怪，以及法术、技能、神力、捉妖道具等。

整部电影的冲突是围绕着人与妖的敌对与亲情的矛盾展开的，所以是开创性的"魔幻合家欢"类型。它为什么大获成功？因为世界观的魔幻奇诡与情境的亲情爱意结合得非常融洽，其情感内核完全因世界观设定而生。

相比之下，《捉妖记2》被认为失控和有失水准，因为情境和冲突之间发生了脱轨。最关键的原因是，梁朝伟的角色以及"浪子回头"的故事线，其实与世界观毫无关系，偏偏又分量最重，使得整部电影被拽离了主航道，"合家欢"和"捉妖"都成了陪衬。

再说说《流浪地球》，如图2-67所示。

图2-67 《流浪地球》的世界观

《流浪地球》的世界观元设定是太阳膨胀，人类被迫带着地球流浪，其文化母体不只是科幻的，还有东方人对家园的眷恋意识。而规则是如何用高科技推动地球；冲突则是地球的逃亡过程中，木星引力带来的危机。情境是家园的冰封以及一步步崩溃，以及人类的不屈抗争，并因此有飞船、各种未来高科技物品和极具中国气息的场景，以及普通人与保卫者等人与物。

同样，整部电影的冲突、情境和情感内核完全因世界观设定而生，紧紧相扣，这是所有强设定电影能否成功的关键。

其实，《流浪地球》在人物的角色塑造上不算成功，但是，在设计世界观的场景上确实是一绝，创造得极为出色，也是全片最打动人的地方：我们最熟悉、最有感情投射的"家园"，变成了冰封千尺的绝境，达到了淋漓尽致。

再说说《上海堡垒》的失败原因，如图2-68所示。

图2-68 《上海堡垒》的世界观混乱

《上海堡垒》电影崩盘的原因是世界观元设定和情境设定严重不一致。元设定是科幻的末日灾难，而情境设定却是言情的。此外，电影还额外加了一种情境，即游戏战斗感，这使电影的情境朝三个角度坍塌下去，并导致后面的世界观规则与情感冲突之间是混乱的，无法一体化，并进一步使全片的人与物，包括道具、服装、化妆和氛围，都处于相互冲突和紊乱中。

一部强世界观设定的电影，如果情境和冲突与世界观设定脱节，是必然会坍塌的。

总之，要想世界观令人信服，必须按严谨的逻辑，以元设定为底去搭建整个世界的时间、空间、人物，才能形成真正有生命力的世界，只要做得好，自身就能产生无数有趣的细节和彩蛋。

而世界观的规则能否落地，必须外接文化母体，内接故事与情感内核，实现高度一体化逻辑，才能让世界观下的情境建立起来。

我国IP的世界观过去一直设计得有所不足，所以当哪吒系列电影展现出世界观设计的成熟时，真的令人非常欣喜，并期待发展出"封神IP宇宙"！

不只是新版哪吒，近年来的《西游记之大圣归来》《白蛇：缘起》《长安十二时辰》等，都展现出了设计世界观及文化符号系统的能力，是我国本土IP的宝贵进步。

IP世界观的情境力量

"情境"必须到位，世界观才能真正落到实处。

在IP世界观设计六脉神剑中，观众最容易感受到的就是"情境"，它决定了世界观的空气，决定了冲突的善恶之分，决定了与观众的情感连接关系，也决定了整个IP作品的美学风格，如图2-69所示。

图2-69 世界观"情境"的力量

其实任何IP都有情境，即使没有故事，没有独创的世界观，也依然有情境。IP的世界观有大有小，小情境小世界观，大情境大世界观。

小情境往往是日常生活的、突出某种情感氛围的小故事。例如《加菲猫》漫画，讲述的就是加菲猫和主人、小狗之间的生活情境，如图2-70所示。

图2-70 《加菲猫》中的情境

《樱桃小丸子》讲述的是小丸子在家里和学校的各种生活情境，如图2-71所示。

图2-71 《樱桃小丸子》中的情境

《和女儿的日常》讲述的是暖爸陈缘风陪伴女儿成长的温情故事，如图2-72所示。

图2-72 《和女儿的日常》中的情境

图 2-72 《和女儿的日常》中的情境（续）

有关"张小盒"的动漫讲述的是小白领日常加班、劳累与执着的小情境，如图 2-73 所示。

图 2-73 "张小盒"相关动漫中的情境

而大世界观的情境，往往有一个超现实的元设定，让世界独特运行。

IP 宇宙则是多个强大的 IP 联合在一起，组成更大世界观的宇宙，形成情境的叠加。

一个世界观下可以展现无数种东西,最终呈现什么,以什么样的风格呈现,就是情境所决定的。

情境既是情感,也是氛围,更是IP的态度。

《哥斯拉》的情境是对不可抵抗的大灾难的恐惧;《白蛇:缘起》的情境是人妖不顾一切之恋,这与经典传说一脉相承,所以尽管故事和人设有大变动,观众依然觉得这是忠于原故事的。同样是超级英雄,漫威的情境更加通俗、阳光和简单,在全球大受欢迎;而DC的情境更黑暗,又希望富有哲理,结果在IP宇宙化的过程中屡屡受挫,直到最近,DC的新超级英雄电影修改了情境,才更受欢迎。

当然,DC宇宙的黑暗情境设定还是非常出色的,曾经推出过《蝙蝠侠前传2:黑暗骑士》这样的极品,《小丑》也全球大爆,被誉为极有艺术水准的暗黑英雄之作。

不只是文创IP,品牌IP化的情境,未来也会越来越重要:京东通过其小狗JOY的IP化塑造,一直在努力创造温情有爱的情境;江小白通过表达瓶的产品,在持续不断地塑造情境。

总之,情境是世界观与情感内核的结合,决定了IP世界观里生灵诞生、存在以及死亡的意义。而世界观的强度、丰满度、可持续发展程度,决定了超级IP能否孵化成功,如图2-74所示。

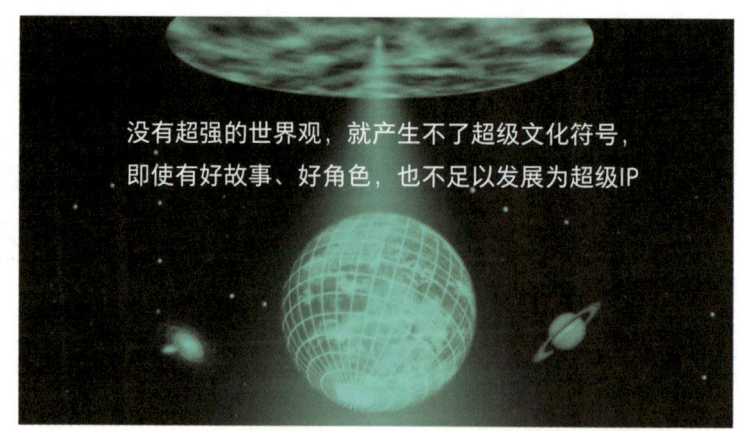

图2-74 世界观的力量

2.9 4S要素之四：符号的超级设计

符号设计是IP到超级IP的通行证

一个IP仅仅有好故事和好角色是不够的，角色和元素是否具有符号性、辨识度、可拓展性，是IP能否升级并转化为文化符号的通行证。

如果一个IP缺乏符号性，它往往会被局限在特定的内容消费群体中，难以突破这一局限，实现更广泛的社会传播。然而，当IP成功转化为一种文化符号时，它便超越了内容本身的局限，成为一种普遍认知和共享的文化现象。

一个成功的IP符号，能够在瞬间唤起人们的记忆，让人们穿越时空，回到最初被感动的那一刻。它不仅是IP的外在标识，更是其内在灵魂的象征。正如远古的智人通过符号连接彼此的心灵，现代的IP也通过符号连接着整个世界。

例如，看到米老鼠的耳朵，人们会立刻联想到迪士尼的欢乐世界；看到被咬了一口的苹果标志，人们会联想到创新与科技的前沿。这些符号不仅仅是简单的标志，它们是情感的触发器、故事的载体，甚至是文化的图腾。它们跨越语言和文化的障碍，直接与人的潜意识对话，让人在瞬间产生共鸣。

IP的符号是由情感能量和文化能量共同构成的。它如同一颗种子，深植于每个人的心中，生根发芽，最终长成一片共同的信仰森林，如图2-75所示。

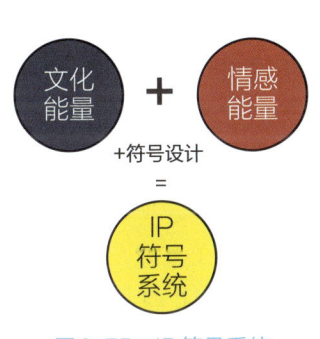

图2-75　IP符号系统

符号设计的成功，对于IP的跨产业大发展是不可缺少的。

一个IP可以来自文创和文娱内容、文旅历史文化、企业的品牌和产品、个人发展历程或设计师的设计。但是，这些林林总总，如果没有经过有意或无意的符号化过程，是无法成为超级IP的。

总之，内容是IP的"炼丹炉"，是其核心价值的源泉。只有从丰富的内容中精心提炼出具有文化符号价值的关键元素，如独特的角色、鲜明的形象、特定的仪式或标志性的道具等，IP才能真正脱颖而出。这些符号不仅能深入人心，唤起情感共鸣，还能成为跨产业发展的强大驱动力，助力IP在多元领域实现广泛传播与商业拓展，如图2-76所示。

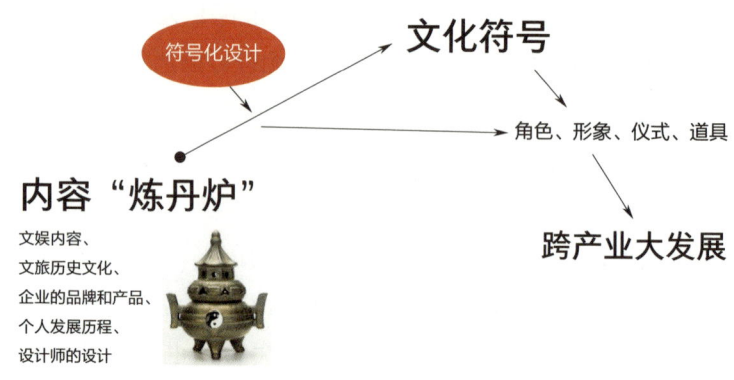

图2-76 内容是文化符号的炼丹炉

金庸武侠与斯坦·李英雄的符号化差距

金庸先生与斯坦·李这两位文学巨匠的生平轨迹有着令人惊叹的相似之处。两人不仅出生时间相近，创作高峰期也大致重叠，更巧合的是，他们分别于2018年和2023年离世，却都为世界留下了难以被超越的文学瑰宝。

金庸先生凭借其深厚的文化底蕴和卓越的叙事才能，将中国武侠小说提升至前所未有的高度，其作品成为华语文学的经典象征。斯坦·李则通过漫威超级英雄系列的创作，将西方的超级英雄文化推向了巅峰，成为全球流行文化的标杆。他们的作品不仅在其所属领域树立了不朽的丰碑，更跨越地域与文化，在全球范围内产生了深远而持久的影响，如今已然成为全球读者心中永恒的文化符号。

然而，在IP化开发与全产业拓展的道路上，两位大师的作品却呈现出了截然不同的发展态势。金庸的作品虽在影视领域历经数十年的反复改编，诞生了诸多经典之作，但在衍生品开发与产业化布局方面，却始终未能实现大规模的突破与发展。相比之下，斯坦·李的漫威宇宙不仅在影视领域取得了巨大的商业成功，更衍生出了海量的周边产品，催生了众多相关产业，形成了一个庞大而多元的商业帝国。

这种差异的根源，或许在于 IP 开发与运营策略的不同。金庸作品虽经典，但缺乏一套统一且高度识别的符号系统，这在一定程度上限制了其在更广泛产业领域的拓展与延伸。而漫威则凭借其强大的符号系统，成功地实现了跨领域的产业化发展，将超级英雄形象、标志性道具等符号元素深度融入各个产业环节，从而在全球文化市场中占据了重要地位。

> 金庸的作品一直在做**内容翻拍**，
> 而斯坦·李的作品一直在做
> **IP 符号的统一管理和扩张。**

差异的根源在于双方不同的内容运营模式。

金庸作品在最初的运营阶段主要由香港无线电视负责。作为一家传统电视台，其核心业务是电视剧翻拍与版权销售，缺乏系统化的文化产业运营思维。这种以电视台逻辑为主的运营方式，使金庸作品从一开始就未能建立起现代化的 IP 化开发体系。进入 21 世纪初，金庸作品的版权进入内地市场时，国内文化产业运营水平仍处于起步阶段，无法为金庸 IP 的整体化开发和产业化运营提供有力支持。这种时间与能力的错位，导致金庸作品错过了最有利的 IP 化发展窗口，从行业发展的角度来看，令人惋惜。

相比之下，斯坦·李的漫画由漫威公司始终保持着对 IP 的核心运营权，确保了品牌管理和 IP 发展的一致性。这种稳定的运营体系为漫威超级英雄 IP 的长期发展奠定了坚实基础，并最终实现了跨领域的全面产业化布局。凭借强大的视觉 IP 优势，漫威成功打造了庞大的衍生产业生态：粉丝可以通过购买角色服装进行 Cosplay，收藏各式各样的周边产品，从钢铁侠的机甲到灭霸的无限手套，再到神盾局的徽章，形成了完整的 IP 化商业模式。

然而，金庸作品的商业化路径相对单一，主要局限于影视剧版权销售和明星营销。尽管新一代演员的更迭能带来一定关注度，但缺乏统一的视觉符号体系，使得金庸IP难以向更深层次的衍生产业发展。这种差距不仅体现在商业价值的挖掘上，更反映出在现代文化产业体系中，统一的视觉符号体系对IP化发展的重要性。

以上正是金庸武侠作品在全产业延展上远远不如斯坦·李英雄作品的原因。金庸武侠缺乏统一的文化符号系统，且呈现不断离散的趋势；而斯坦·李漫画的所有者漫威公司，始终遵循"IP符号中心+全产业运营"的模式发展。这也是金庸作品未能像漫威漫画一样实现IP化运营和全产业发展的重要的底层原因——缺少一以贯之的IP图像符号系统来凝聚IP能量并实现有效输出。

从金庸先生与斯坦·李两位大师的作品发展轨迹中，我们可以清晰地看到IP发展的两个核心阶段：

1. 版权内容经营：IP发展的初级阶段

在IP化发展的初级阶段，版权内容的经营主要聚焦于内容的播放与发行。这一阶段属于IP运营的基础层次，通过影视剧、出版物等传统形式，将作品的核心内容传递给受众。然而，这种单纯的内容发行模式仅能实现IP的基本商业化变现，难以突破到更高层次的产业化发展阶段，难以充分释放IP的多元价值与潜力。

2. 文化能量符号：IP发展的高级阶段

IP发展的高级阶段在于构建具有强大文化能量的符号体系。这些符号不仅是视觉化的标识，更是承载着作品精神内核的文化载体，能够突破单一内容的限制，实现跨产业、跨领域的无限延展。例如，漫威的超级英雄IP通过统一且极具辨识度的符号体系（如蜘蛛侠的蜘蛛图案、钢铁侠的装甲设计、灭霸的无限手套等），在全球范围内构建了庞大而多元的商业生态。

这些符号不仅是品牌形象的集中体现，更是IP生命力的源泉。它们跨越语言和文化的障碍，成为全球受众共同的认知符号，从而推动IP在影视、游戏、周边产品等众多领域实现深度拓展，形成全方位的文化产业布局。

总而言之，没有统一且强大的符号化体系，就无法实现真正的IP化运营。只有将内容与符号化相结合，IP才能从初级的版权经营模式迈向高级的文化产业化发展，实现从单一作品到多元生态的跨越，从而在全球文化市场中占据重要地位。

IP符号设计的4个原则

1. 文化符号一定是高度浓缩的

能让人一看到这个符号,就能联想到背后的内容、情感和文化母体。小猪佩奇不只是普通可爱的小猪,而是独特符号性非常强的小猪。它的符号辨识是:粉红色、独特鼻子、童真线条感,如图2-77所示。

2. 文化符号有明确的造型、色彩、延展性

它一定能以简洁的特征、独特的识别力和有力的情感印记打动大众。

图2-77 小猪佩奇

- ✓ 蓝精灵的符号辨识是:蓝色的(核心)、群居的、弗里吉亚帽。
- ✓ 皮卡丘的符号辨识是:黄色、小胖、闪电尾(核心功能)、红腮。
- ✓ 大白的符号辨识是:白色、胖、充气膜、两黑点一线(极简五官)。
- ✓ 黑武士的符号辨识是:黑色、面具、恐怖阴影感。
- ✓ 小黄人的符号辨识是:黄色、潜水镜式大眼、胶囊状。
- ✓ 哆啦A梦的符号辨识是:蓝加白配色、没有耳朵、圆脑袋与圆口袋的呼应。
- ✓ 熊本熊的符号辨识度是:黑色、红腮、白色充满"呆憨感"的五官,如图2-78所示。

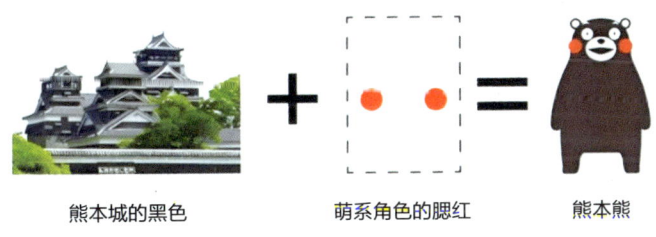

图2-78 "呆憨感"的熊本熊

3. 文化符号可以被轻易使用、复制和传播

只有这样,才能让IP的粉丝、信众和传道者很容易使用。IP亚文化的形

成是需要共识化极强又极简单的符号的。

例如，米老鼠为了加强符号性，最终简化为三个圆。

4.文化符号不只是形象，还包括手势、色彩、仪式、道具和场景

超级IP往往是一整套的高辨识度的文化符号系统。

独特辨识度是第一要求

独特辨识度对于IP符号来说，是首先需要考虑的问题。

有很多内容本身不错，很受欢迎，但是却与一大批同类作品的角色形象、风格非常相似。这就是IP的符号独特辨识度太弱，很难实现跨越内容次元壁的大发展。

伟大的IP一定同时是超级符号，所以必须有自己独特的符号辨识度和强大的情感浓缩性。如果没有，就等于没有自己独特的文化识别，就只是从众者。

简而言之，只有核心粉丝才认知的不是强大的IP，让路人也能辨识的才是。

建立独特辨识度说起来简单，其实相当难，而且不只是纯设计的工作，更重要的是设计前的设定。没有独特的设定就没有独特的符号。

相比内容型画师，设计师确实更容易理解独特符号的魅力，所以很多成功IP是设计师或艺术家创造的。

例如，KAWS的核心符号就是两个叉，代表着否定+戏讽的情感力量。

奈良美智的梦游娃娃，具有一种不可思议的、将人带入潜意识梦境的力量。

从BAPE（猿人头）到大嘴猴，都有一种与人类始祖发生精神连接的力量，如图2-79所示。

设计师IP要足够强大。由于没有故事，所以非常需要设计师的个人风格以及强有力的个性，做到"人设合一"，例如魔鬼猫，如图2-80所示。

设计师IP的另一大特点就是通过设计，不断进行各种文化元素的嫁接，形成非常丰富的形象，同时万变不离其宗。例如，Molly就大量进行了换装和跨文化尝试。

图2-79　BAPE（猿人头）与大嘴猴

图2-80　魔鬼猫

KAWS的成功最主要的就是利用自己的核心元素，对主流文化进行了各种戏讽，如图2-81所示。

图2-81　KAWS

现代IP的情感能量，往往需要通过一种非常纯粹、有趣和极具延展性的方式表现出来，这就需要强大的符号化设计。

总之，成功的 IP 文化符号设计，简单来说包括以下三点：

> 独特辨识度
> 情感浓缩力
> 简洁延展性

原理篇小结

超级 IP 的孵化原理可以高度概括为"双能共赋，四象齐生"这八个字。这一精炼的表述深刻揭示了 IP 发展的内在逻辑，强调了文化价值与商业价值的深度融合与相互赋能，同时指出角色、故事、世界观、符号这四大核心要素必须齐备且协同共生，共同构建起一个强大且可持续发展的 IP 生态。

具体而言，"双能共赋"指的是文化能量与商业能量的深度融合。强大的 IP 需要以情感能量为驱动力，以文化能量为支撑力，同时通过商业化运营为其注入经济动力，从而实现文化价值与商业价值的双向进化。

"四象齐生"则概括了 IP 孵化的 4S 关键要素：

（1）角色（Starring） 赋予 IP 独特而鲜明的角色设定，使其具有高度的辨识度和记忆点。

（2）故事（Story） 以人类心灵的原型化故事为基础，构建最有可能塑造成功 IP 的叙事框架。

（3）世界观（Scenery） 构建系统性、生态性的世界观，为 IP 提供广阔的发展空间和丰富的背景支撑。

（4）符号（Symbol） 高辨识度的符号是 IP 通往超级 IP 的"通行证"，能够跨越语言和文化的障碍，实现全球传播。

只有当这四大要素齐备并协同发展时，IP 才能真正实现从内容到商业的完整闭环，从而在文化与商业领域都取得成功。

建议您深入思考以下问题。

（1）如果将您的品牌视为一个 IP 进行分析：

- 情感价值：品牌是否能够唤起目标受众的共鸣？是否通过故事、价值观或使用场景与用户建立了深层次的情感连接？
- 文化价值：品牌是否承载了特定的文化内涵？是否能够代表某种文化符号、价值观或精神？

（2）您的 IP 在哪些方面表现最弱？
- 潜意识影响力不足：是否缺乏潜移默化的文化影响力？是否未能触达用户的潜意识层面？
- 创新性不足：在形式或内容上是否缺乏差异化？是否未能持续输出创新价值？
- 能量不足：是否缺乏足够的文化能量和商业动力？在传播和运营过程中是否缺乏持续性？

第三部分
应用篇

各类IP开发指南

IP 是生命体,生生不息。

3.1 孵化之道：用产品思维做IP

IP化就像孵蛋，

从内到外，破壳而出的是生命；

从外到内，只是短期营销。

不仅对文创行业来说IP是产品，各个非文创行业也要把IP当成产品来开发和培养，而不只是营销手段，才有可能成功。

行业不同，做IP的出发点不同

在原理篇我详细阐述了IP孵化原理，在这一部分，我会详细阐述如何运用"双能共赋，四象齐生"来孵化IP。

在本书的导入部分我曾说过：在泛IP时代，条条大路通IP。文娱内容、商业企业、文旅体育、机构组织、个人、设计师或艺术家都可以孵化出成功的IP。IP可以分为内容派和形象派两大类型，内容派是通过创造内容来打造IP的，形象派是通过创造形象来打造IP的。

不同的行业，可以选择IP孵化4S原理中的不同"S"，作为开发IP的第一出发点，如图3-1所示。

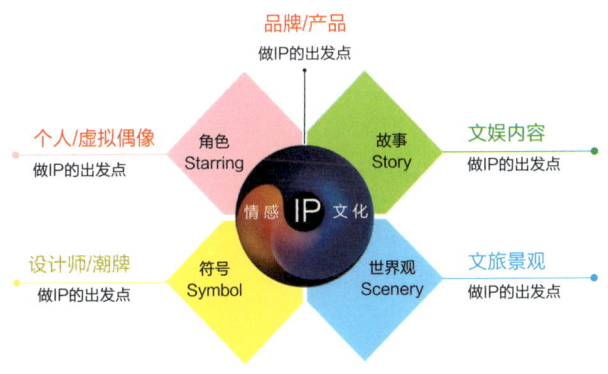

图 3-1　开发不同 IP 的出发点

（1）有自己品牌和产品/服务的商业企业，最适合从"情感"出发来进行 IP 化。

（2）个人/虚拟偶像类型的 IP 最适合从"角色"入手来打造。因为这类 IP 的核心就是角色本身，角色的塑造几乎决定了 IP 的全部价值。情感、世界观、故事和符号等元素，都是通过角色来呈现的。角色的成功与否，直接决定了整个 IP 的成败。

（3）文创和文娱业的公司或个人创作者，最适合从"故事"出发来孵化 IP。这是因为，创造内容本来就是他们的工作，无论是情感、世界观、角色和符号体系，都是依托在新的原创故事上的。

（4）文化旅游、城镇乡村、博物馆、体育、机构组织等领域最适合从"世界观"入手来孵化 IP。这些领域本身就蕴含着丰富的历史文化传承，构成了其独特且坚实的基本世界观。因此，应当立足于这一核心优势，从世界观出发，进一步构建情感、角色、故事和符号，从而打造出具有深度和吸引力的 IP。

（5）设计师/艺术家或潮牌，最适合从"符号"出发来打造 IP。因为其首先设计的就是符号，其他一切都是为符号设计服务的。当然，在实际作业过程中，这个"符号"往往就是"角色"，但一定是符号化的角色。

下面，我会主要阐述第一类：企业如何进行 IP 化。一是因为我自己从事多年的品牌营销和广告创意工作，对这方面不仅了解，而且有深切体验；二是因为企业是基本，其 IP 化方法对其他四类 IP 孵化具有通用价值。

企业为何需要IP化赋能？

有一个重要问题必须先厘清：非文创企业为什么要做IP呢？

我非常认同一个观点：对绝大多数企业来说，在某一行业做好自己的产品或服务，打造好品牌，取得巨大的行业成功，是首要的甚至是唯一的目标。做一个IP像米老鼠或皮卡丘那样去跨界、跨产业，当然不是商业企业的目标。

所以我经常说，企业需要做的是IP化，而不是为了IP做IP。为什么企业需要IP化呢？

1. 和未来有关

如果时间不再推移，技术不再进步，网络化不再发展，媒体不再变化，消费者和企业的关系还是像过去一样，那么，企业做不做IP确实无关紧要。

但是，如果我们把时间看得稍稍长远一些——看到5年、10年、15年后，再把眼界放宽一些——看到网络发展和科技革命的未来冲击与机遇，再去思考企业的品牌、产品和服务的变化时，我们就会发现IP的作用。

IP之于企业，在过去是有点用，在现在是挺有用，在未来会越来越有用。

目前已知的与IP作用密切相关的技术革命包括5G、人工智能、虚拟及半虚拟世界（VR+AR+MR）。通过这些新技术，IP将与人类生活发生超越过往的深度结合。

现在正在进入5G时代，将来还会有6G、7G，代表着信息网络容量的超限扩大，从而带来媒体、社交、商业、娱乐的持续巨大变化。

人工智能带来的是信息技术的超级理解能力和交互能力。

VR是虚拟现实，AR是增强现实，MR是混合虚拟现实。这些都将在未来实现虚拟、半虚拟与现实的无缝嵌入，无论何时何地人们都能轻松地在现实和虚拟世界任意来回。

还有，如果出现能植入脑神经的技术，人类的上网和连接甚至可以不通过手机、计算机、智能家电这些硬件了。马歇尔·麦克卢汉（Marshall McLuhan）半个世纪前的《理解媒介》一书就已经说过，媒体是人的延伸，未来这个延伸可能超越感官，直接进入人的大脑和意识中。

这些技术的发展对未来会产生怎样的影响，是无法完全预测的，但至少我觉得，未来可能让IP，尤其是角色化的IP，发挥更为重大的作用。

例如，未来所有的App服务都可以隐藏在幕后，直接用一个个IP角色代表。人们提出需求，IP角色就能理解，并直接将人们所需要的景象呈现出来，比现在的SIRI强大得多。

再进一步想，不只是网络服务，所有的品牌、产品以及消费者个人，都会在虚拟世界有对应的IP角色和IP化场景，大家能通过角色和场景进行交互交流。这并不是天方夜谭。

这意味着，IP角色和IP故事场景，有可能是未来的交互标配。

随着虚拟世界或者嵌入现实中的半虚拟世界不断发展，企业的IP、产品和服务的IP、个人的IP，甚至还有纯虚拟自生的IP，将共舞未来。

还有一种说法叫作"内容新商业"，即打通了顶层内容、中层供应链和底层大数据的生态化作业系统，使三个系统相互驱动、相互赋能、相互协同，进而形成更有自我进化能力、市场竞争能力、IP化的新商业企业机体。对于这个说法，现在还落实不了多少，但在不远的未来，却是有可能逐步实现的。

2. 和消费者有关

我国的"90后""00后"甚至"10后"，都已经在耳濡目染的影视娱乐内容中形成了IP认知和消费意识。而现代IP的属性天然与消费者的情感有关，包括在消费者内心的情感定位、与消费者的情感联系、携带IP的情感社交等。

"90后"的消费观和过去有明显的不同，如图3-2所示。

图3-2 "90后"消费观之一

朋友和社群的传播力量大于传统广告（这一趋势不仅出现在"90后"，已经延伸到各个年龄段），如图3-3所示。

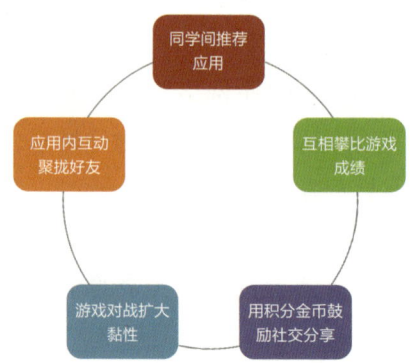

图3-3 "90后"消费观之二

数字化的社交是"90后"生活和消费的基本，如图3-4所示。

图3-4 "90后"消费观之三

（以上三图的资料来源：腾讯科技所做的调查报告节选）

3. 和品牌价值有关

品牌需要占领心智没有错，问题是用传统的方法越来越难以实现，因此需要用品牌+IP化的方法来实现与消费者情感联系的闭环。

传统的品牌形象建设方法，会逐步被IP化方法取代。

在建立品牌与用户之间的关系上，一直都是两条路一起走，既有理性的路，也有感性的路：理性输出的是性能、功能、利益、使用价值等；而感性输出的是形象、个性乃至价值观、情感连接等，获得的是消费者的情感共振，直至喜爱、偏爱甚至欣赏和崇拜。

其中，后者在过去的媒体环境下是传统的品牌形象方法，而在新的时代，则是IP化方法。网络将传播碎片化，将人群圈层化，而IP能将信息符号化，将人群粉丝化，从而将碎片化的信息通过情感连接重新串联起来。这些都是过往的品牌形象工程无法胜任的，而IP能实现。

这就是用品牌+IP化来实现判断在脑和智，感受在心和情。让品牌/产品实现在消费者心中的情感定位，没有IP，品牌不足以完成对消费者的造梦。

总之，对于非文娱类公司，IP化的真正目标是帮助企业创造差异价值和更深入的连接，而不是跨产业。因为差异化和与消费者的关系，本来就是企业的基本竞争战略。

企业的IP化，要与产品/服务结合

一位营销业的多年从业者曾经对我说，感觉品牌做IP，对于企业的日常像是凭空插入，无处下手。因为企业的绝大部分工作都是在忙着做产品、做销售、做营销，需要直接的商业效果，即使企业想做IP，也会心有余而力不足。

这种看法反映了现在企业IP化的一个普遍误区："认为IP化是虚的，只是品牌形象的辅助新手段，将企业的IP化完全等同于品牌的IP化。"这种误区造成的一个大问题是，将产品/服务与IP化割裂开来，不知道产品/服务也能IP化。

正如同产品是营销的基础，同样的，产品IP化才是品牌IP化的基础，如图3-5所示。

产品角色化或者服务场景化，才是企业IP化的正道。而且如果这样做，即使是营销费用不高的中小企业、小产品，也同样能实现IP的赋能。

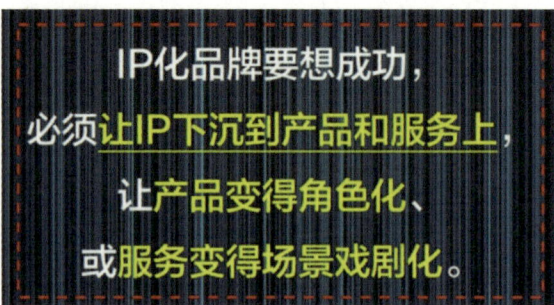

图3-5　IP化品牌成功之道

具体应该怎样做呢？不同行业的IP化方式是不一样的，我将其分为以下两种：

第一种，在偏情感化消费的行业中，IP化与需要情感化的品牌密不可分。例如，在零食、酒类、饮料类、服饰类等行业，有江小白、三只松鼠、单身狗粮、张君雅小妹妹、可口可乐、七喜汽水、M&M's巧克力豆等非常IP化的品牌。

第二种，在既依靠产品功能或服务的实力，又需要将其体验化的行业中，IP化与产品体验密不可分。例如，在平台化网络、教育、医疗、健身、地产、文旅景区等行业，有京东、天猫、美团、知乎、360、华强方特世界等半IP化的品牌。

在第一种情况下，品牌、产品、IP在情感性基础上，实现高度一体化结合。而在第二种情况下，品牌相对更理性，产品或服务相对更实用，而IP的任务是创造情感化体验，创造场景，使消费者觉得更亲切、更容易被打动。针对第一种情况，我想重点谈的IP化案例是江小白，如图3-6所示。

图3-6　最初的江小白形象

江小白：IP角色化品牌的代表

江小白一直受到很多关注，被普遍认为是我国最IP化的品牌之一。

很多人想当然地认为，江小白的成功是因为擅长利用社会化媒体和炒作。

但实际上，江小白在微博、抖音、公众号上数据并不是表面上的火爆，而是平稳有序：江小白微博的粉丝量只是普通，除了有明确抽奖活动的微博有成百上千的转发量，日常性的微博转发量为几十个，并没有刻意像某些营销号一样，每条微博都有大量转发。所以认为江小白是靠社交营销和时尚活动成为爆款的，实在是想当然。

江小白的成长，实际上是依靠将IP与产品高度一体化，独创场景解决方案，在点点滴滴、潜移默化中自然实现的。

正因为植根于产品和场景，江小白才真正成为一个IP化品牌，得到了大量年轻人的关注和认同。

江小白的IP化价值到底是什么？又是通过什么样的方式孵化和体现的呢？

江小白的IP化，首要是聚焦在消费者小聚、小饮、小时刻、小心情的场景，提供了更情感化的独特解决方案，而且是独有的，没有其他白酒甚至酒类饮料在这一场景与其竞争。

我在和江小白创始人陶石泉进行深入访谈时，他曾说道："把产品变成用户的某一个场景的解决方案，才是产品主义的本质，产品爆点就在这个产品解决方案里。两三个人坐在一起聊什么？一开始可能是尴尬的，当你拿起酒瓶子一看上面有句话，可能就是话题的开始。所以，江小白'表达瓶'非常充分地解决了这个场景的情感问题。"

陶石泉清晰地向我描述了江小白与消费者的共情四阶段："首先是小我，小我是客观存在的。因为有小我，就有孤独感，人人都有孤独感，这是第二个阶段。然后，我希望江小白的品牌精神能带出一些自知，这是第三个阶段。我们所有的文案也好，文化也好，都是落脚在自知。因为有自知，你自然就会产生小勇敢，也就是第四阶段。因为有了小勇敢，你面对生活的状态就会变得不一样了。我说的小勇敢是指敢失败、敢认错、敢平凡、敢表达。"

我用IP孵化的原理来解读：江小白的共情效应四阶段，前两点的小我和孤独是人的共性；到了第三点自知和第四点小勇敢，其实就是江小白独特的解决方案。在IP化品牌价值上，江小白品牌和人群的关系是平等的、平视的，这与其他白酒品牌强调的高高在上截然不同。

然后，江小白的IP化直接体现在产品上、最直接的产品行销上。一个是被称为"表达瓶"的产品，另一个是各种线下的店面招贴，实现了IP与人的持续性情感连接，如图3-7所示。

图3-7　江小白的"表达瓶"

自面世以来，江小白推广的就是"表达瓶"：每一个产品的瓶子上都有一句能让消费者产生共情的"江小白语录"，而且句句不同，不断更新，持之以恒。"表达瓶"是江小白最具杀伤力的IP利器，与消费者形成了最亲密的接触，产生了最有效的情感共鸣。

一瓶酒，如果仅仅是当成喝的饮品，那与其他酒没有什么两样。但假如把这瓶酒当成一个供消费者阅读、体验的内容，而且每次喝的时候内容都不一样，那么江小白的IP价值就可以与产品价值完全合体，既实现产品的成功，也上升为品牌价值。

实现情感连接还有很重要的一点，就是强调"参与和互动性"。除了早期的"江小白表白语录"是创始人完全自创的，后期大量的语录是由消费者撰写、投递的。让消费者语录成为产品的一部分，这就让消费者成为江小白IP价值的共建者。

同时，众所周知，江小白的店面招贴渗透力极强，进入了大街小巷的众多小店中，并逐渐成为一种时尚和小店标配。而这些店面里的各种小招贴上，同样由江小白形象和一句语录组成，实现了无孔不入的情感沟通，如图3-8所示。

图 3-8 江小白的招贴画

用户的参与创造不仅体现在宣传语录上，也进入了产品创新。例如，用户自发创造了江小白酒和雪碧的混合饮法，并称之为"情人的眼泪"。而江小白就借此发挥，将其开发成"江小白柠檬气泡酒"，如图 3-9 所示。

所以，江小白的产品就是 IP，IP 就是产品，同时也是品牌，这是高度一体化的。

图 3-9 江小白柠檬气泡酒

> 江小白做的其实都是：
> IP 化 = 产品内容化。

同样的方式还出现在单身狗粮、张君雅小妹妹等高度 IP 化的产品品牌当中，也取得了相当人的成功。

下面，再说说第二种情况的 IP 化案例：京东。

京东小狗 JOY：品牌 + 服务 IP 化的代表

京东本身不是一个 IP 化的品牌名，相对而言更理性化，代表网购的大平台。那怎样进行 IP 化呢？其方法就是推出一只名叫 JOY 的小狗，如图 3-10 所示。

图 3-10 京东的小狗 JOY

小狗JOY和京东的关系同时有以下几种：

（1）作为京东的品牌形象，出现在各种广告尾版上。

（2）作为各种重大活动的形象，例如618。

（3）作为京东快递服务的形象，让小狗戴上安全帽、骑着小车。

（4）作为各种联名款的京东代言形象。

京东之所以能将小狗JOY用活，是因为，它不仅仅作为品牌形象存在，还作为各种服务的代表存在，作为联名款存在。

为了充分塑造小狗JOY的服务精神，京东特意做了一条顶级动画级别的短片《JOY STORY：JOY与鹭》，真正给小狗赋予了故事和灵魂；并运用自己的平台优势，让JOY和皮克斯经典的《玩具总动员》形象进行了联合短片的推广。

简而言之，京东的小狗JOY在品牌形象、服务场景、艺术短片、产品联名、经典IP联合上全部出现，并进入了衍生品领域。

类似的方法天猫也在运用，天猫的IP形象出现在各种广告中，实现了反复和强烈的IP符号化记忆。但在自制内容和联名衍生品上，由于IP形象的生命感不足，还没有推进，如图3-11所示。

图3-11 天猫的IP形象

网络化平台由于需要与网民建立亲密连接关系，所以IP化运用得是比较多的。而相比之下，同样需要强调用户体验的教育、医疗、健身、地产、文旅景区等行业，IP化运用还非常不足，有着巨大的、可提升的IP化空间。

现在已经有文旅景区开始将自己当成一个整体的IP去打造，实现沉浸式体验，并为此融入游戏、形象、故事等多种IP化要素。例如乌镇，是很具有IP化整体设计思路的。

IP化像孵蛋，从内到外才是生命

如果只是纯品牌的IP形象打造，往往只有等企业足够强大之后才能实施；而产品/服务的IP化其实是直接、快捷、有效的，在任何阶段都可以做，尤其是在小企业阶段时就可以做。

大部分的企业开发出一两个IP形象，浅尝试探后，就不知道该如何进一步发挥了——因为没有想到要与产品及服务充分结合。

如果企业只是将产品当成一个承载功能的物理工具，那么打造出来的产品是没有个性和差异可言的。只有将产品当成内容去打造，才能创造新的商业想象力。

今天的产品设计，需要加上故事性、表情化、人格化、价值观、仪式感、话题性、网红力、设计美学、跨界演绎。

这是企业最根本、最本质要去打造的事物。传统营销虽然开发产品、输出内容，却依赖流量去推广产品和内容，其商业逻辑是向媒体购买流量以获得用户。

而今天的营销则要将产品与内容融为一体。

如果只是把IP化当成营销手段，这是从外到内的事，企业会发现，用自己的IP，其效果还远远不如请明星（其实就是个人IP）代言或者找外面的知名IP联合营销呢，大可不必开发IP。

产品IP化，就是将产品特色变为IP角色的特质。服务IP化，就是将服务特色变为IP情境的特质。

这些都是从内到外的事，将IP当成企业的心智资产去长期经营。

现在的IP化更多的是从纯营销的角度提出的，局限性很大，问题不少，尤其是没有从企业内部去看待IP化的作用，欠缺了真正的、从内到外的IP思维。

什么是真正的IP思维呢？简单来说，就是将IP的孵化，引入企业的内在发展工作当中。这当中的关键词，一个是孵化不只是营销，另一个是企业的内在发展。

IP思维其实和"品牌形象化"不一样，"品牌形象化"只是IP化工作的一小部分。

传统的"品牌形象化"有很大局限性

"品牌形象化"是一个已经有近80年历史的营销观念,在印刷媒体为主的时代就已被运用,得到了广告营销界的广泛认可。但是到了现在,"品牌形象化"的局限性非常明显。

很多企业会发现,即使从长期来讲,如果能保持产品的差异化,以及实现产品快速迭代的核心能力,实际上比纯品牌形象打造更能占领市场。

我认为最重要的原因是:产品的定义,随着时代的改变而不同了。在传统时代,产品往往就只是物理属性的;但是在网络时代,产品还有连接属性、社群属性以及情感属性。

举一个最简单的例子:同样两款物理性质差不多的实体产品,随着使用人群和口碑的不同,经过多次迭代后,两款产品会产生从内到外的巨大不同。也就是说,产品的差异化依然继续存在,不会完全同质化。

这就是为什么仅靠"品牌形象"的差异化是解决不了问题的。取得市场成功的根本,还是要落在产品/服务的差异化上,而这个产品/服务差异化的过程,需要有IP化的参与,而且必须结合产品/服务的体验。

很多时候,是产品/服务IP化成功后,自然上升为品牌价值,而不只是靠"品牌形象化"广告营销去实现品牌价值。

产品/服务IP化的四种方法

产品/服务IP化,其实就是企业产品与内容的组合。有哪几种方法呢?如图3-12所示。

图3-12 产品/服务IP化方法

第一种:要有"多巴胺式"产品

其实企业走向IP化最直接又能促进销售的方法,就是在保证基本产品的同时,要推出能令人兴奋刺激的、有可能形成网红传播的"多巴胺式"产品。

麦当劳隔一段时间推出的不同口味冰激凌,就属于"多巴胺式"产品;而经典的汉堡套餐以及薯条、汽水则是为了让你饱腹而存在的。

在优衣库,UT(UNIQLO T-SHIRT,简称UT)就是"多巴胺式"产品,每一次上新都是一次话题事件,负责刺激消费者的神经,吸引你进入店铺抢购;而其他大量基本产品,则是保证日常的销售。

气味图书馆不只有日常的香水,还不时推出主题香水,尤其是和大白兔联合推出的产品,成为网红产品,吸引了大量自发的流量和消费者。

RIO鸡尾酒也同样如此,它和英雄墨水联合推出的墨水感鸡尾酒,形成了很强的传播效应,如图3-13所示。

图3-13 两种"多巴胺式"产品

可口可乐曾推出过语录瓶、联名瓶等,获得了巨大的口碑成功。

乐高除了经典的积木,还会不断推出结合经典IP的积木产品,成为一系列爆款。

能经常推出"多巴胺式"产品的企业,往往自己就成了著名的IP。例如,可口可乐的瓶子就是IP,乐高玩具本身也成为IP。

第二种:将产品变成道具,把服务变成仪式

江小白的"表达瓶"其实就是情感和生活的教程,让喝酒成为生活的一种仪式。

当年阿芙精油做得最成功的一点，是将消费者重复购买产品的过程，变成了一系列仪式化的过程。据说一共安排了18次购买，消费者每次购买都会有不同的惊喜。

崛起于滑板文化的Supreme服饰，也是成功将购买其产品的过程，变成了追寻街头潮流的生活教程，其新产品的推出也极具仪式感。

Supreme的产品时常以社会头条事件或者政治讽刺为题设计产品。与Supreme常年紧密合作的伙伴可谓多不胜数，每位合作伙伴均是潮流文化当中的佼佼者。像是早几年与泷泽伸介的Neighborhood合作的分支，就轰动了整个潮流文化圈子；与耐克更是亲密的合作伙伴，其每次的产品均造成热销；与柯莱特（Colette）的跨界合作也是造就了非一般的话题效果。

李宁服装近几年与"国潮"紧密结合，把自己变成了"国潮生活"的仪式化代表。

第三种：打造长期的活动IP，甚至变成节日

"维密秀"（Victoria's Secret Fashion Show）就是由内衣品牌"维多利亚的秘密"所创造的著名活动IP。它不仅是一场年度时装表演，还包括与艺人歌手合作进行音乐演出、电视直播等。虽然2019年因潮流文化的变迁而停办，但"维密秀"的影响力及标杆意义仍然十分深远。过去的时尚秀中，模特所穿戴的巨型天使羽翼，包括蝴蝶、孔雀或恶魔等其他形式的翅膀，已成为维密全球标志性的IP文化符号。

"米其林餐厅指南"本来只是米其林轮胎为拉近与其核心消费人群——司机们的关系而制作的，自1900年推出以来，经过100多年的坚持，如今已经成为全球权威、经典的餐厅评选，是全球食客们的首选美食参考。

"中国国际马戏节"是由珠海的长隆海洋王国创办的、让全球顶尖马戏高手齐聚演出的国际马戏节，推出不到10年，已经成为国际上最高水准的马戏活动之一，并为长隆海洋王国带来了大量的游客和品牌声誉。

"双11"购物狂欢节现在已成为我国国民级的节日，究其根源，"双11"本来是一个属于单身一族的网络自发IP文化概念，淘宝商城最初在2009年11月11日的网络促销活动，就是为了抚慰寂寞孤独的单身一族，后来越做越强，

成为超级年度盛会，如图3-14所示。

第四种：将产品／服务比拟为宠物／伙伴型IP角色

产品/服务的IP化往往更适合与"宠物/伙伴型"IP角色对接。它们不需要有特别崇高的信念，不需要让人代入自己，能够"为我服务，做得很好"就可以了。

很多人只知道IP角色有人格化的第一种类型，而不清楚宠物化的第二种类型。其实，后一种IP更容易做，也更容易结合产品/服务的功能。

因为"自我投射型"角色需要消费者自我认同、自我投射，是不容易做到的，大部分都只能做到随营销广告活动的力度而起，随营销热度的冷却而消退。

而"宠物/伙伴型"角色不需要企业有悠久的历史，也不需要太多哲学、理

图3-14　早期的"双11"海报

念、人生观、价值观，只是"我能帮助主人""我能做到什么"，非常容易与产品/服务相结合，也容易受到欢迎和喜爱。

总之，让人们通过产品喜爱上能帮助自己的宠物/伙伴型IP，再反过来更喜爱产品，要比让人们认为这个IP能代表自己，其实要相对容易得多。反而品牌的IP化，实在是没有多大可以让产品功能充分发挥的空间。

产品/服务的IP角色宠物/伙伴化，在国外企业中用得比较多，成功案例也很多。许多著名的国外IP化品牌，实际上都是将其用于产品/服务的生动化、动漫化、形象化，而实现义化与商业价值的。

例如，前文提到过的米其林轮胎人，虽然是拟人化的，但消费者并不会认为代表了自己，而只是代表了产品——轮胎，仍然是典型的"宠物/伙伴型"IP角色。它代表的是轮胎的可靠和稳妥，以及亲切感，自然而然上升为

品牌价值。这正是它的过人之处和成功的奥秘。

M&M's巧克力公仔，本质上是将巧克力豆产品进行宠物精灵化，让人既喜爱、想吃，又舍不得吃，但最终还是吃掉。

奔驰汽车将其智能科技以智能关怀熊的IP形象展现，本质是技术及服务的IP宠物化，如图3-15所示。

图3-15　奔驰汽车的智能科技

国内的企业为什么很少能做出成功的宠物/伙伴型IP角色？其实是因为，企业往往将宠物/伙伴型IP角色和自我投射型IP角色混为一谈，所以没有办法做得足够好。

IP化与双能共赋原理

IP与企业产品/服务结合，其创造方式几乎是无限的。因为每一种产品、每一个服务都不一样，都有自己的特色，自然而然，为创造独特、有趣的IP化角色和情境提供了无数可能。

将文创产业的IP孵化和养育方法，引入企业的品牌/产品/服务工作中，首先需要观念的转变，然后是双能共赋原理的产品思维运用。需要以下6个观念的转变：

只有品牌定位是不够的，要给IP做情感定位。

只有品牌价值观是不够的，要有IP的世界观设计。

只有品牌形象是不够的，要做出强大的IP化角色。

只有广告和公关是不够的，要有长期的IP故事内容。

只把品牌当商标是不够的，要当成文化符号去发展。

不要只谈企业文化，要注意与大文化母体结合。

不像内容公司做IP是文化人领头做文化，企业做IP一定是商业人领头用文化增值，两者的基因差别很大。

与纯内容IP不同的是，企业的IP化必须得到产品、渠道和商业推广的持续支持，才有可能成功。如果抛开产品和渠道，单指望内容和自媒体自行爆发，那等于商业企业去做内容公司或媒体，基因不对。

较好的企业IP化路线是从情感定位开始，结合企业的各种商业资源，尤其是产品和渠道，进行快、中、慢的合理搭配，如图3-16所示。

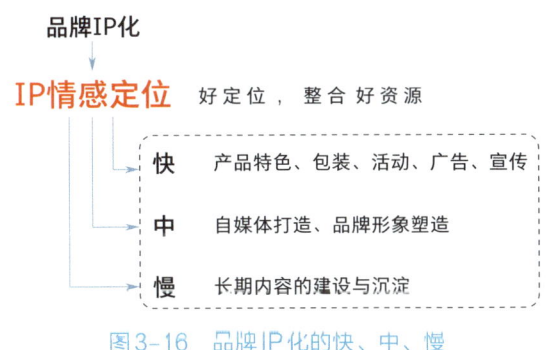

图3-16 品牌IP化的快、中、慢

这一过程要做好，需要企业内部有很强的IP观念和运作能力。很多企业之所以能做好IP化，主要原因是其领导者确实理解了IP的价值和运作方式，天然承担了"首席IP内容官"的角色。例如，苹果的乔布斯、维珍（Virgin）的理查德·布兰森、特斯拉的马斯克、阿里巴巴的马云、小米的雷军和黎万强、三只松鼠的章燎原、江小白的陶石泉等。

总之，只有深谙如何将IP化价值落地的企业，才能够做到：将IP价值与企业的经营高度结合，让IP价值为产品、营销和品牌源源不断地提供动力，在传播效果上、与消费者的情感联系上、品牌美誉度上取得超出竞争对手的成效，而且做得轻松，事半功倍。

并不是所有企业都需要有一个"首席IP内容官"，但如果真的想做好企业的IP化，能成功运用IP的能量提升企业价值，真的需要懂得IP价值和运营的人。

3.2 爆发之道：打造IP爆款的四大要素

IP爆款背后的规律

任何方法都无法确保一个爆款的必然产生，这是文化产品有天然不可测性决定的。

不过，既然本书所研究探索的是如何孵化超级IP，而不是转瞬即逝的短期IP，那么仍然是有一些规律可循的。

例如，确实几乎所有超级IP的诞生都产生于时代发生拐角式发展后的节点。这是因为，只有发生了拐角式发展，才有可能产生突破之前文化母体的新强大IP。同时，拐角式发展的头几年是新超级IP的最佳窗口期，随着窗口期逐渐关闭，再往后出现的IP的文化影响力一般都不如之前的。

举一个具有代表性的例子，星际探险型IP中著名的、粉丝极多的《星球大战》，正好出现在阿波罗登月计划（1961—1972年，登月是在1969年）带来的时代拐角之后的10年之内（1977年），正好既有沉淀酝酿期，又不是太久。

而星际探险型IP中的另一个"大咖"《星际迷航》，尽管是在1966—1969年推出第一季，但当时并不是很受欢迎，直到1980年才真正开始成为经典。

所以，超级IP诞生的时机和发展规律是可以被预知的，只是我们永远不知道具体是哪个IP。

我们能做的只能是发现超级IP爆发背后的时机和条件，以及未来可能的趋势，这是唯一可能触及的。

IP爆款诞生的四个必要条件

第一个必要条件是时机。

所有历史进程都可以看成是文化IP的迭代过程，尤其是在历史发生转变的节点之后，会出现各种各样的新IP，这就是时机。

时机是IP成为爆款的最重要条件。如果说一个IP爆款的诞生有至少90%的偶然性，那么，恰逢转折性时机的恰当IP内容，其成功的可能性会大大提升。

我曾经看到一句话，认为"打造全新IP很难，复兴经典IP有文化共识的心智优势"。其实这并不全对，在大多数时候，复兴经典IP确实会有心智上的便利，但是在新时代的转折点，尤其是新时代具有前所未有的魅力时，创造全新IP的成功机会反而更大。

这里的时机是指转折性时机，包括社会文化转变的时机、重大事件发生后的时机、媒体形式变革后的时机等。

社会文化的转变是最容易产生新型文化IP的。例如，全球前50大IP基本都是新兴文化IP，而其中的大多数，其实都来自两场大规模的社会文化转变：

第一个是20世纪60年代的民权与人文化运动，兴起了一大批代表潜意识化、个性化情感定位的IP，后现代文化、摇滚文化、波普文化、源自日本的"卡哇伊"文化，都是自那时风靡全球，并诞生了甲壳虫乐队、Hello Kitty、变形金刚、奥特曼、玛丽莲·梦露、切·格瓦拉、李小龙等一大批超级IP，以及耐克、苹果、维珍等IP化品牌。

第二个是20世纪90年代随着冷战结束而出现的全球一体化运动，由此兴起了新的一大批既具有古文化特征同时进行了全球化改造的IP，例如《精灵宝可梦》（皮卡丘）、《哈利·波特》《魔戒》（《指环王》）、《航海王》《新世纪福音战士》等。众多超级英雄IP虽然历史悠久，但其实都是在这个全球化时代步入巅峰的，以及Supreme、优衣库、ZARA、H&M、外星人等新品牌。

第二个时代其实就是我们昨天生活的时代，也被称为"娱乐至死"的时代。所以，这个时代全世界最有商业价值的、排名第一的IP，不是源自内容，而是源自游戏的《精灵宝可梦》。它成为全球最具价值的IP+故事+科技+生活方式＝娱乐/零售/产业的代表。

如今我们正在迎来第二个时代落幕、第三个时代徐徐展开的时机。新的时代开始对全球的完全一体化感到质疑，民族化、自主化的倾向更强，一定会孕育出新型的超级IP。

重大事件的发生，会让IP获得超常的大成功。以上提到过，《星球大战》IP的巨大成功，与太空时代的争霸开启具有巨大的关联性。另一个具有代表性的例子是《黑客帝国》IP。其实《黑客帝国》背后的极客及赛博朋克文化已经发展了数十年，但只有当互联网开始遍及世界，才让《黑客帝国》取得了超乎寻常的成功，直到现在依然被奉为启示性的经典。

这几十年是人类出现文明以来媒体变化和迭代最迅速的时期，从电视、报纸、电台、杂志等传统媒体到互联网，而互联网又分为门户时代、BBS时代、搜索时代、视频平台时代、社交网络时代、移动互联网时代、大数据时代、微博时代、自媒体时代、短视频时代、流媒体时代，后面还会有5G时代、VR/AR时代、人工智能时代、物联网时代等。这些都一直给新型IP的诞生带来源源不断的新契机，也使得新营销、新品牌、新产品层出不穷。

媒体迭代过于短暂和频繁，对于新IP的孵化来说有好有不好。好的是新IP能够快速产生和爆发；不好的是新IP的孵化周期太短，缺少时间沉淀出足够的价值，就面临着原有的创作形式被淘汰的窘迫。

媒体快速迭代造成的另一个问题，已经不是快餐化那么简单，而是人们对信息的注意力极度分散化、碎片化。这给IP造成了一种双重悖论：一方面，成功的IP能跨媒体实现碎片信息的整合以及将人们圈在一起；但另一方面，在这样的传播环境下，IP其实更难实现大的成功——因为没有足够的时间和聚焦力。

不管怎样，未来5~10年，将是我国的超级IP崛起的黄金时机，因为同时具有社会文化的转变时机（"国潮"兴起只是国人建立自信文化的第一步）、重大事件的发生时机和新技术新媒体的迸发时机，三大时机同时具备了。

第二个必要条件是创新。

只有时机是不够的，还要求IP形式要有创新，以配合新媒体的观赏需要。这既包括内容的创新，也包括技术手段的创新。

《玩具总动员》以及一系列后续皮克斯电影的大红，与它们在动画3D技术上的革新，将动画电影的视觉效果提升到前所未有的地步有关。

《阿凡达》的巨大成功，也和卡梅隆"十年磨一剑"，将IMAX+3D电影突然带到观众面前、让观众叹为观止有极大关系。

而《西游记之大圣归来》《大鱼海棠》《白蛇：缘起》及哪吒系列电影的超级大爆，既与内容的创新有关——将我国经典文化赋予现代情感力，又与画面表现的创新有关——利用新动画技术,将我国传统文化的美表达出新的境界。

创新也不只表现在高新技术,还包括表现形式。例如,伴随抖音、快手等出现的竖屏方式,就给了新IP崛起的机会。一禅小和尚、萌芽熊、僵小鱼等都以新表现在新媒体平台上崛起,如图3-17所示。

图3-17 新媒体平台上的IP

内容的创新也非常重要,尤其是通过新旧文化母体元素的全新组合内容,对年轻人有很大的吸引力。《罗小黑战记》的世界观里同时有架空玄幻和现实城市的存在;《非人哉》让古典的各种大神异怪在现代的学校中读书,既贴近生活,又发生了各种意想不到的奇妙故事。

这几年网综节目的创新非常突出,从《奇葩说》《中国有嘻哈》到《乐队的夏天》等都是将原本一些偏小众的文化,通过综艺式的放大和通俗化,变成全民性文化。

简而言之,创新就是新时代的新角色和新表现。

第三个必要条件是心性。

"心性"包括"心"和"性":心即心灵,就是一个IP的情感内核;性即欲念,指的是直逼潜意念的情感。

IP的情感内核是由位于中心的情感定位、更高层的信念(价值观)和更底层的欲念(贪、嗔、痴、恨、爱、恶)三部分组成的,构成了IP的核心能量。能真正长期发展、超越时代界限的超级IP,必然有一个强大的情感内核,能源源不断地提供能量和动力,这就是"心性"的力量,如图3-18所示。

所以，"心性"是孵化超级IP的一个必要条件，而不是所有IP的必要条件。

一个IP只要能抓住时机，做出创新，就有可能红起来，但不足以在将来发展为超级IP，它很可能只是拨动了时代的情绪而已。只有真正击中了底层的情感，并实现了情感定位的IP，才有可能成为超级IP。

第四个必要条件是积累。

"积累"是产生IP爆款的历史条件。也就是说，IP之所以能成为爆款，其背后一定有某种因素进行了长期积累，然后被某个IP抓住，厚积薄发地表现出来。

图3-18　IP的情感内核组成

"积累"可以分为外部因素的积累和创作者内在因素的积累。

"外部积累"指的是：因各种社会原因，导致某种大众情绪一直被压抑，长期无法充分宣泄出来，因而越积累越厚，所以"外部因素"其实还是情感意识，只不过是集体无意识。

一旦遇到社会的某种转变，当积累已久的大众情绪集体无意识被某个IP表达出来时，这个IP就会一下子成为爆款，并且有很强的持久力。

举一个我自己的例子：我当年为百度所做的"我知道你不知道我知道"古装小短片，通过唐伯虎对不理解中文奥妙的外国人一次次逗趣，最终让外国人"吐血"，然后说出"百度更懂中文"，取得了极大的口碑传颂效应，也在很长时期内确立了百度的IP化品牌价值，如图3-19所示。

图3-19　百度短片

《百度更懂中文》短片的背后有一个长期的、得不到宣泄的情感"积累",就是自改革开放以来,中国人一方面努力学习西方的长处,另一方面仍然对中文的博大精深充满自豪,这两种因素加在一起,就是百度短片成为爆款的非常必要的历史条件。

我的第一个文创IP"张小盒"崛起也同样与某种"积累"有关,如图3-20所示。

在"张小盒"出现之前的很长时间里,都市白领被各种广告和报道描述为生活光鲜、优雅、自在,"不是在咖啡馆里,就是在去咖啡馆的路上",而这一直只是一种包装,大多数的小白领其实都会为生活的各种困境而苦恼,过得

图3-20 "张小盒"漫画之上班族

并不是那么自在。但这种感受一直无法充分表达出来,日积月累,当有一个上班族漫画"张小盒"突然表达出来时,自然引起了极大的情感共鸣,成为爆款。

"内在积累"指的是:创作者在自身成长中积蓄了某种日益强烈的情感意识,长期无法宣泄,终于能通过某种创作方式,例如影视、绘画、小说、音乐、表情包等表现出来,由于正切中了某种共通的人性潜意识底层,从而取得了巨大的成功,成为爆款。

例如兔斯基的作者王卯卯,在创作兔斯基时只是一个大学生,她就是将自己强烈的个人化情感,以一种在当时非常创新的、简约到极致的表情表现出来,一下子就火了起来,获得了非常多的人的自发喜爱,成为表情中的经典IP形象,如图3-21所示。

图3-21 兔斯基IP

又如阿狸，这只红色小狐狸的成功，可以说完全是创作者Hans的精神力量。Hans不只是画出了一只可爱的小狐狸，背后还有他对"相信童话"的执着，以及构建一个极其优美的童话世界的能力。这当然是Hans长期积累的自我情感和创造力的成果。

实际上，"外部积累"和"内在积累"是共同发挥作用的。

一个爆款IP的出现，既是外部社会因素的积累爆发，同时也是创作者内在积累的厚积薄发。例如，我创作"张小盒"时，就不仅仅是外部因素，还有自己多年白领工作的体验，使得自我情感一直不满、不足，感觉自己一直活在各种盒子里。这种压抑已久的感受需要某种创作活动爆发出来，因此造就了"张小盒"及其"盒子化世界"，如图3-22所示。

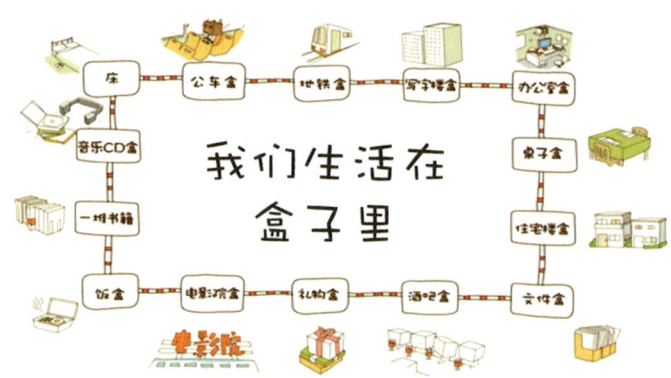

图3-22 "张小盒"漫画之盒子化世界

综上所述，**时机、创新、心性和积累，是一个有超级IP潜质爆款诞生的四大必要条件**。由于IP的成功始终有很大的不可测性，所以，即使具备了四大条件也不一定能成为爆款，它们是必要的，而非充分的。我再简化为以下这句话：

> 新IP爆款需要同时抓住
> 新时代的情感渴求和新技术表现方式。

最后，请记住，要成为未来的IP爆款，需要把握住"国潮"、新全球化、新媒体、新影视、新人类和5G等新技术的未来趋势。

3.3 轻盈之道：轻IP开发攻略

轻IP与重IP的分别

根据内容制作的轻重程度不同，IP可以分为重IP和轻IP，具体分类见表3-1。

表3-1 重IP与轻IP

重IP 通过原创厚重内容，孕育原生的IP能量	轻IP 将各种现有的价值IP化 （企业、文旅、个人、设计）
动漫为主：迪士尼/皮克斯系列、《哆啦A梦》《龙珠》《航海王》	品牌IP：M&M's、米其林、麦当劳叔叔多摩君、苏斯博士等
影视为主：《哈利·波特》《星球大战》《魔戒》《奥特曼》《007》《侏罗纪公园》	文旅体IP：故宫、熊本熊、大英博物馆奥运会吉祥物、NBA、著名俱乐部等
游戏为主：《精灵宝可梦》《超级马里奥》《魔兽》《使命召唤》《最终幻想》	个人IP：明星、歌星、网红、企业家 虚拟IP：虚拟偶像、虚拟宠物等
综合：漫威、DC、变形金刚、高达、福音战士、美少女战士、JUMP	设计IP：Hello Kitty、芭比、Ape、LEGO小人、KAWS、Molly

重IP是文化内容产业中原创的长内容，涵盖影视、游戏、动漫长剧、文学、戏剧等诸多领域。这类IP通常具备完整且长篇的故事架构、完整的世界观以及丰富的角色设定，其创作过程如同精心修建一座城市，需要投入大量的时间、精力和资源，以构建出一个具有深度和广度的文化世界。

轻IP则侧重于借助已有的文化基础和影响力，通过与文旅景区、体育组织、明星、网红等合作，利用简约的形象设计和符号化设计，将现有的价值快速转化为IP形式。轻IP的内容往往呈现碎片化特点，如同千万个轻飘的蒲公英种子，借助风势迅速传播，能够在短时间内吸引大量关注，实现快速的市场推广和价值变现。

重IP和轻IP在内容深度、创作方式和传播策略等方面各有优势与局限。重IP更适合那些需要深度体验和长期投入的项目，而轻IP则能够满足市场反应快速和传播广泛的需求。深入理解这两种IP类型的特点，能够帮助我们在实际应用中做出更加精准且明智的选择。

以玲娜贝儿为例，她堪称轻IP的典型代表。其成功的关键在于简洁而有力的形象设计与鲜明的角色设定。即便没有复杂的故事背景，玲娜贝儿凭借独特的外貌和个性设定，瞬间就能打动人心。粉丝们更是自发地以"川沙妲己"这一昵称称呼她，这一现象不仅体现了粉丝群体对角色的高度喜爱，也彰显了轻IP在情感共鸣方面的强大影响力，如图3-23所示。

图3-23 玲娜贝儿

玲娜贝儿的案例充分说明：轻IP的魅力在于其简单而强大的视觉呈现和情感共鸣，而非复杂的叙事结构。

轻IP开发完整攻略：解决三大核心问题

通过对上百个轻IP的深入观察与研究，我们系统梳理了轻IP开发的关键路径。要做好轻IP，需要围绕以下三个核心问题展开：

（1）如何打造让人喜爱的轻IP形象？

（2）如何提升轻IP的知名度与影响力？

（3）如何有效运营轻IP以实现持续盈利？

以下是我们团队总结的十大关键要点，将为您逐一解答。

第一点：明确轻IP形象的角色定位。

在轻IP的开发过程中，塑造情感设定清晰的IP角色或形象是至关重要的第一步。角色的特点越鲜明、越细致，就越有助于IP形象的塑造与传播。在本书原理篇中，我们将IP角色划分为两大核心类型：自我投射型和宠物/伙伴型，如图3-24所示。

1. 自我投射型IP角色

自我投射型IP角色通常代表目标受众的内心世界、价值观或人格特质。受众能够在潜意识中将自己的情感、需求或愿望投射到这些角色中，从而形成深层次的情感共鸣。这种角色类型特别适合用于传递品牌价值观或引发用户的情感认同。

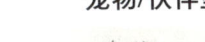

图 3-24　IP 角色两大类型

2. 宠物/伙伴型 IP 角色

宠物/伙伴型 IP 角色则以可爱、依赖性强、充满正能量的形象吸引受众。这类角色通常设计得简单且易于理解，能够迅速触发用户的保护欲和情感依赖。宠物/伙伴型角色非常适合用于品牌形象的温情传播和快速传播场景。

通过明确区分 IP 角色的类型，并针对性地进行设计，可以更高效地打造出具有吸引力和感染力的 IP 形象。自我投射型和宠物/伙伴型角色各具特色，分别适合不同的传播场景和目标受众。了解并运用这两大核心类型，将有助于提升轻 IP 的市场竞争力和用户黏性。

当你正在开发或准备开发一个轻 IP 形象时，务必审慎思考：这个角色的定位是什么？它属于哪一种类型？如果你无法清晰地回答这些问题，或者将不同的角色类型混为一谈，那么问题就十分严重了。一个缺乏明确定位的 IP 形象，可能会导致角色功能混淆、受众认知模糊，最终难以在竞争激烈的市场中脱颖而出。

如果你的轻 IP 角色定位为可爱、萌宠形象，那么它属于宠物伙伴型 IP。设计时需避免过度人格化，不要赋予角色过多复杂的人类性格描述。相反，应以宠物的特质为核心，让角色更像是一个可爱的小伙伴，而非一个有复杂人格的"人"。宠物/伙伴型 IP 的关键在于宠物与主人的关系，而非人与人之间的关系。它们的存在是为了给主人带来心灵的抚慰、陪伴和帮助，让主人的生活因它们的存在而变得更加美好。例如，蜜雪冰城的雪王之所以受欢迎，正是因为它成功地扮演了一个可爱、温暖的宠物/伙伴形象，而非过于理性或高冷的角色。类似的，M&M's 巧克力豆公仔、小黄人、蓝精灵等，都是典型的宠物/伙伴型

IP。它们的设计简单、可爱，能够触发人们的保护欲和情感依赖。

在设计宠物/伙伴型IP时，一定要避免过度人格化的陷阱。与自我投射型IP不同，宠物/伙伴型IP的魅力在于其单纯、可爱和依赖性，而非复杂的人格特质。过多的人格化描述会削弱其宠物的特质，导致角色定位模糊。

当你的轻IP角色定位为自我投射式形象时，其设定并不需要过于复杂。关键在于精准抓住人格中的某一特质，通过简洁有力的形象和设定，引发目标受众的情感共鸣。例如，同样是以"打工人"为主题的轻IP，张小盒的设定更强调"辛苦"和"无奈"，通过"生活在盒子里的"形象，直观地展现了职场新人的压力与无奈。而"内在小孩IP"则更强调"拽"和"不羁"的性格特质，通过夸张的外表和行为，传递出年轻人内心的叛逆与活力。

这种简约而精准的设定，正是自我投射型轻IP的核心魅力。它通过一针见血地捕捉人格特质，让受众能够迅速找到共鸣点，从而实现情感上的深度连接。

第二点：实现"第一眼共情"。

对于轻IP形象而言，由于缺乏复杂的内容沉淀，其形象本身的直接共情力显得尤为关键。

要实现这种共情力，"第一眼共情"是核心要素——当人们第一次看到这个形象和角色时，内心必须能够立刻产生鲜明的情感共鸣。这种"第一眼共情"几乎是所有成功轻IP形象的必备特质。

其核心在于通过形象传递出能够触动人潜意识的情感属性。==这些情感属性可以归结为六种：萌、骚、拽、呆、燃、丧。它们能够让人第一眼就产生共鸣，因为它们直接对应了人们内心深处的情感需求或生活状态==，如图3-25所示。

以下是六种关键情感属性及其设计要点，它们能够帮助轻IP在第一眼就与目标受众建立情感连接，迅速占据他们的内心：

（1）萌（可爱）　通过圆润的外形、柔和的色彩或夸张的表情，唤醒人们的保护欲和温暖感。

（2）骚（有魅力）　以独特的气质或性感的设计，激发观众的好奇心和吸引力。

图3-25　轻IP形象的"第一眼共情"

（3）拽（高冷/自信）　通过冷静的表情或独特的造型，传递出一种让人向往的自信与神秘感。

（4）呆（呆萌/单纯）　用夸张的呆头呆脑的设计，展现一种无辜、可爱的单纯感。

（5）燃（热血/激情）　通过强烈的视觉冲击或充满活力的设计，传递出激情和力量。

（6）丧（无奈/自嘲）　以一种调侃自我或无奈的姿态，引发观众的共鸣和自我代入。

这些情感属性的精准传递，能够让轻IP在第一眼就与目标受众建立情感连接，从而迅速占据他们的内心。

以下是一些成功的轻IP形象：

- 一眼即萌——Hello Kitty、米菲兔。
- 一眼即骚——疯狂兔子、小刘鸭。
- 一眼即拽——兔斯基、Molly、吾皇。
- 一眼即呆——巴扎黑、可达鸭、张小盒。
- 一眼即燃——圣斗士、灌篮高手。
- 一眼即丧——KAWS、PEPE蛙。

要设计出一眼就让人感到萌、骚、拽、呆、燃、丧的形象，关键在于找到最心灵相通的画师。这并不意味着要找最有名或最资深的画师，而是要寻找那些年龄、性格和情感表达最契合项目的创作者。最理想的画师往往保留着更纯粹的情感表达和第六感，尚未被社会的现实磨砺得过于圆滑。

创作是"相由心生"，如果一个人的内心保持纯净，作品也会更加真实动人。因此，找到这样一位画师，并为他们提供充分的创作空间，让他们发挥出内心的最大潜能，是设计成功轻IP形象的关键。

第三点：打造"新、趣、特"IP人设。

尽管轻IP的形式看似简单，但其设定的打磨却需要下更大的功夫。正因其形式轻巧，小巧的体量反而对设定的要求更高，难度也更大。轻IP的成功往往依赖于"新、趣、特"的设定：新颖的想法让人耳目一新，奇特的构思彰显独特性，特别的个性形象让IP在众多选择中脱颖而出。只有在设定上精心雕琢，才能让轻IP在激烈的竞争中占据一席之地。

以下是几种常用的设计"新、趣、特"的方法：

改变角色的特性。

近年来非常受欢迎的胖虎IP，就是通过改变角色特性而成功的一个典型案例。胖虎由不二马大叔以一种独特的方式创作而成——他把老虎画成了猫。这种新颖的设计打破了传统上对老虎"威严"的认知，用天真可爱、谐趣动人的猫式姿态，成功触动了人们内心深处对宠物猫的感情，如图3-26所示。

在长期不断探索、试错的发展中，胖虎找到了自己独特又极具竞争力的市场定位：一只老少咸宜且有精神内涵的萌虎。

图3-26 胖虎

更特别的是，创作者不二马大叔为胖虎赋予了一种憨厚大叔的气质，巧妙地将"猫""大叔""老虎"三种元素融合在一起，塑造出了独一无二的"萌宠大叔感气质"。

随后，他又加入了小虎这一角色。这一设定不仅增添了家庭的温情感，更让许多有家庭的观众产生了强烈共鸣。对于那些在生活中需要像老虎一样拼搏，又希望能像小虎一样与孩子天真无邪地嬉戏的人来说，胖虎这一IP既能满足宠物情感，又能引发自我代入感，覆盖了从年轻人到中年大叔的广泛人群，形成了跨年龄的共鸣点。

引入不同文化改变内容气质。

抖音博主"保保熊"创造的"City不City"梗，通过巧妙融合西方语言和中文，形成了一种独特的跨文化表达。这种表达不仅带有强烈的幽默感和趣味性，还传递出一种"时髦、洋气、刺激"的独特氛围，迅速在网络上爆红，如图3-27所示。其魔性的语调和接地气的风格，让这个梗在短时间内引发了大量网友的模仿和讨论，成为一种现象级的文化现象。

"City不City"这一梗的走红，不仅反映了当代年轻人对城市生活的独特思考，也展现了跨文化交流的魅力。它以一种轻松幽默的方式，打破了语言和文化的隔阂，成为一种新的文化符号。

图3-27 City不City

"City不City"这一梗的内核源自普通中国人的生活，但通过外国博主"保保熊"的独特表达，带来了耳目一新的效果，迅速在抖音上爆红。其相关视频每条都获得了数十万点赞，甚至还吸引了NBA球星马布里等名人的效仿。这种跨文化的创新手法，通过制造惊喜感和新鲜感，成功推动了内容的传播。

类似的跨文化创新案例还有李子柒和《非人哉》漫画。李子柒将中国传统文化与现代生活方式相结合，通过镜头语言，向世界展示了从田园到餐桌的美食制作过程，以及传统手工艺的现代传承，让传统文化焕发出新的活力。她的作品不仅在国内广受欢迎，还在国际上引发了对中国文化的浓厚兴趣，成为中华文化走向世界的重要窗口。

《非人哉》则将上古神话与现代都市生活相结合，将传统神话人物置于现代职场和校园场景中，赋予了他们新的性格和故事。这种创新不仅让古老的神话故事重新焕发生机，还引发了年轻一代对传统文化的兴趣和共鸣。

这些案例都表明，通过跨文化的创新手法，将传统文化与现代元素相结合，能够创造出既具有文化底蕴又符合现代审美的内容，从而在激烈的竞争中脱颖而出，赢得广泛的受众喜爱。

打破常规固有方式，以自己的特有个性来演绎。

兔斯基的成功源于作者王卯卯通过独特的创意表达，塑造了一只极具个性的兔子形象。这种通过个性化表达迅速走红的案例，充分展现了创意在轻IP打造中的重要性。

同样值得关注的是网红"疆域阿力木"。他凭借粗犷的外形与背后秀美的自然风光形成的强烈反差吸引了众多目光。当观众常因他正面出镜时耳朵不显眼而误以为背景是假的时，他巧妙地借势，以"你说背景是假的"作为个性化的另类表达，成功吸引了大量关注并迅速走红。这一案例进一步证明，巧妙利用自身特色并通过创意应对，能够在网络上引发广泛关注和讨论。

第四点：保持长期情感共振。

虽然新奇、独特的设定能够迅速吸引眼球，但这种新鲜感终会消退，进而导致审美疲劳。要想让内容和IP长期存在并持续受到欢迎，核心在于持续创造能够引发情感共振的内容。

这种情感共振建立在两个关键要素之上：

一是通过独特且易于识别的形象吸引关注。

二是通过平凡的生活细节和日常感受与观众产生代入感，让人沉浸其中并形成深层次的情感连接，从而塑造独特的文化价值。

例如，"小蓝和他的朋友"和"小刘鸭"等IP，正是通过这种"代入感""共情能力"和"生活共振"走红的代表。它们的成功证明，长期受欢迎的IP不仅需要独特的形象，更要注重与观众的情感连接和生活共振。

以《和女儿的日常》为例，这是一部充满童趣的生活小漫画，讲述了一个童心未泯的父亲、两个充满好奇心的女儿，以及一个略带正经的妈妈在生活中发生的一个个小故事。这些故事源于主创陈缘风的真实生活体验，点滴真情在漫画中尽情流露，如图3-28所示。

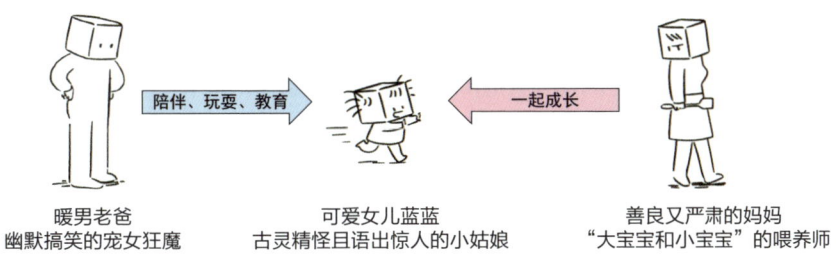

图3-28 《和女儿的日常》插画

《和女儿的日常》的情感定位是"爱与成长"，通过"长不大情结"的爸爸陈缘风、"呆萌情结"的女儿蓝蓝以及略带"傲娇"的妈妈等角色，构建了一个充满温情的家庭故事。随着第二个女儿耍耍的加入，故事更加丰富多元。推出不到一个月，《和女儿的日常》迅速爆红，口碑传播迅猛。如今，它已在各大网络平台积累了超过400万真实粉丝，微博话题量突破13亿，小动画播放量超过2亿，并获得了著名影视公众号"Sir电影"的专文推荐，豆瓣评分高达8.9。已出版的两本漫画书销量超过30万册，斩获十多个海内外奖项，并与20多个一线大品牌展开营销合作，包括微信支付、天猫精灵、雀巢儿童奶粉、中国平安保险、帮宝适、长隆主题乐园、益达口香糖、松下电器等。

《和女儿的日常》的主要粉丝群体是全年龄段的女性，占比超过80%，其中年轻女性占据大多数，而家长类粉丝仅占不到20%。年轻女性如此喜爱这部作品，是因为它触动了她们内心深处的基本渴望：拥有一个全心全意疼爱自己、陪伴自己的父亲，享受最纯真的孩童化生活。这种渴望超越了年龄限制，即使她们长大成人，内心依然渴望这种温暖的陪伴。《和女儿的日常》恰好满足了这一最本真的需求，因而深受女性粉丝发自内心的喜爱。

在现代社会，IP最重要的功能是满足人们的情感需求，这一需求远大于理性。IP和内容的长期成功，不仅需要独特的视觉形象，更需要通过日常生活中的点滴细节与人产生情感共振。这才是真正打造持久文化价值的关键。

第五点：在自然生长中明确市场定位。

打造成功的IP并非一蹴而就，真正能够一经推出便大获成功的案例少之又少。这往往需要天时、地利、人和等多种因素的完美结合。更多时候，IP的成功需要经历一个自然生长的过程，类似于新产品的测试阶段。在这个过程中，IP需要通过不断的曝光和推广进行自我调整和优化，同时积累早期粉丝的支持。

这个自然生长的过程如同生命的萌发，是必不可少的。IP需要在这个过程中找到一个独特且打动人的市场定位，才能在激烈的竞争中脱颖而出并发展壮大。然而，并非所有IP都能成功，只有少数能够突破重重关卡，获得长久的成功。

以"胖虎IP"为例。其创作者不二马大叔最初在2017年创作了这个角色，经过几年的孕育和调整，胖虎逐渐引起了人们的关注。此后，一幅名为《猛虎下山》的水墨画在微博上迅速走红，这一现象给创作者带来了极大的鼓舞。他开始在这个IP上投入更多精力，创作出更多受欢迎的水墨画，并逐渐加入小剧情和表情包，甚至推出了小虎这个角色。这些创新使胖虎的受欢迎程度大幅提升，IP开始从微博扩展到小红书，并进入品牌营销和代言领域，最终发展出丰富的衍生品。

2022年，虎年的到来为胖虎IP的发展如虎添翼，使其大获全胜。在这长达几年的发展过程中，胖虎找到了自己独特且极具竞争力的市场定位：一只既老少咸宜又充满精神内涵的萌虎。这种定位在老虎形象中非常罕见，因为它成功地结合了大猫的感觉，使胖虎在众多老虎IP中脱颖而出。

一位在2022年虎年与胖虎合作的市场营销人士表示："其他老虎要么过于严肃和霸气，要么过于适合少儿，难以满足新消费市场的需求。而胖虎IP却同时具备萌趣和成熟，几乎在市面上独一无二，能够同时吸引小孩和成年人的关注，并且充满精神内涵，因此与胖虎进行合作是最佳选择。"

胖虎的市场定位非常有趣，它兼具多种特性：既是"合家欢"，拥有大虎和小虎，能够引起家长和孩子的共鸣；又具有猫的宠物感，能够打动年轻人的心。这种家庭属性和萌宠属性的结合，使胖虎IP在市场上具有独特的竞争力。

从胖虎的热销衍生品种类可以看出其市场定位的成功：家居类、服装类和玩具类是最畅销的品类。此外，胖虎还获得了众多一流品牌的青睐，例如雀巢、格力高、宝洁、华伦天奴等都推出了胖虎形象的产品。这种跨界合作不仅提升了IP的知名度，也进一步巩固了其在市场中的地位。

综上所述，胖虎IP的成功并非偶然，而是通过自然生长、不断调整和优化，找到独特的市场定位，并在情感共鸣和生活共鸣中打造出独特的文化价值。

因此，IP的成功更多依赖于自然生长的过程，这个过程需要时间去发现和验证其独特的市场价值。在这一过程中，如果条件允许，最好保持自然发展的节奏，不强求突破，而是顺应创作者的初心和市场的反馈，慢慢培育IP的潜力。但如果开发到市场化的时间紧迫，就需要更积极地把握时机，利用当下的热点和趋势来加速IP的推广和普及。

第六点：借助时势力量发展。

一个IP形象的成功，除了自身质量的关键作用，还需要一点运气，尤其是抓住时势的能力。所谓"时势"，是人心的积聚所产生的一种时代心态变化。当这种心态积累到某个临界点时，时代的势能就会发生转折，从而造就新的时代之星。

IP能够抓住时势并爆发，并非偶然，而是因为其形象和内容中蕴含着与大势结合的"基因"，能够产生化学反应般的爆发效果。例如，胖虎IP以老虎为形象，正好赶上了2022年虎年的到来。凭借这一天时、地利、人和，它获得了大量合作机会和关注，成功出圈。再如，萌芽熊IP的快速崛起，与多肉植物的流行热潮和健康环保的时代趋势不谋而合。

时势的把握对IP是否能爆发起到至关重要的作用。如果一个IP形象的基因中能提前融入与未来时势契合的元素，那么当时势到来时，它就能自然而然地爆发，成为现象级IP。在此之前的等待或许会让人感到煎熬，但只要坚持到底，等到适合的时机到来，就有机会实现突破。

第七点：聚焦市场定位，克制与深入并重。

成功IP的市场定位需要通过聚焦、克制与深入来保持，这与品牌的发展路径非常相似。而授权的本质是一场生意，核心在于IP是否具有足够的价值让买家愿意为之买单。关键不在于数量，而在于质量——选择优质的合作伙伴，保持IP的独特性和价值。

泡泡玛特在Molly等IP因盲盒走红时，就很好地诠释了这一点。当时，我曾问过泡泡玛特创始人王宁："什么时候让Molly等IP进行全产业链发展？"王宁的回答是："要克制，不要急于做太多产品，先把盲盒做到极致再看。"当时有很多品牌都想与Molly合作，但泡泡玛特只挑选一流品牌。王宁曾对我说："这些品牌合作都是广告，用来提高IP声誉，真正赚钱还是靠自身的产品以及店铺的扩展。"

一位国内顶级IP授权管理公司的创始人也指出："当IP红了以后，合作品牌的选择至关重要。各种各样的品牌方都会找上门来，这时候就要谨慎选择。""如果只是一个作品，那么合作品牌无所谓；但如果要将其作为IP进行开发，那么市场曝光和市场通路的特性就非常重要，这会决定IP的品牌化定位印象。"

他举例说："如果IP的市场定位是针对成年人或年轻人，但在商务合作中，因为婴童品类的厂家给的钱多就接了很多婴童厂家授权，那么IP的原有属性就会被稀释，市场定位就会混乱。""IP突然火起来往往具有偶然性，会有很多品牌方同时找上门来。如果选择不严谨，那么就会导致IP印象混乱，尤其是那些与IP调性不搭的品牌合作。"

"因此，在这个时候，一定要明确定位，聚焦于此，学会在合作中克制，在开发中深入，不断深入开发最适合IP市场定位的产品与合作。只有这样，人们才会对这个IP的商业印象越来越深，知道这个IP在哪些产品领域做得最好、最突出。这样，才能形成持久的、反复的消费与口碑传播。"

第八点：推动文化与商业协同发展。

IP的本质在于文化和人心，因此在商业化进程中，一个重要的成功关键是：既要注重商业价值的实现，又要兼顾文化与内容的建设，保持内容的高质量输出。这正是文化与商业的双向推进，是IP不可或缺的核心工作。

IP的运营策略主要体现在以下几个方面：

1.商业化进程与原创同步推进

原创内容应以文化内涵和艺术价值为核心，不必过度商业化。与此同时，商业化的设计与原创内容应有明确的分工，避免过度商业化对内容质量的影响。这种平衡能够确保IP在追求商业价值的同时，不失去其文化根基。

2.尊重原创，确保内容的独立性

在商业合作中，IP的原作者应拥有绝对的否决权。任何商业合作，只要作者认为不符合IP的调性或内容品质，都应被果断取消。这种对原创的尊重，既保证了IP的文化纯粹性，又维护了内容的高质量输出。

3.保持IP的高质量输出，塑造良好的公众印象

无论是产品设计、营销推广，还是线下展览，IP都应始终致力于给消费者和大众传递一个信息：我们是在认真做内容。在各种曝光中，IP始终保持高质量的内容输出，避免因过度商业化而削弱了内容的文化价值。

这种"内容为先，文化为本"的运营理念，既能让IP在商业化的道路上取得成功，又为其长期发展奠定了坚实的文化基础。这也印证了IP商业化的核心原则：文化与商业的双线并进。只有既追求经济效益，又守护文化内涵，才能真正实现IP的可持续发展。

IP的文化创作+商业运营双系统运作如图3-29所示。文化创作专注于做好文化创作的事，商业运营则专注于开发产品及销售的事，两者相辅相成，共同推动IP的发展。

图3-29　IP的双系统运作

文化创作越纯粹越好，越贴近创作者自身的艺术追求，就越有生命力；而商业运营则越丰富越好，越顺应市场的通俗需求，就越能热销。两者遵循不同的逻辑，因此必须分开运作。

最佳的 IP 运营模式之一，就是原创作者与经纪运营公司的紧密配合。例如"胖虎"和"小刘鸭"等 IP 都采用了这种既分开又结合的模式，既保障了文化创作的纯粹性，又实现了商业开发的高效性。

第九点：构建完善的文化商业系统。

IP 的持续盈利和变现需要构建一个完整的文化与商业系统，涵盖从内容输出到商业化落地的全链条。

外部输出体现在以下几个方面：

（1）原创内容的持续输出　包括形象设计、带有故事性的小漫画、表情包、meme 图[一]等。这些内容为 IP 积累粉丝基础，建立情感连接。

（2）文化与商业的结合　通过自媒体内容、IP 授权展、美术陈列展览等方式，让 IP 在文化传播和商业化之间找到平衡点。

（3）更商业化的变现方式　与品牌合作进行联名销售、代言推广等，通过 TOC 的产品销售实现直接收益。

内在支持系统体现在以下几个方面：

（1）原创作者的持续创作耕耘　原创作者负责持续创作，积累粉丝并形成社群。

（2）运营公司内部的设计中台　主要负责市场端的商业化需求。设计中台不干涉内容创作或版权方的工作，而是专注于整理 IP 的商用素材图库。设计中台与原创作者分开，各司其职。

（3）运营公司的策划能力　品牌方可能不清楚如何与 IP 结合，或者为什么选择这个 IP。IP 运营需要提前策划项目和产品样本，为品牌方提供方向。

针对品牌客户，运营公司需撰写一个简略但全面的策划案，内容包括：

[一] meme 图是一种通过互联网传播的图像、视频或文字，通常带有幽默或讽刺的元素，能够迅速在社交媒体上流行开来。它们可以是静态的图片，也可以是动态的形式，经常包含一些流行的梗、笑话或者模仿某种社会现象。

（1）如何配合品牌方的营销活动？

（2）品牌方可能开展的营销动作及IP的参与方式是什么？

（3）品牌方的新产品线如何与IP合作？

（4）IP形象在合作中的具体呈现方式是什么？

（5）宣传上，双方的媒体资源如何合作以提升声量？

（6）如何将IP的粉丝群体转化为品牌方的新客户？

通过这样的内外结合，IP可以在保持文化内涵的同时，实现商业价值的最大化。

还有一个重要的区隔——

> **IP在开发产品时，纯粉丝向的产品和畅销爆款品要分开。**

IP的商业化产品开发可以分为两大类，各有其特点和目标：

1. 面向粉丝的专属周边产品

这些产品主要通过官方店铺进行销售，其核心是满足粉丝的需求。官方店铺的产品种类丰富多样，几乎涵盖了粉丝们可能感兴趣的所有内容。无论是粉丝群里的热门需求，还是粉丝们个性化的小众愿望，官方都会尽力满足。因此，自营电商店铺的产品线显得琳琅满目，品种繁多。这种模式不仅能够增强粉丝的归属感和忠诚度，还能通过粉丝的口碑传播进一步扩大IP的影响力。

2. 面向大众市场的广销产品

这类产品的目标是面向更广泛的消费者群体，因此品类相对较少，但单个品类的销量较大。这些产品经过市场验证，具有广泛的吸引力。开发这类产品时，运营公司需要根据销售渠道的特性和目标人群的需求进行专门设计。例如，针对杂物店、潮玩店等渠道，产品设计要符合这些店铺的风格和消费者偏好。精准的产品定位和渠道适配，能够吸引更多渠道商合作，从而扩大产品的市场覆盖面和销售量。

通过这种分类开发策略，IP既能满足核心粉丝群体的个性化需求，又能通过大众市场产品实现更广泛的传播和盈利。

第十点：探索工业化IP生产模式。

IP运营的本质是生意，关键在于满足市场需求。并非只有大IP或知名度高的IP才有价值，许多符合市场和厂家需求的小IP同样能够取得成功。这些轻IP形象可以通过工业化生产线模式来开发。这种模式通过批量化、规模化地生产符合市场需求的形象，主要依托与厂家的合作来完成设计、生产和销售，辅以适量的内容支持。

这一类型的轻IP形象，也可以称为<u>工业化IP生产线</u>。

> **-工业化轻IP形象-**
> **轻巧、简单、随时设计、随时定制**

工业化生产的轻IP通常知名度不高，也没有经历过爆发式增长或出圈的时刻，但它们被广泛应用于各种产品中，销量稳定且可观。由于授权费用较低，这种合作模式更容易被厂家接受。厂家并不一定需要大IP，他们更需要的是一个可爱、吸引人的形象来提升产品的卖点。只要IP运营公司能够持续开发出符合市场需求的轻IP形象，就能获得大量合作机会，累积起来也能带来可观的收入。

IP运营公司只需搭建一个由3~4人的内容设计团队，就能规模化生产工业化轻IP，并以低授权费的方式与厂家合作。简单来说，IP运营公司只需提供符合厂家需求的形象，既可以采用IP授权的方式合作，也可以根据厂家的具体需求进行定制设计。这种模式类似于三丽鸥的策略：三丽鸥每年推出大量轻IP形象，虽然其中大部分并非大IP，但这些轻IP的总体商业价值却不容忽视。

在中国这样拥有庞大消费者基数的市场中，只要产品的审美水准超过市场平均水平，并找到合适的市场定位，就有可能实现从小成功到大成功的跨越。因此，轻IP和大IP各有其市场位置，工业化生产模式为IP运营提供了一条可行且高效的商业路径。

我做了一个总结表格来概括以上十大关键要点，见表3-2。

表3-2 轻IP开发攻略

关键点	轻IP的完整发展攻略	商业路径
创意与定位	第一点：明确轻IP形象的角色定位	IP形象如何让人喜欢？
创意与定位	第二点：实现"第一眼共情"	IP形象如何让人喜欢？
创意与定位	第三点：打造"新、趣、特"IP人设	IP形象如何让人喜欢？
机遇与推广	第四点：保持长期情感共振	靠什么变得很有名望？
机遇与推广	第五点：在自然生长中明确市场定位	靠什么变得很有名望？
机遇与推广	第六点：借助时势力量发展	靠什么变得很有名望？
运营与赚钱	第七点：聚焦市场定位，克制与深入并重	IP运营如何系统化？如何持续赚钱？
运营与赚钱	第八点：推动文化与商业协同发展	IP运营如何系统化？如何持续赚钱？
运营与赚钱	第九点：构建完善的文化商业系统	IP运营如何系统化？如何持续赚钱？
运营与赚钱	第十点：探索工业化IP生产模式	IP运营如何系统化？如何持续赚钱？
轻IP包括：碎片化小内容、艺术家IP、企业的IP、文旅体IP等		

要判断一个刚刚创作出来的轻IP是否会受人喜欢，可以从以下两个关键点进行评估：

1.超越平均审美和创意水准

判断一个轻IP是否有潜力，首先看它是否超越了市场上的平均水准。如果这个形象比大多数同类产品更具吸引力，那么它很可能会受到更多人的喜爱。因为审美具有共性，一个人内心真正喜欢的东西，往往也能触动其他人的情感共鸣。

2.独特且鲜明的文化标签

一个成功的轻IP需要有独特、清晰且吸引人的文化标签。这些标签不仅能帮助厂家彰显产品的特色，也能让消费者通过IP表达自己的个性和追求。只有当IP的文化标签足够鲜明时，才能在竞争激烈的市场中脱颖而出。

总结一下，一个轻IP的成功取决于它是否能够超越市场平均审美水准，以及是否拥有独特且鲜明的文化标签。如果能够满足这些条件，这个轻IP就有很大概率受到消费者的欢迎，获得名望，并产生可持续的商业价值。

3.4 情绪之道:内容营销的四字真言

在本节,我将重点探讨品牌 IP 化的核心变体——内容营销。

内容营销与广告营销的关键差异

随着传媒生态的深刻变革,传统大媒体(如电视、报纸、杂志、电台等)以及互联网上曾经最适合投放广告的门户网站正在逐渐衰落,取而代之的是移动互联网和社交媒体的崛起。与此同时,基于传统大媒体和单一传播形式的品牌广告营销思维也在逐步式微。

在这样的背景下,内容营销凭借其强大的社交媒体传播属性、多样化的内容形式以及 IP 化的长久性价值,正逐步取代传统品牌广告,成为企业越来越重要的营销传播方式。

"45 度角定律"是我提出的一个独特定律,它从消费者与传播内容的关系入手,为我们审视营销内容提供了全新的视角,如图 3-30 所示。

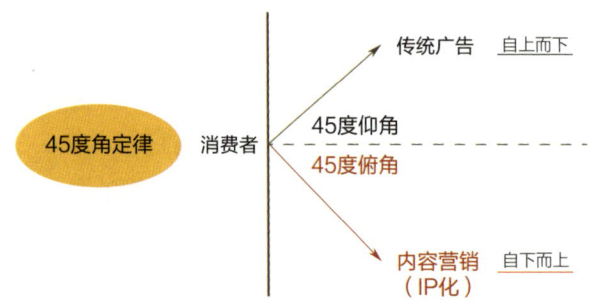

图 3-30　45 度角定律

根据"45 度角定律",传统广告与内容营销的传播逻辑存在显著差异。传统广告采用"45 度仰角"的传播方式,这是一种自上而下的、权威性的、宣传型的模式,通常依赖权威化媒体的支持,通过强化品牌的权威性来增强说服力。这种传播方式以价值观为核心,采用从上至下的强势输出,向消费者传递信息。

相比之下,内容营销则采用"45 度俯角"的传播方式,这是一种自下而上的、亲和性强的、适合自传播的模式。它更注重 IP 化，强调与消费者建立情感连接，能够在社交媒体上获得更广泛的传播和共鸣。与传统广告以价值观为核心不同，内容营销更倾向于以情感为先，通过触动消费者的情感需求，实现更自然、更有效的传播效果。

这种"仰角"与"俯角"的对比，深刻揭示了传统广告与内容营销在传播逻辑、受众关系及核心策略上的本质区别。

> 广告以价值观为核心，从上至下强势输出。
> 内容营销以情感为内核，进行平等化沟通。

如今，人们越来越抗拒那些强行灌输价值观的内容，尤其是在社交媒体上。按照主流广告思维创作的内容，往往让人反感，即使投放了大量资源，人们也会不耐烦地将其刷走。

广告就像是在你家楼下拿着喇叭喊的宣传员，再好听的内容，天天听也会让人厌倦，如图 3-31 所示。试想一下，即便是再有魅力的人，天天站在你身边给你讲大道理，你也难以忍受吧。

图 3-31　广告的沟通方式

内容营销的核心目标是通过日常陪伴与消费者建立情感连接，巧妙地将价值观融入情感表达与趣味性之中。它并不急于一开始就强调价值观，而是先以共情和有趣的内容吸引受众，提供情感价值，让价值观在后续过程中自然而然地传递出来。

优秀的内容营销就像一个 IP 化的陪伴者，如同家人、爱人、室友或宠物一般，与你分享生活的点滴。你可以与之互动、吐槽，甚至会因为它的可爱或需要而心生怜爱，主动去帮助或关心它。这种双向的情感互动让人感受到被理解与被需要，从而赋予自己更多价值，如图 3-32 所示。

正因如此，姿态更低、更具亲和力、像情人

图 3-32　内容营销的沟通方式

伴侣或需要被照顾的IP化内容营销，更容易被人们接受和喜爱。它不再是单向的说教者，而是成为生活中不可或缺的陪伴者，让价值观的传递变得更加自然、温暖且深入人心。

广告制作需要深刻洞察大众心理学，其核心是围绕制作一条广告片展开，通过巨额广告费用实现大众化传播以追求最大化的受众覆盖。

相比之下，内容营销则需要掌握个体心理学和亚文化潮流学。它关注的是生产碎片化内容，并在同一场景（如社交媒体）中针对感兴趣的用户进行长时间、高频次的情感沟通。

内容营销的关键在于培养共情之心，从理解个体需求和情感出发，逐步打动用户，让他们愿意主动关注并传播内容。这种方式要求我们深入理解每一个鲜活的个体，而不仅仅是将人群简单地视为面无表情的"大众"。

实际上，任何营销思维，无论其表现形式多么复杂或玄妙，究其本质，都是基于某种媒体形式的二级衍生思维。例如，品牌形象和品牌定位理论依赖于大众媒体的传播；而内容营销和IP化思维则依托于更具内容属性的社交媒体。理解这种"媒体依附性"，能够帮助企业更精准地制定和实施有效的营销策略。

随着传播环境的深刻变革，传统广告的实效性已大不如前，而内容营销的重要性日益凸显，并逐步成为主流营销方式。在部分行业，这一趋势已经十分明显。众多品牌虽然已经意识到这一变化，但要完成从传统广告到内容营销的转型，并非易事。

在社交媒体时代，企业若想实现真正有效的营销，必须从"45度仰角"转向"45度俯角"，完成以下关键转变：

（1）从大众传播思维转向个体心理疗愈　内容营销应聚焦于个体需求，提供情感价值，而非单向输出信息。

（2）从强化价值观转向弱化价值观　避免强行灌输价值观，而是通过自然的情感连接，让价值观潜移默化地传递。

（3）从精英主义转向庶民精神　摒弃高高在上的姿态，以平等的方式与受众沟通。

（4）从俯视苍生到平视和仰视众生　尊重并理解受众需求，建立平等的情感连接。

（5）从拔高和吹捧到自嘲和幽默　以真实、幽默的方式与受众互动，拉近距离。

（6）从讲道理的广告口号到"不讲道理"的梗文化　学会在轻松有趣的方式中传递品牌信息，避免过于说教化的表达。

总之，内容营销的核心是以共情为基础，通过个体化的情感沟通和对亚文化的深刻理解，建立与受众之间真实而深刻的情感连接，从而实现更自然、更有效的传播效果。

内容营销的四字真言

我的好友卢小波曾在小米科技和小鹏汽车担任内容营销的策划、设计与执行工作。小米作为中国内容营销与个人IP构建的标杆企业，以极低的营销成本获得了远超同行的社会关注与流量。小波曾与我分享他在内容营销领域的丰富经验，其内容精彩纷呈。

以下是我结合小波的内容营销经验以及自身的IP孵化原理，以"情、奇、用、品"四个字概括内容营销的精髓，并对其进行了详细分析，如图3-33所示。

图3-33　内容营销的四字真言

「情」
让内容营销产生共情

在开展内容营销之前，你需要明确以下三点思考：

思考1：传播环境与用户场景

仔细观察并洞察你的传播环境，包括线下和线上的用户场景。尤其是线上社交环境的自传播特性，它对内容效果的影响往往更为显著。理解并利用场景的特质是内容营销的第一步。无论是喜悦、感动、惊喜，还是愤怒、共鸣或反思，每个传播场景都有其独特的情绪基调。内容需要贴合这些情绪特质，激发它们，甚至搅动它们。

思考2：内容的情绪价值

用户为什么会喜欢你？你如何触动他们的情感，引发情绪共鸣？情感是驱动传播的核心力量，因为当人们感受到情绪时，相比冷冰冰的信息，他们更愿意参与传播。找到情绪价值点之后，通过最简单的文字、动作、画面或声音来表达，复杂的形式往往会削弱情感的直接性。

情绪价值的内容可以用多种方式呈现：

（1）可以是一个人说话的情绪表达方式。

（2）可以是一个IP形象、一组漫画、几句人生感悟。

（3）可以是一个梗、一个段子或一个冷笑话。

（4）可以是一个事件、一个故事、一个精心创造出来的物品。

（5）可以是一段魔性的舞蹈、演出、影视内容的切片。

（6）可以是一个表情包、一张脑洞图或者一段短视频。

（7）可以是企业的自嘲、自黑或温暖贴心的服务。

总之，各种内容都可以创造出情绪价值。但如果你的内容居高临下、自说自话，或者像PS修图修出一张完美无瑕的脸一样，看似精致，那很抱歉，这样的内容是没有情绪价值的冷物。

思考3：内容有不同的情绪价值谱系，激发不同的情感共鸣

我梳理出了12种最具代表性的情绪价值谱系，如下所述。

第1种：萌宠系

萌宠系又称治愈系，是一种没有激烈冲突、能让人感到平静的内容，让人看完后有治愈感，心情自然舒畅。萌宠系的内容和IP是纯洁而纯粹的，不过度煽情，也没有明显的悲伤气氛。它通常以直击人心的萌感形象，或者让人会心一笑的生活小细节为表现形式,让人们随时随地能够轻松放下压力,获得心灵的疗愈感,如图3-34所示。

图3-34　萌宠系的内容和IP

第2种:冷酷系

冷酷系以冷淡风和末日风格为核心,走时尚尖端潮流路线。其标志性元素包括帅气的服饰、英俊的外表以及带有二次元风格的高冷男神、女神形象。

在内容方面,冷酷系常与赛博朋克、末世风格相关,或者作为正面故事中的反派角色。这种风格以黑酷、冷淡、傲娇为特点,反而能够吸纳大量热情粉丝,形成高热度关注。高冷的角色设定反而能激发观众的强烈情感共鸣,成为内容的核心吸引力。

第3种:热血系

热血系又被称为励志系,是一种与青春、抗争、成长和反叛紧密结合的内容形式,是人在青春期自然呈现的生命爆发状态。它以强烈的激情和爆发力为核心特征,贯穿于内容的始终,犹如源源不断的激素,推动着情绪价值的满足。

热血系的IP角色往往带有中二气质,不太世故,却敢于做出莽撞的行为。尽管他们的举动可能显得冲动,但却令人不由自主地感到感动。这种充满激情与爆发力的内容,正是青春最真实的写照,也是年轻人心中最能引起共鸣的精神象征。

第4种:甜情系

甜情系的最大特征在于其以一对主角为核心,而非单一主角,因此也被称为CP系。它通过一对角色之间的相爱相杀展现各种冲突和矛盾,最终却总能归于和谐与甜美，为人的情感带来某种治愈。

CP组合可以由任何人甚至动物组成，反差越大越好，常形成呆萌与傲娇的完美结合。例如，美女与野兽、高与矮、胖与瘦、老与少等。

第5种：妖娆系

妖娆系以"风骚"和"性感"为两大核心特征，是一种与人性中最基本的驱动力——食色性以及生死主题紧密结合的内容形式。它自带人性中最强大的能量，但在设计时可以适当收敛，让妖娆气息在不经意间自然流露。

不过，妖娆系的角色不能一味地追求"风骚"，而应具备既性感又充满爱的形象。网络社交媒体上，许多草根网红以搞笑和有趣的方式吸引观众，这类内容大多可以归为妖娆系。

第6种：自嘲系

自嘲系的核心在于通过自我调侃和幽默化解严肃与沉重，帮助人们摆脱现实中的社交压力和规范束缚，以一种不羁的方式打破常规。这种自嘲的智慧不仅体现在个人层面，更能增强品牌魅力，使企业家和品牌在自媒体上更受欢迎、更容易出圈。

以雷军为例，他通过自嘲让自己和小米品牌显得更加轻松、亲切，拉近了与消费者的距离。因此，自嘲不仅是个人IP塑造的关键，也是企业内容营销成功的重要推手。一个懂得自嘲的企业往往比一本正经的企业更容易赢得人心和市场。

第7种：暗黑系

暗黑系是潜意识中被压抑的暗黑能量，代表了我们内心深处与自己相随却不被承认的部分。它既需要强烈的丧感，又需要转化的力量，暗示着将黑暗的能量转化为正能量的可能性。

暗黑系通过直面人性中的阴影，将黑暗化解，带来一种反向的疗愈力量。它让人们在面对内心的困扰时找到快感和解脱，从而解决深藏的矛盾与心结。这种独特的魅力使其在社交媒体上广受欢迎。

例如，周鸿祎以其冷峻的个人风格和直白的表达方式，展现出独特的暗黑气质。

第 8 种：超能系

超能系以独特的技能形式展现，种类丰富多样。例如，手工耿的焊接神作以专业技能惊艳观众，罗翔则通过"违法狂徒张三"的故事将法律知识生动化。这些内容满足了人们内心对超越现实的想象需求。

超能系还可以通过宠物/伙伴的超能形象呈现。你可以是普通人，但你的宠物却拥有神奇的超能力。

总体而言，超能系结合了人们对超越自我的渴望，通过艺术化的创造与放大，塑造出超能角色与超能道具，最终打造出广受欢迎的内容。

第 9 种：憨逗系

憨逗系以"憨"为核心，通过做各种看似愚蠢却令人发笑的事情，给人带来快乐。但单纯的傻事若无法穿透人心，仍不足以打动观众。憨逗系的关键在于将"憨"做到极致与超出常规，达到意外效果，才能真正大获成功。这种"大智若愚"的表达方式，正是憨逗系的精髓所在。

例如，憨豆先生总是自行其是、处处添乱，却又常常展现出天真友善的一面，充满童趣与温暖。正如乔布斯所说"Stay foolish"，能创造出优秀憨逗系 IP 的，才是真正的人智慧。

第 10 种：祈福系

祈福系源于对未来莫名的不安与对一路顺风、心想事成的渴望。这种对美好未来的期许与内心的安宁是基本的人性需求，情绪价值极高。在中国，祈福文化广泛存在，几乎所有重要的信仰体系、历史人物以及经典文学作品中的代表角色，都逐渐融入民间祈福文化的象征中，成为人们追求幸福生活的精神寄托。

无论是节日庆典、人生转折点，还是日常生活中的小愿望，祈福文化都能为人们提供一种心理上的慰藉和力量，赋予他们继续前行的信心与希望。

第 11 种：仙气系

情绪价值的表达多以通俗为主，而仙气系则恰恰相反，需要一种超脱世俗的仙风侠骨。李子柒是仙气系内容的典型代表，她的视频既充满仙气与文化气息，又紧密联系人间烟火，例如通过天地人文与自然的完美融合，展现如何烹饪各种食材。这种独特的结合满足了人们内心深处对超脱与美好的渴望。

人们的潜意识中总存在着一种向往飞升与超脱的本能追求，而仙气系恰好满足了这一点。然而，真正有情绪价值的仙气系内容必须与人间烟火相结合，形成反差萌。这种对比才能激发更强的情感共鸣。简而言之，仙气系是神仙与人间烟火的完美结合，二者和谐共生，同时融入可爱、活泼和淘气的元素，如此才能真正具有情绪价值。

第12种：启示系

启示系体现了人性潜意识对自我升华的渴求，它通过提供深刻的启示和指引，帮助人们获得精神上的升华。作为核心，启示系的内容需要背靠系统化的信仰和哲学体系，而不仅仅是简单的鸡汤式鼓励。这种类型的内容不仅限于宗教领域，更多地通过人生经历、情感体验和知识教育来实现。

启示系的核心在于提供深刻的指引和启示，其特点是蕴含深邃的人生观，帮助人们超越自身视角，实现认知的升维和自我的升华。这种类型往往通过经典的偈语、圣言和启示语来传达其理念，是12个谱系中最具启示性的内容形式。

以上是内容营销中12种独特的情绪价值，它们从各个维度为人们提供了多元的情感滋养。这些情感谱系不仅能够有效缓解人们的精神压力与内耗，还能赋予内容创作更深层的共情与意义，帮助内容脱颖而出并获得成功。

「奇」
让内容营销变得新、趣、特

在当今快节奏的传播环境中，内容的趣味性至关重要。如果内容缺乏吸引力，很容易在海量信息中被淹没。就像一张毫无表情、平淡无奇的面孔，人们自然会选择视而不见。因此，有趣的内容不仅必要，更是脱颖而出的关键。

独特的内容源于新、趣、特，这需要打破常规思维，更关键的是要注重细节。细节是创造独特性的关键，只有将细节做到极致，才能在众多相似内容中脱颖而出。这种极致追求不仅体现在独特性上，更需要持续地积累和打磨。正如台上的那一分钟精彩表演，背后是台下数年的努力。只有真正投入时间和精力，内容才能在细节上做到极致，真正实现新、趣、特。

怪物类型的IP形象很可能比普通IP形象更受欢迎。

怪物形象的魅力在于其独特的"不明觉宠"效果。这些形象通常打破常规，既不符合传统的"可爱"定义，又以其怪诞的外形和行为深深吸引人，如图3-35所示。

图3-35　怪物感的3个独特形象

例如，日本NHK电视台的IP形象多摩君就是一个典型的怪物形象。它看似违背传统萌宠逻辑，却凭借一种莫名的古怪感征服了全球观众。多摩君的成功在于其设计师巧妙地平衡了怪异与可爱之间的关系，既引发观众的好奇心，又激发情感共鸣。

类似的案例还有伦敦奥运会的吉祥物。这个充满未来感的"怪物"形象虽然难以一眼辨认，却因其独特的设计和神秘感而令人印象深刻。这种"不明觉宠"的效果正是怪物IP的核心魅力所在——它们不需要完美的外形或清晰的定义，只需找到一个能引发观众情感共鸣的点，就能在人们心中留下深刻印象。

皮克斯电影《怪物公司》中的"大眼仔"也是经典案例。它的设计看似简单，却通过极致的表情管理和情感表达，成功地将"怪物"形象与"萌宠"

属性结合在一起。这种设计不仅让观众感到新奇,更能触动他们的情感,形成难以忘怀的记忆点。

Jellycat:充满奇趣的产品与销售

Jellycat凭借"万物皆可毛绒化"的创意理念,将平凡事物转化为充满灵性的萌趣精灵,为产品开发带来了无限可能。从经典的害羞邦尼兔、巴塞罗熊,到脑洞大开的趣味茄子、牛油果,甚至龙虾和仙人掌,每个玩偶都拥有标志性的豆豆眼和治愈系笑脸,赋予它们独特的"人格魅力",如图3-36所示。

Jellycat的产品不仅覆盖动物、植物、食物等系列,还将创意延伸至生活场景,推出了毛绒茶壶、云朵挂饰、钻戒玩偶等。这些产品不仅是可爱的玩偶,更是成年人情绪宣泄的"搭子"。例如,全网爆火的"茄总"表情包,正是年轻人对生活压力的一种幽默投射。

图3-36　Jellycat的毛绒产品

在销售端,Jellycat通过拟人化营销构建童话式体验:店员会为玩偶"过家家",在打包时模拟"打奶油""装杯"等动作;每只玩偶的吊牌上印着"Please look after me",激发用户的守护欲。这种"表演式销售"不仅强化了情感联结,还让消费者自发参与二次创作,在社交媒体上分享"养娃日常",

形成裂变传播。

例如,如果销售的是毛绒汉堡包或毛绒蛋糕精灵,店员会像卖真正的汉堡包或蛋糕一样,用煎锅煎炸,撒上奶油;如果销售的是植物精灵,店员则会用花洒认真浇花,让用户体验真实感。

Jellycat的专卖店在装潢上模仿餐厅或咖啡店,店员的制服则模仿餐厅营业员。店员们情绪高涨,认真扮演角色,为顾客提供充分的情绪价值。这些情境化、表演化的销售方式在全球大受欢迎,获得了海量曝光,这种效果是用巨额广告费也难以达到的,如图3-37所示。

图3-37　Jellycat的表演式销售

在坚持产品调性和品质的基础上,Jellycat通过全面拓展产品SKU(存货单位)数量,以快速迭代的方式满足年轻人对新奇事物的喜好和不断变化的口味。Jellycat坚信,成年人同样需要安抚,也需要童话世界。

从儿童安抚玩具到成年人的精神寄托,Jellycat用毛绒重构现实,将充满奇趣的产品转化为具有超强自发传播力的内容营销。凭借这种产品内容化战略，Jellycat 从一家婴幼儿安抚及入睡玩具企业，成功转型为一家新潮的、面向全年龄段的情感满足型内容化产品公司。

以下是与"奇"相关的内容营销原则：

1."奇"来源于新、趣、特

新奇的内容往往源于新颖、有趣和独特的表达方式。这些内容通过提供独特视角或展现不寻常的形式，可以在信息过载的环境中吸引受众的注意力。新、趣、特不仅是吸引眼球的关键，更是让内容在竞争中脱颖而出的核心要素。

2. 新、趣、特的成功源于细节的极致展现

要让新、趣、特真正打动人心，关键在于细节的把控。细节是创造独特性的核心，只有将细节做到极致，才能让内容在同质化的市场中脱颖而出。这种极致不仅体现在视觉呈现上，更需要在内容深度和用户体验中体现，具体体现在以下两个方面。

（1）细节的极致　细节不是简单的"人无我有"，而是"即使是别人有的，我也能通过更好的方式呈现"。

（2）持续打磨　这种极致的呈现需要持续的积累和努力，就像"台上一分钟，台下十年功"一样，背后是无数次的精心准备和优化。

3. 最好的新、趣、特是发掘自己的极致

优秀的内容营销不仅仅是复制他人，而是要深入挖掘自己的独特性，找到属于自己的极致表达，具体体现在以下三个方面。

（1）自我总结与提炼　通过总结自身经验、特长或独特视角，提炼出最具代表性的内容。

（2）极致化表达　将这种独特性推向极致，让内容既有个人特色，又能引发共鸣。

（3）真实与专注　只有专注于自己的优势，真实地展现独特价值，才能在竞争中赢得受众的认可。

[用]
内容营销的利他之心

内容营销若仅依赖"新、趣、特"的特性吸引眼球,其效果往往难以持久。新奇的内容虽能在短时间内迅速引发关注,但随着新鲜感的消退,观众兴趣也会随之降低,进而导致内容的生命力逐渐衰减。这种仅追求表面吸引力的内容营销方式在激烈的市场竞争中难以长久立足。

要实现内容营销的持续性和长久效果,关键在于为观众提供真正"有用"的内容,即能够长期为观众创造有价值的内容。只有当内容能够切实解决观众的问题、满足他们的需求,或者为他们提供持续的启发与帮助时,才能真正长期吸引观众的注意力并保证他们持续关注。这样的"有用"内容不仅能让观众在短期内产生兴趣,更能在长期中形成依赖感,将观众牢牢吸引在内容周围。

长期有用的内容能够产生"滚雪球"效应。随着时间推移,越来越多的观众会被内容的价值所吸引,并主动分享给更多人。这种基于口碑的传播方式,其影响力远超单纯的广告轰炸。因此,内容营销的核心目标应是持续输出对观众有价值的内容,建立深厚的情感共鸣与信任关系,从而让品牌影响力持续扩大,同时实现商业价值的持续兑现。

例如,米其林轮胎的利他活动堪称典范。早在20世纪初,米其林为帮助汽车司机更好地规划旅行路线,开始推荐沿途的美味餐厅和值得一游的景点。这种看似与轮胎销售无关的服务,实际上巧妙地将品牌与旅行体验联系在一起。经过百年发展,这份最初的餐厅推荐小册子逐渐演变为世界上最权威的《米其林美食指南》,成为全球美食爱好者的"圣经",如图3-38所示。

通过这种长期的利他行为,米其林不仅提升了品牌的权威性和知名度,还成功地将轮胎品牌与高品质生活方式紧密关联。

同样值得关注的是健力士黑啤酒(Guinness)的吉尼斯世界纪录活动。这家爱尔兰黑啤酒品牌最初为了推广自身产品,发起了一项评选民间稀奇古怪世界纪录的活动。这一看似与啤酒销售并无直接关联的项目,却逐步发展成为全球最具权威性和影响力的世界纪录认证机构——吉尼斯世界纪录，如图 3-39 所示。

图 3-38 《米其林美食指南》

图 3-39 吉尼斯世界纪录

每当人们关注吉尼斯世界纪录时，他们也在无形中关注了健力士黑啤酒。因为"Guinness"这一品牌名称在英文中同时指代啤酒和世界纪录，两者在品牌认知上形成了紧密的关联。通过这种独特的内容营销方式，健力士黑啤酒成功地将品牌与人类的好奇心以及对极限挑战的追求紧密相连，从而实现了品牌价值的长期提升。

这种营销策略的巧妙之处在于，它超越了传统的产品推销模式，而是通过创造一个具有广泛吸引力和持久生命力的文化符号，将品牌融入人们的日常兴趣和情感共鸣之中。吉尼斯世界纪录不仅激发了大众的好奇心和参与热情，更成为一种全球性的文化现象，而健力士黑啤酒则借助这一现象，持续扩大了自身的品牌影响力，使其在消费者心中占据了独特的地位。

可口可乐对圣诞老人IP形象的标准化塑造，堪称商业营销与文化符号结合的经典范例。在1931年之前，圣诞老人的形象极为多样且缺乏统一性，其服饰颜色多为绿色、黄色，甚至有些版本显得阴森古怪，与如今深入人心的经典形象相去甚远。

彼时，可口可乐正面临冬季销量低迷的困境，亟待打破"可乐只适合夏季饮用"的固有认知。为了借助圣诞节的契机重塑一个更具亲和力的形象，公司聘请了商业插画家哈顿·桑布罗姆（Haddon Sundblom）进行创作。桑布罗姆以退休推销员鲁·普兰蒂斯为原型，结合品牌标志性的红白配色，设计出了如今广为人知的圆润憨厚、白胡子红袍的圣诞老人形象。1931年，首张广告发布，这位老人手持可乐瓶，念出经典广告语"The Pause That Refreshes"，并通过《星期六晚邮报》等媒体迅速风靡全美，如图3-40所示。

图3-40　圣诞老人与可口可乐

这一形象的成功，不仅在于其视觉设计上的精妙——红白配色与品牌高度统一，豆豆眼和微笑传递出温暖与欢乐，更在于可口可乐为其注入了丰富的人性化细节。桑布罗姆在创作过程中会邀请邻居孩子当模特，让圣诞老人偷喝可乐、与小精灵互动的场景充满生活气息。当广告中圣诞老人的婚戒消失时，甚至有粉丝写信询问缘由，足以证明其人格化塑造的成功。

通过持续三十多年的节日广告投放，红衣圣诞老人逐渐取代了欧洲传统的绿色版本，并被注册为商标，最终成为全球文化共识。这场营销的影响远超商业范畴：红色成为圣诞节的主色调，催生了从芬兰圣诞老人村到节日周边产品的庞大产业链。可口可乐通过深刻的人性洞察，将宗教人物转化为一个快乐的IP化符号，让圣诞老人从4世纪土耳其主教圣·尼古拉斯的慈善原型蜕变为跨越文化的情感纽带。

如今，当人们看到红衣白须的圣诞老人形象时，潜意识里仍在为可口可乐的品牌资产增值。这或许是最持久的"IP魔法"。

在当今信息过载的时代，品牌要想脱颖而出并实现长期发展，关键在于以用户为中心的内容营销策略。这种策略不仅能够提升品牌的权威性和知名度，还能在竞争激烈的市场中创造出独特的文化价值。而这一切的核心正是长期的利他行为。

长期的利他行为不仅能提升品牌的权威性和知名度，还能在竞争激烈的市场中创造出独特的文化价值。这种以用户为中心的内容营销策略是实现长期有效的关键所在。在信息泛滥的时代，真正有价值的内容需要企业以利他之心为基础，持续输出对用户有帮助的内容。这既是好的营销，也是好的文化内容。

以下是与"利他"和"有用"相关的几条原则：

（1）仅仅有利于自己是不够的，必须有利于顾客，甚至每一个人。

（2）利他是世界和谐的基本法则；只有"我为人人"，才能"人人为我"。

（3）把一件利他的事坚持做下去，才能真正积累价值。

要做出真正对用户有用的内容，企业必须怀有利他之心。这种利他之心体现在对用户的真诚帮助和无私分享上。通过持续提供高质量的内容，企业能够与用户建立深厚的信任关系，从而在长期中实现品牌价值的提升和用户的忠诚度。

［品］
内容营销的品位感

内容营销不仅要吸引眼球，更要具备品质感和品格味。内容应当能够代表品牌的气质，彰显品牌的独特品位与价值追求，这正是"品"字的深层内涵。以下是与建立"品"相关的几点原则：

（1）品位感要基于共识，既具品格又通俗易懂。品牌的品位应当能够与大众产生共鸣，同时又不失独特性。

（2）有品位感的品牌要有自己的符号和仪式，形成独特的亚文化。通过独特的符号和仪式，品牌可以建立起与众不同的文化标识。

（3）有品位感的品牌要持续输出具有独特文化感的内容。品牌需要不断创造具有文化底蕴和独特视角的内容，以保持其在消费者心中的独特地位。

为了实现"有品位"的长期内容营销，建立专业的内容工作室是一个关键的战略决策。许多世界知名品牌，如LVMH集团、星巴克、耐克和红牛，已经率先建立或正在建设自己的内容工作室。

例如，全球著名奢侈品牌LVMH集团明确表示，将通过自建娱乐内容而非传统广告的方式，为其旗下超过75个奢侈品牌创造内容。为此，LVMH成立了自建内容平台22 Montaigne Entertainment，其命名源自LVMH集团巴黎总部的地址，如图3-41所示。这一举措表明，LVMH正在向全球宣告，它不仅是一家奢侈品公司，也是一家创造内容的公司。未来，LVMH的营销将大幅向娱乐文化内容倾斜，通过内容的力量，进一步提升品牌的品位和影响力。

图3-41　LVMH集团巴黎总部

又如，一贯以低广告投入著称的星巴克，于2024年6月成立了"星巴克工作室"，并携手多媒体制作公司Sugar 23，致力于打造原创娱乐内容。这一举措标志着星巴克在内容创作领域的全新尝试，旨在通过讲述激励人心的故事，进一步加深与顾客的情感联系。

而向来敢于投入广告的耐克（Nike），早在2021年就成立了自己的内容工作室——Waffle Iron Entertainment，专注于制作体育相关的娱乐内容。耐克通过这一工作室，将品牌与体育文化深度融合，进一步巩固了其在体育领域的权威地位。

更早的案例还有红牛（Red Bull），其早在1986年就创立了Red Bull Media House。该工作室制作的内容涵盖极限运动、音乐、文化等多个领域，其内容创造活动持续了20多年，经久不衰。Red Bull Media House不仅为红牛的品牌推广发挥了关键作用，还成为红牛集团的独立盈利业务，发展成为一家全球分布的多平台媒体公司，如图3-42所示。

这些品牌通过建立内容工作室，不仅提升了品牌的权威性和知名度，还创造了独特的文化价值，进一步巩固了其在消费者心中的地位。

图3-42　红牛的内容工作室

随着内容营销在品牌建设中的重要性日益凸显，品牌成立自己的内容工作室正逐渐成为一项不可忽视的战略趋势。这不仅是因为内容工作室能够有效提升品牌的一致性和"品位感"，更因为它能够将内容创作与品牌战略深度融合。

内容工作室不仅是内容生产的工厂，更是品牌的"内容大脑"。它能够从品牌战略出发，精准定位目标受众的需求与痛点，创作出真正有价值、有意义的内容。例如，红牛的内容工作室专注于极限运动领域，通过高质量的视频和故事，成功地将品牌与"激情与挑战"紧密联系在一起；而耐克的内容工作室则通过激励人心的运动故事，传递"Just Do It"的品牌精神。这种深度的内容融合，让品牌的核心价值得以生动展现。

更重要的是，内容工作室能够支持品牌实现长期的内容营销目标。它不仅仅为短期广告活动服务，还为品牌构建一个持续的内容生态。通过持续输出高质量、有深度的内容，品牌能够与消费者建立长期的信任关系，进一步巩固其在市场中的地位。

最后，总结内容营销的"情、奇、用、品"四字真言：

「情」：以共情为基础，建立深厚的情感连接，成为用户心中的知己。

「奇」：用新颖、有趣、独特的内容吸引眼球，让信息传递充满新奇性。

「用」：内容要有实际价值，真正帮助用户解决问题，成为他们的知行伙伴。

「品」：彰显品牌的独特品格，让内容散发出 IP 级别的文化气质，成为品牌的精神名片。

"情"是门店的温度，能够拉近与顾客的距离。

"奇"是商品的吸引力，让人流连忘返。

"用"是商品的实用价值，满足顾客的真实需求。

"品"是品牌的灵魂，让每一件产品都独具魅力。

这样一家兼具"情、奇、用、品"的店铺，既能吸引顾客前来，又能留住他们的心，最终使品牌在市场中脱颖而出。

3.5 成长之道：IP 发展的三个阶段

超级 IP 的三大进阶过程

当我们在定义超级 IP 时，其实定义的是 IP 的孵蛋式过程：从起源到结果，从内容到符号，从单一行业到多行业跨界。

因此，正如我在本书第一部分所言，超级IP的定义是：

> IP的初级阶段是知识产权，
> 高级阶段是超级文化符号。

这才能将IP的定义完整涵盖：一部文艺作品不管多么畅销，仍然处于IP初级阶段，只有当提炼出被广泛共识和喜爱的文化符号，能跨界、泛产业化，IP才能升级到高级阶段。

同理，条条大路通IP，品牌、产品、文旅体育、个人形象、设计师或艺术家作品，都有可能发展为文化符号，甚至强大到成为超级文化符号。因为IP的本义就是知识产权，所以凡是有知识产权归属的观念、图形、内容、品牌甚至个人，其实都是IP。

一个IP就像一条河流，大部分会消失或汇入更大的河流，只有少数IP能发展壮大。在IP发展的过程中，每一阶段，IP都需要补充新的价值。其早期因弱小而险峻，中期因舒缓而容易淤塞，后期也需要足够开阔的地带，只有不断吸纳创新，才有可能形成跨产业的大生态体系，成为超级IP，如图3-43所示。

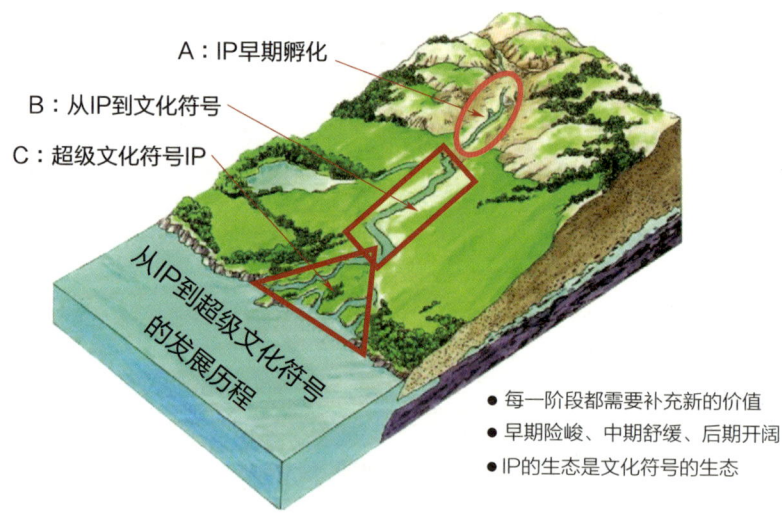

图3-43　IP的发展历程

我将IP发展到超级IP的过程分为以下三个阶段：

第一个阶段是从0到1，第二个阶段是从1到10，第三个阶段是从10到100，如图3-44所示。

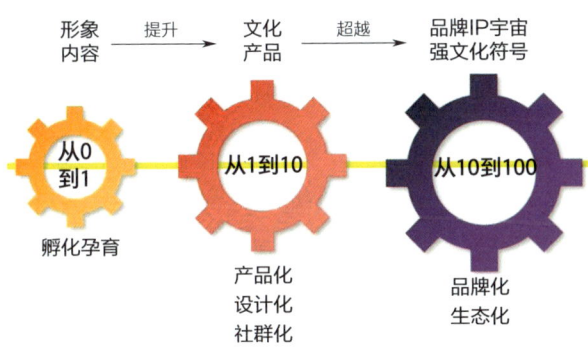

图3-44　IP发展的三个阶段

1. IP的低阶阶段：不急功近利的孵化孕育

初始IP的孵化总是充满了不可知性和偶然性，而对于开发者来说，最重要的心态是：不急功近利，去找到能真正突破的IP。这需要有足够的耐心和一双慧眼，而且要经过多次尝试和反复打磨。

在这当中，时机、创新、心性、积累四个条件非常重要。时机如同天时，积累如同地利，心性如同人和，在天时、地利、人和都具备的情况下，还需要有创新的方式。

当IP通过形象、故事/内容、产品等完成自我塑造，受到欢迎和认可，形成足够的共识后，就意味着完成了第一阶段。这个阶段一定不能急功近利，需要让IP有足够的时间，逐渐孕育出来。

我国的大多数IP难以发展的原因，就是在这一阶段做得太浅薄了：要么是情感定位不够打动人，要么是故事/内容不够好，要么是世界观有大缺陷，要么是IP化的符号设计不过关，要么是对文化母体不够尊重，又或者过于保守拘束、不够创新……所有这些不足，都会对IP的后续发展造成极大的困难，导致后劲不足。

我越来越发现，一个IP能否真正成功，90%取决于第一阶段，所以，IP的基因设计"双能共赋"极为重要。

2. IP的中阶发展：产品化、设计化和社群化

当IP的基础确定和稳定下来，就进入IP发展的第二阶段，在这一阶段，IP可以进入授权产品化、设计化和社群化。

这一阶段对于文创IP来说，是改编影视或游戏、进入衍生产品授权的阶段，当然，对于形象力、情感力特别强的IP来说，不需要进入影视也能完成第一阶段；而对于非文创IP来说，这个阶段就是要取得产品的成功。

产品化是这一阶段非常关键的工作。产品是指实体产品，而不是内容。

设计化是指为开发出产品，一定要做好符号化设计，产品才能真正受欢迎。

社群化是指这一阶段可以形成IP亚文化和IP社群了。不过，这里要提醒一点：成功IP一定需要强运营，但不一定要运营粉丝社群。成功IP的强运营能力，主要应该体现在产品化能力、授权能力以及宣传推广能力。

绝大多数超级IP都没有刻意去建立自己的社群，而是专注于做好内容和产品。社群是核心竞争力的体现，而不一定真的要去管理，除非是这种情况：销售产品的渠道和社群紧密相关，否则，没必要刻意自己做社群。

最关键的还是产品化。我近两年越来越明确：内容IP，在内容初步成功后，最好能依靠核心主产业主力前进，而不只是泛泛地授权，后者往往不持久。

反观全球前50大IP，绝大多数都有1~2个核心产业，不是短线授权，甚至是品牌就是IP，能源源不断地销售产品、推出新产品。

有核心主产业的好处，是主产业的成功能够反哺IP的能量增长，而不只是消耗。

例如，变形金刚、高达主要靠玩具，《精灵宝可梦》《北斗神拳》等主要靠游戏，迪士尼在20世纪50年代就推出了主题公园（那时大多数迪士尼IP还没有开发出来），对迪士尼的IP生态体系帮助极大。

皮克斯的众多作品中，只有《玩具总动员》和《赛车总动员》这两部能

进入全球前50大IP榜单，就是因为这两部作品的玩具产品属性最强，能让IP充分依托于一个主要行业。

我梳理的最可能做强IP的六大聚焦产业，包括游戏、玩具、主题空间（含乐园）、教育服务、日用品（含服饰）、快速消费品（含食品、餐饮）等，可以帮助IP长期做大做强，如图3-45所示。

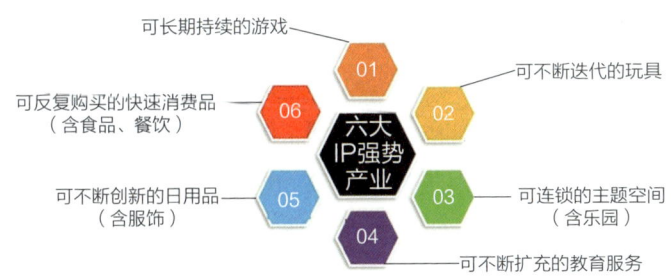

图3-45 IP衍生的主要行业

这六大产业的共同特征是高体验感、高频次和高心理附加值。其中，前三个更具有娱乐性，这在全球前50大IP榜单中能看得很清楚；而后三个更具有实用性，相对隐蔽，却更深入人们的生活。

3. IP的高阶运营：品牌化和生态化

这个阶段的IP就不仅仅是被授权的IP了，一定是在某些行业形成了强大的品牌。这个品牌就是IP的名字或形象，而且已经进入了充分的生态化运作。

迪士尼的IP宇宙是以迪士尼为母品牌，不断发展和创新IP来支撑的，并因此形成了从内容到主题乐园、媒体、产品的巨大生态体系。而其中一些足够强大的IP，例如米老鼠，可以独立授权成为品牌，但更多的还是以迪士尼作为品牌。迪士尼也在构建品牌矩阵，或者叫IP宇宙矩阵，因为它还收购了漫威、《星球大战》等独立的IP。

而Hello Kitty则完全靠一个主体形象，形成品牌化和生态化。这是因为，Hello Kitty是极其少有的超魅力形象，全球能够达到这一级别的IP也只有寥寥数个。

超魅力形象的IP能无须内容和太多积累，直接击中人心最底层，直接激发潜意识情感，是依靠超级强大的"情感定位"做到的。超魅力形象能直接实现长期跨界跨产业。

但是，超魅力形象可遇不可求，即使是很多广受欢迎的形象，其生命周期也未必持久。要过几年才能确认，这个IP形象有没有达到真正超魅力的地步。

因此，最实在的做法是：<u>在内容和形象崛起后，及时找到能长期发展的产业进行聚焦，至少先将一个行业做好、做深，才能确保IP长期可持续地向上发展。</u>

IP的内容影响力总会有所下降，但同时，核心产业的商业力却随着产品系统化和渠道的增强，在不断向上发展。所以，核心产业能有效、长期地支撑IP发展为超级IP，甚至能在全球IP排行榜上占据一席之地。

当进入超级IP后，就能成为一个大生态体系，支撑众多行业的IP授权。超级IP的跨产业发展类别如图3-46所示

图3-46　超级IP的跨产业发展类别

IP发展的这三个阶段是从产业发展角度衡量的，不是每个IP都能成为超级IP。但是，只要是一个不错的IP，有好看的内容，有一个核心行业做长期支撑，至少是一个能成功的IP。

让我们再回到IP的情感本质，看待IP的三个阶段，如图3-47所示。

孵化IP的情感发展三步骤：

种子期：
深层次情感定位

发芽期：
浅层次情绪爆破

成长期：
构建IP自我情感

图3-47　IP成长的情感之树

在IP的种子期，一定要做好强有力的深层次情感定位；在发芽期，通过抓住社会的浅层次情绪爆破，形成IP爆款；在成长期，通过不断打磨、完善、强化，像构建一个生命一样，构建IP的自我情感。

IP情感发展三步骤的第一阶段和第二阶段都处在IP产业化的第一阶段（从0到1），情感发展的第三阶段其实在IP产业化的第二阶段（从1到10），到产业化的第三阶段（从10到100）时，IP的情感构建已然成熟。

再红的IP，都会有春、夏、秋、冬

不少描述IP发展过程的文章都对IP的发展和成功理解得有些轻率了，仿佛IP只需要经过培育、爆发、价值长期变现这一简单过程。其实IP孵化成功远远没这么容易。

从自己的亲身IP实践经验，到对各种成功IP的观察，我认为IP就像一个生命体，不只有孕育成长期、爆发期、收获期，其实还有消退和枯槁期，如同一株生命之树，必然要经过大自然的春、夏、秋、冬，如图3-48所示。

IP的生命体发展会经过的春、夏、秋、冬分别是：

春：在IP的萌发到爆发之间，最好是经过符号化的设计，否则无法在爆发期后享受到足够的价值变现。

夏：在IP价值的第一波变现时，已经可以符号化跨产业。（其实IP的价值变现未必要等很长的时间，反而与内容的特色和符号性是否强有很大关系。）

图 3-48　IP 的发展生命周期

秋：花无百日红，一个 IP 总会进入消退和枯槁期，这时 IP 必须蛰伏和休养生息，等待新的机遇来临。这也是修炼内功、酝酿新价值的时候。

冬：等到新的时机来临，通过新的创造、注入新的价值，IP 才会迎来新的春天，实现新一轮发展。

IP 文化本身就是生命体，春、夏、秋、冬……又一春是 IP 必然要经历的过程，所以，冬天的来临对 IP 来说是不可避免的，只是不同的 IP 消退程度不一样。不经过一两次消退和枯槁期，不经历数次的新价值再造，IP 是不可能发展为超级文化符号的。

> 孵化 IP 需经历与忍受煎熬期，
> IP 需要周期性创新以注入新活力。

IP 需要不断"破圈"

IP 的成功与发展往往取决于两个关键因素。首先，IP 本身是否能够引发广泛的人群共情效应，这决定了其情感传播的潜力；其次，IP 的圈层是否具备足够的热情度，能够触发社会话题的广泛讨论和符号传播。

一个成功的 IP，通常会经历从"建圈"到"破圈"的过程，如图 3-49 所示。

以下是 IP 圈层的详细划分及其作用。

1.深粉圈

这是IP的核心圈层，成员对IP有着狂热的喜爱，并且愿意通过各种行动表达支持，例如购买周边、参与线下活动、进行二次创作等。深粉圈是IP的坚实基础，该圈层成员的热情和忠诚是IP能够立足的关键。

2.浅粉圈

浅粉圈的成员同样喜欢IP，但他们的热情相对较低，行动表现也不如深粉圈积极。尽管如此，浅粉圈的存在为IP提供了更广泛的受众基础，是IP向外拓展的重要缓冲地带。

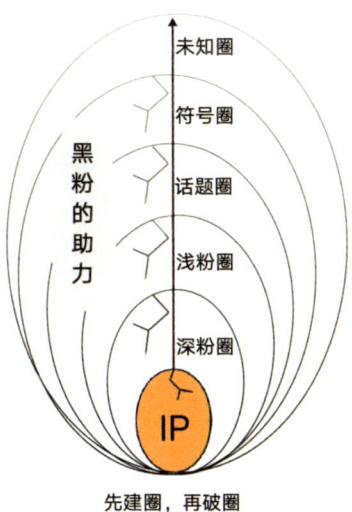

图3-49　IP的圈层与破圈

3.话题圈

话题圈是IP能否成为爆款的关键圈层。这个圈层中既有粉丝，也有"黑子"和路人，他们的共同特点是热衷于讨论和传播话题。如果一个IP能够在这里引发广泛讨论，其话题性将迅速扩散，进而推动IP的破圈。

话题圈的左侧是一个特殊的区域——"黑粉的助力"。黑粉并非IP的支持者，他们可能出于对IP的反感或对其他IP的忠诚而进行攻击。然而，黑粉的存在往往能引发更多关注和讨论，从而在一定程度上推动IP的传播。当然，IP自身必须具备过硬的实力，否则可能会被负面情绪淹没。

4.符号圈

符号圈是IP影响力的外围圈层，主要依靠符号传播。在这一圈层中，大多数人并未深入接触过IP的具体内容，但他们能够通过IP的符号（如标志、形象、经典台词等）感受到其存在。符号的辨识度和曝光度是IP能够被广泛认知的关键。如果一个IP没有符号性，那么它很难在更广泛的受众中被识别和传播。

5.未知圈

未知圈是IP影响力尚未触达的区域，代表着IP的潜在拓展空间。未知圈的存在意味着IP仍有机会通过创新和传播策略进一步扩大其影响力。

一个成功的IP通常会经历以下发展路径：

（1）建圈　通过共鸣和价值输出，吸引核心粉丝群体，建立深粉圈和浅粉圈。

（2）深耕　在核心圈层内持续输出优质内容，增强粉丝的黏性和活跃度，巩固粉丝基础。

（3）破圈　当圈层基础稳固后，通过优质内容和策略性传播，引发话题圈的广泛讨论，借助符号传播进入符号圈，最终实现从小圈层到大众圈层的跨越。

（4）拓展　持续探索未知圈，寻找新的受众和市场，进一步扩大IP的影响力。

总之，圈层的构建与运营是IP发展的关键。从核心圈层的精准聚合，到通过口碑传播和话题性实现破圈，再到符号传播的广泛认知，IP的每一步都至关重要。这种从"建圈"到"破圈"的过程，不仅体现了IP的传播逻辑，也是其成功的核心路径。

破圈是"小众狂欢，大众围观"

"破圈"现象是指事物通过特定事件，在社会群体中以能量流动的形式加速传播并突破原有边界。这种现象不仅局限于人物、议题或故事，更是一种人与人、群体与群体之间的能量传递与共鸣。

破圈并非偶然，而是内外因素共同作用的结果。具体而言，破圈需要满足以下三个关键条件：

1. 内容对核心粉丝的热情激发

IP或事物必须能够深刻触动核心粉丝的情感，激发他们的热情与忠诚。这种内在动力是破圈的基础，它决定了IP能否在核心圈层中形成强大的凝聚力和传播力。

2. 传播中的频密接触

通过高频、密集的传播触达普通粉丝，保持他们的关注度和参与度。这种持续的曝光和互动为破圈奠定了坚实的基础，使IP能够在更广泛的受众中建立初步的认知和兴趣。

3. 外部趋势与事件引发的大众好奇

当外部环境或突发事件引发大众路人的好奇与关注时，这些外在因素成为推动 IP 或事物跨越圈层的关键。这种外部契机能够迅速扩大 IP 的影响力，使其突破原有的圈层限制。

当内容的内在吸引力（内因）与外部环境的契合度（外因）同时到位，便会形成"天时、地利、人和"的有利条件。核心粉丝、普通粉丝、路人粉、围观者等不同圈层逐层围绕，IP 或事物的影响力便会突破原有的圈层限制，实现从"建圈"到"破圈"的飞跃。

这一过程不仅体现了传播的逻辑，更是 IP 或事物成功的关键路径。

破圈案例：潮玩盲盒

盲盒潮玩 IP 的发展历程是"建圈"到"破圈"路径的典型范例，生动展现了从小众兴趣到主流文化、从本土潮流到全球现象的跨越式增长。以下是其发展阶段的详细梳理。

1. 建圈：初创阶段（2017 年以前）

在盲盒潮玩的起步阶段，其受众仅限于一小群对潮流文化和惊喜体验充满热情的核心爱好者。这些先行者通过不断尝试和分享，自然形成了最初的圈层。泡泡玛特等商家凭借设计独特和主题丰富的产品，成功激发了这群核心粉丝的热情与忠诚，奠定了潮玩文化的坚实基础，形成了第一圈层。

2. 破圈：圈层扩大与文化形成（2017—2020 年）

（1）2017 年国际潮玩展的推动　泡泡玛特通过举办首届国际潮玩展，借助群体效应吸引了更多潮流玩家，圈层开始迅速扩大。潮玩逐渐发展成为一个独立的亚文化，形成了第二圈层。

（2）多元化发展　随着潮玩 IP 的不断涌现，每个 IP 都围绕自身形成了独特的小文化圈层，吸引了更广泛的社会关注。电商平台（如天猫）敏锐地捕捉到了这一趋势，设立专门的潮玩类目，这标志着潮玩逐渐摆脱了儿童玩具的标签，成为以年轻人为核心的新兴行业。

（3）社会关注的提升　到 2020 年，潮玩盲盒已成为社会热点，主流媒体和自媒体频繁报道和讨论，形成了第三圈层。即使是不参与购买的普通大众，也成了潮玩文化的围观者，进一步扩大了其影响力。

3. 行业整合：成熟与生态构建（2021—2023年）

（1）行业领军地位　泡泡玛特的上市，不仅是潮玩行业成熟的标志，更使其成为中国新消费行业的领军者，引领了整个行业的发展方向。

（2）生态系统构建　潮玩市场不再是一家独大的局面，众多资本纷纷入场，潮玩连锁店如雨后春笋般涌现，个体设计师和IP运营者也纷纷加入，形成了多元化的产业生态，推动了整个行业的蓬勃发展。

4. 国际化扩展：全球突破

泡泡玛特积极布局海外市场，在美国、英国、法国、西班牙、日本、韩国、新加坡、泰国、马来西亚等国家的都市中心开设门店。这一举措不仅提升了中国品牌在国际市场的形象，更掀起了全球范围内的潮玩热潮，实现了从本土到全球的跨越。

盲盒潮玩IP的成功，归功于其精准的圈层构建与运营策略。通过激发核心粉丝的热情、实现传播扩散以及契合外部趋势，盲盒潮玩逐步实现了从小众到大众、从国内到国际的跨越。这一从"建圈"到"破圈"的过程，不仅体现了潮玩IP的传播逻辑，更为消费文化和潮流趋势的演变提供了生动的典型案例。通过这一过程，我们清晰地看到了潮玩IP及潮玩产业经历了三个显著的发展阶段：从核心圈层的精准聚合，到通过口碑传播和话题性实现破圈，再到借助符号传播和全球化布局，最终成为主流文化中不可或缺的一部分。

3.6　引领之道：王宁的潮玩IP心路

中国是全球潮玩产业的领导者

潮玩虽起源于日本，但真正将其发展为产业化规模且引发全球消费狂潮的是中国本土品牌。在中国这片充满活力的热土上，潮玩产业不仅迎来了蓬勃发展的黄金时期，还成功进军海外市场，掀起了全球范围内的消费热潮。

长期以来，人们普遍认为中国产品"走出去"往往只能走低价和跟随者的路线。然而，中国潮玩产业的崛起彻底打破了这一偏见。凭借创新文化和独特的商业模式，中国潮玩品牌不仅在全球市场占据高地，更成为时尚潮流的引领者，而非单纯的跟随者和模仿者。

泡泡玛特、名创优品、52TOYS等中国本土潮玩品牌纷纷在海外布局，从美国、英国、法国、西班牙、澳大利亚，到日本、韩国、泰国、新加坡等国家，当地消费者热情高涨，纷纷排队购买新款潮玩盲盒。这一盛况不仅复制了国内的成功模式，还在海外市场实现了排长队购买、收藏交换以及二手市场价格的持续上涨。

据泡泡玛特创始人王宁公开透露，泡泡玛特的海外销售量已超过国内销量，占比达到50%以上，这一成就令人瞩目。泡泡玛特的海外扩张策略尤为成功，其通过与当地艺术家合作、推出限定产品以及参加国际潮流展会等方式，迅速赢得了海外消费者的青睐。例如，泡泡玛特在泰国推出的IP CRYBABY，以及在北美推出的IP Peach Riot，都取得了巨大成功。

泡泡玛特的全球化战略不仅体现在渠道拓展上，还通过提升产品和服务质量，满足不同市场的需求。其海外业务的高毛利率显示出其在国际市场上的竞争力和盈利能力。2024年，泡泡玛特在越南、印度尼西亚、菲律宾、意大利、西班牙等国家开设了首家线下门店，并在全球多地的地标性位置成功开设了特色主题店与旗舰店，进一步增强了国际影响力。

此外，名创优品的海外扩张速度也不容小觑。截至2025年4月，名创优品已在全球112个国家和地区构建了7780家门店的庞大零售网络，其中海外市场超3000家。其在印尼雅加达的顶级商业区Central Park开设的全球最大门店，开业首日销售额便突破118万元，刷新了自身最高纪录。

中国潮玩品牌的成功，不仅在于其商业成就，更在于其文化输出的价值。通过将中国传统文化元素融入潮玩产品，中国潮玩品牌不仅在国际竞争中实现了差异化，还将中国优秀文化符号带向世界。这种"文化出海"模式，不仅提升了中国品牌的国际形象，也为全球消费者带来了全新的文化体验。

作为多年好友，我见证了泡泡玛特从初创到全球扩张的全过程。泡泡玛特的成功，不仅是商业上的胜利，更是中国文化产业在全球崛起的象征。

在泡泡玛特上市之前，我曾与创始人王宁有过一次极为深入的交流。在这次对话中，王宁详细分享了泡泡玛特从无到有，逐步成长为潮玩IP标杆的全过程，如图3-50所示。他深入讲述了从决定全力布局潮玩到开拓并定义潮玩市场的每一个关键抉择。这次真诚的交流不仅揭示了企业发展的关键节点，更展现了创新与坚持背后的深度思考。

图3-50　王宁与本书作者

以下是我们那次深度对话的完整记录。其中的洞见与经验，值得每一位IP开发者和企业家细细品味与深入研究。

✓将艺术与商业结合

陈格雷： 能否谈谈泡泡玛特创立至今发展的几个关键节点，尤其是聚焦到潮玩领域的思考过程？

王宁： 从表面上看，泡泡玛特的商业模式经历了多次调整：最初从潮流杂货起步，再到百货模式，随后削减部分品类、砍掉大量SKU，最终聚焦到潮玩领域。但实际上，我认为核心的东西从未改变。因为我从小到大一直对两件事充满热情：艺术和商业。我本科学的是广告学，所以我所做的始终围绕艺术与商业展开，只是越来越聚焦于一个更具体的领域。但真正热爱的东西始终如一。

陈格雷： 你其实是把艺术品成功打造成了大众消费品。

王宁： 我非常认同前段时间听到的一句话："艺术和商业设计的区别在于，艺术追求独特性，而商业设计追求普遍性。"换句话说，艺术更像文科生的领域，而设计的普遍性则是理性的，商业更是需要计算的。我们所做的，就是用理科的思维，将一些独特的东西变得普世化、大众化，这正是我一直寻找的平衡点。

陈格雷： 很多人都非常惊讶，包括我在内，你仅用短短几年时间就突破了行业天花板，将原本小众的艺术品变成了大众消费品。你是如何做到的？

王宁： 首先，中国市场的规模足够庞大，任何一件小众的事情都有可能变得巨大。其次，我认为人的需求是可以不断被挖掘的，有时连你自己都不知道自己有各种各样的需求。例如抖音，这种需求在之前是不存在的，但短视频的需求却可以被不断挖掘和放大，商业模式也可以不断深化。关键在于如何把握每个时代的人群，洞察背后的社会现象和心理需求，并满足他们。

陈格雷： 那么你看到了什么？你是如何预见到潮玩可能的爆发性？

王宁： 我们的大方向一直很明确，企业的理念始终是创造潮流、传递美好。人们对追求满足感和快乐的需求是无止境的。而选择潮玩作为载体，首先是因为它并不是一个全新的事物。在日本，手办文化和扭蛋文化已经流行多年，并且市场规模庞大。其次，中国的制造业经过多年发展，已经具备了强大的生产基础，长期以来都在承接日本、美国等国家的订单。因此，我们有信心将原本小众的事物变成大众化的产品。

陈格雷： 你几年前和我详细解说过 Sonny Angel（一个源自日本的超人气盲盒品牌），这是潮玩的 1.0 阶段。而现在泡泡玛特的发展已经远远超过当初了。

王宁： 我给你讲个故事：20世纪六七十年代，日本推出了一款新的球鞋，现在叫鬼冢虎。当时有一个美国经销商特别喜欢这款球鞋，主动去日本求代理权，想用一己之力在美国将这款球鞋热卖起来。

但日方后来却不想将这款球鞋的独家美国经营权给他，这个美国人只得自起炉灶，研发出了完全属于自己的新潮球鞋品牌，获得了更大的成功，这个球鞋品牌就是 NIKE。

我现在正在走的就是 NIKE 当年的路，既然拿不到 Sonny Angel 的独家代理权，那就找到真正属于自己的 IP，而且要做得更好。

陈格雷： 你这么一说，泡泡玛特做的事和 NIKE 确实有些相像。NIKE 也有属于自己完全的 IP，例如 AIR JORDAN。

王宁： 很多中国做产品品牌的人，虽然表面上会说要学习 NIKE，但实际上内心并不真的觉得自己能做成，所以在实际操作时还是会走低价、倾销来抢走市场。而我是真正相信文化价值和艺术力量，也真的想做成一个不靠低价、不靠降价，靠文化艺术来成功的零售企业。

✓ 王宁做对的四件事情

陈格雷： 你觉得泡泡玛特做对了哪几件事？

王宁： 我们做对了四件事。

第一件事，是帮助艺术家将潮流玩具进行工业化改造和商品化改革。改革后，无论从品相、销售方式还是价格上，产品都更适合大众，更加标准化。这是将潮流玩具推向普罗大众的重要方式。

第二件事，是将潮流玩具的目标受众从男性转向女性。以前的潮流玩具多以男性需求为主，例如机甲、钢铁侠、恐怖怪兽等，这些都是男生喜欢的类型。我们发现女性市场存在空白，潜力巨大，于是进行了战略调整，专注于开发女性喜爱的产品。

陈格雷： 多年前我参加了一个潮玩玩家聚会，10个人里只有一个女性。

王宁： 是的，以前的潮流玩具确实以男性群体为主。我们通过调整，填补了女性市场的空白，这也是我们做对的第二件事。

第三件事，是泡泡玛特的渠道优势。我们的店铺开在一线城市的核心购物中心，这些地方是潮流人士和KOL（关键意见领袖）经常光顾的地方。通过这些渠道，我们让喜欢逛街的年轻人快速接触到潮玩文化，并形成传播效应。我们相当于把潮玩亚文化直接带入了主流文化的视野，通过渠道优势进行宣传和推广，实现文化传播。

我们还做了更多事情，例如举办潮玩大展、建立线上社区。我们不仅在卖潮玩，更肩负起在中国推广潮流玩具文化的使命，这是非常重要的一步。

陈格雷： 因为你的店开在潮流前线，你能敏锐地感知市场变化。

王宁： 也不全是。基本的商业触觉肯定有，但更重要的是如何将这种商业触觉与文化相结合。这需要对行业的重新思考和对文化的深刻理解。我觉得关键在于，我们虽然是圈外人，但却对圈中事和圈中人进行了重新再造和改革。

陈格雷： 这是最关键的突破点，你能具体描述一下吗？

王宁： 我觉得这当然也有运气成分，但更多的是我的商业直觉。从创业到现在，我经常会有一些直觉，觉得某件事能成。例如2015年，当时什么都没有，Molly的行业的潜力都还没有显现，但直觉告诉我这件事能成。

从2015年年底开始，我们搭建了葩趣潮玩社区平台，那时Molly的盲盒都还没推出，我们只是一个偏零售的团队。我们做了一个冒险的决定，砍掉所有其他品类，告诉团队成员，从今天开始，只做潮玩这一个品类。

陈格雷： 做这个决定真的需要很大的勇气。

王宁： 但我并不觉得之前的路是白走的。如果没有从2008年开始学习零售业的相关知识，没有积累开店的经验，零售业对我们来说就像一个"定海神针"。在那之前，我们很苦恼，虽然每天把产品亲手交给消费者，但总觉得与消费者距离很远，因为我们卖的是别人的产品，只是一个超市式的渠道方。

我们感觉虽然离消费者这么近，但内心又离得很远，总觉得事情不对。我们想做的事情都无法实现，新理论（如消费者管理、互动沟通、人—货—场等）都用不上。但当我们转型到潮玩后，发现这些理论都能用得上，粉丝经济、社区文化等都能发挥作用。这很重要，也很有价值。未来，这一定比单纯卖货更有价值，也会带来更多机遇。

陈格雷： 我插一句，其实不只是粉丝经济和社区文化，你还把IP的运营权牢牢掌握在手中。以Molly为例，你将整个IP的各种权益和产业链都统一整合起来。

王宁： 确实如此。就像当年阿里巴巴为了更好地卖货而创建了支付宝一样，当时的潮玩产业几乎是一片空白。天猫上甚至没有潮玩这个类目，百度上也没有关于潮流玩具的百科介绍。人们对潮玩的认知几乎为零，当我告诉别人我是卖潮流玩具的，他们往往以为是卖给小朋友的玩具。整个社会对潮玩的认知是空白的。

在这种情况下，我们不得不自己搭建整个产业链的基础设施，无论是渠道、工业化生产，还是从供应链、3D设计开发到产品生产，整个链条都没有人做。如果我想做，就只能自己动手。正是因为产业不成熟，我们才必须自己做起来，把所有"脏活、累活、苦活"都自己干了。而这些努力最终反而成为我们的核心壁垒。

陈格雷： 这很像当年汽车时代刚开始时，福特汽车凭借一家公司的力量，用流水线大规模作业取代了传统的个体手工制作，让汽车从奢侈品变成了普通家庭的实用工具。

王宁： 没错。整个潮玩产业链的中间环节都是我们自己打通的。渠道是全直营，完全可控；潮玩展会也是我们自己组织的；供应链的工业设计开发和代加工也都在我们掌控之中。我们整合了整个链条。

陈格雷： 我们继续说你做对的第四件事。

王宁： 第四点是"天时地利"。中国刚好赶上"80后""90后"长大后成为社会主流。他们热爱的东西，很多在父辈眼中是亚文化。当他们成为社会的消费主力军后，就会把很多喜爱的亚文化带到主流文化面前，这是一种"天时"。

而"地利"则是中国的经济发展。随着多年改革开放，人们的收入水平不断提高，不再满足于基本的温饱需求，而是追求更丰富的精神生活。很多年轻人开始购买那些看似"无用"的东西，例如潮玩，来满足自己的情感和审美需求。

✓ 举办潮玩大展

陈格雷： 你曾经提到潮玩大展对潮玩产业的发展非常重要，是几年前开始做的？

王宁： 第一届潮玩展是在2017年举办的。

陈格雷： 你曾说潮玩展是一个里程碑。

王宁： 是的，它对于推动整个潮玩行业的文化发展具有深远的社会意义。之前，人们去泡泡玛特的门店看潮玩，感受可能没有那么强烈。但当一个1万平方米甚至2万平方米的大型场馆汇聚了来自世界各地的众多艺术家和丰富多样的艺术作品时，再加上每次展会吸引几万人前来，这种氛围所营造的文化感是非常震撼的！它让人们真正感受到潮玩文化的魅力和力量。

陈格雷： 我记得第一次在北京参加潮玩展时，还没入场就感到非常震惊。外面排着几百人的长队，因为场内人已经满了，需要限制人流。进去之后，看到各个摊位前也排满了人（见图3-51）。

王宁： 是的，这里面蕴藏着巨大的商机，只是其他人还没有发现而已。

陈格雷： 举办这么大规模的展会，难道不觉得有风险吗？

王宁： 我觉得从小到大，我就是一个敢想敢做的人。只要我脑海里有了想法，我就会去尝试。

陈格雷： 这个世界上敢想敢做的人很多，但大多数人都失败了或者走错了方向。你只是单纯地凭借勇气去尝试，还是对展会的成功有一定的预判？

王宁： 在举办大规模展会之前，我们已经尝试过一些小型个展，当时就有很多人排

图3-51　本书作者与Molly作者Kenny在第一届潮玩展的合影

队。此外，我们还去过其他国家和地区，例如泰国、韩国，以及中国香港和台湾地区，发现那里的潮流玩具展已经非常火爆，人山人海，而且60%以上都是来自内地的中国人。

我就想，既然他们愿意跑到泰国去购买，那为什么不在中国本土就把大家的需求解决掉呢？所以我们很有信心，这个机会是实实在在的。

✓ **潮玩IP的精神内涵**

陈格雷： Molly这个IP是中国潮玩爆发的最大发力点，你觉得她为什么这么受欢迎？

王宁： 首先，这要归功于Molly的创造者Kenny。他拥有源源不断的创造力，能够持续创作出极为优秀的作品。第一代Molly是一个撅起嘴、很拽的小画家，懵懂的湖绿色眼睛充满了对世界的好奇心。此后，Kenny对Molly进行了无穷无尽的创作，让她代表了女生的无限可能和各种梦想。而我们的团队也配合Kenny做了很多辅助工作。

陈格雷： 我觉得Molly能成为超级爆款IP，是因为在设计上做出了极多的创新，结合了各种经典文化元素，从星座、公主、花童到《西游记》、宫廷、

西部牛仔等，极其丰富，情感力也极为充沛。

说到这里，我想起你曾打过一个比喻，说你不只是把潮流玩具当成艺术品，还当成冰激凌在卖。能详细阐述一下吗？

王宁：冰激凌只是一个比喻，我们还可以把它理解为巧克力、鲜花，总之是那些看起来不像刚需的东西。其实这是一种巨大的需求，一直存在，只是形式不同。这种需求是无限的。

可能我们每个人，常常都想要给自己一场对话。我看你的朋友圈，你也说过："人会莫名其妙地感到孤独，也会莫名其妙地疯狂喜欢一样东西。"这和我们讨论的话题很像。

当你感到孤独，或者需要一些精神上的满足感时，你会发现你需要一些短暂的快乐，或者一些玩具来让自己开心。这就像小朋友一样。我们所有人都会回到一个原点，回到一个小朋友的状态。

陈格雷：就是当人们得到这些玩具时，会得到一种快速的快乐或快感，并且回到童年？

王宁：为什么给你一个这样的玩具，你就会觉得很开心呢？我前一段时间有一个很有趣的经历。阿根廷驻华大使邀请我去大使馆吃午餐，因为他也是Molly的粉丝。他是一位60多岁的老人，我问他为什么喜欢买这个东西。他说，当他是小朋友的时候，家长和老师教育他不能像个孩子一样，不能这么幼稚，不能玩物丧志。他们总是说："你一定要怎么样怎么样。"也就是说，当我们是孩子的时候，家长不希望我们像个孩子；当我们长大后，就更不能像个孩子了。但现在，他想回到简单的生活，他觉得自己还是个孩子。我们将这称为"回归童真"。其实每个人心中都住着一个孩子。

所有人内心都有渴望保留纯真、追求简单快乐的一面。不仅是女生，男生也一样。很多男生会跑到网吧去打CS或者《王者荣耀》，这和我们小时候玩《魂斗罗》《超级马里奥》有什么区别呢？其实都是一样的。

✓盲盒是零售娱乐化

陈格雷：这种"玩"的感觉，盲盒是不是起到了很大的作用？

王宁：我觉得盲盒只是一个工具。要理解它，我们需要回到零售的本质。

我们做了这么多年零售，我的理解是，随着中国的发展，人们已经过了只有刚需和解决温饱的阶段。现在大家都在提"新零售"，如果让我来解题，所谓的新零售其实就是零售的娱乐化。

让我们回到20世纪80年代，那时什么是零售？很多人从未见过牛仔裤，有人从广州背一包牛仔裤过来，往地上一摆，大家蜂拥而上抢购，然后再去广州背音响、背各种东西过来。因为需求从未被满足，所以一旦出现就迅速被满足。

但现在的问题是，你已经有无数条牛仔裤，市场上也有无数个品牌在卖牛仔裤，那你如何让人们再买一条牛仔裤呢？这是整个零售业面临的难题。

我们解决这个问题的方式就是零售娱乐化，即从单纯销售商品转变为销售情感，从传递货物转变为传递娱乐。例如，很多人拆盲盒时，本来想买的是一个物质产品，但拆开的那一刻，他们可能会感到惊喜、沮丧、开心或失落。你会发现，他们买的其实是一种心情。这是一种除了物质层面的情感属性，我们希望通过盲盒这种形式，从销售商品转变为销售情感。我们还在不断探索更多类似的逻辑。

陈格雷：你们还在探索更多销售情感背后的逻辑？

王宁：是的。我去年去欧洲参加了一门奢侈品课程，在法国，一位LV的高管提出了一个问题：为什么LV很少打折，甚至不能打折？很多人给出了各种自认为合理的解释。但LV高管的回答是："你要明白，奢侈品的本质是'创造一个梦想，并帮你守护它'。"

奢侈品的本质，第一是创造梦想，第二是守护这个梦想。如果你花3万元买了一个包，突然有一天它打折到500元，虽然还是那个包，但你可能就不想买了，因为你的梦想被打破了。

这个"梦"其实就是刚才提到的情感价值。它不是刚需，而是附加在商品上的情感属性。品牌的背后，通过故事、营销等手段，将情感附着在产品上，从而赢得你的认可。

✓泡泡玛特的购物氛围：欢庆

陈格雷：每次进入泡泡玛特的店铺，我都会感受到一种独特的氛围，和其他零售店不太一样。你是怎样做到这一点的呢?

王宁: 我会用四个词来表达我想要达到的状态:Peace(宁静)、Love(喜爱)、Enjoy(享受)和 Celebrate(庆祝)。

Peace 就像一个人站在森林里或者海边,感受到内心的平静。在这种状态下,你不需要花钱,只是欣赏大海或森林,它们与商业无关,但你的内心已经得到了平静。

Love 就像海边有一家小咖啡馆,你可以坐下来喝一杯咖啡或茶,这是一种生活方式,但需要消费。

Enjoy 就像海边还有一家酒吧,你可以去喝两杯啤酒,吃一顿晚餐,这是一种更放松、更愉悦的体验。

而 Celebrate 则像是你把所有朋友请到你的生日派对上。同样是海边,但这四种状态的感受和氛围是完全不同的。

我觉得 Celebrate 这种状态很容易让人产生消费欲望。再举个例子,你在大街上或者商场里看到迪士尼的产品,虽然你认识它,知道它的 IP,但你的购买欲望可能并不强烈。但如果你进入迪士尼乐园,再看到这些产品,感受就不一样了,因为迪士尼乐园营造了一种"庆祝"的氛围。这种氛围带来的商业魅力是巨大的。

✓ 泡泡玛特的用户画像

陈格雷: 请再简单介绍一下泡泡玛特的核心用户画像。

王宁: 泡泡玛特潮玩的购买者中,75%是女性,核心人群年龄在18~35岁,其中购买最多的集中在二十六七岁。这些用户通常具备一定的消费能力,热爱生活,追求新潮流。

陈格雷: 你现在的 IP 布局是怎样的?

王宁: 在 IP 布局上,我们并不追求数量,而是注重质量,这有点像艺人经纪。我更希望签下更多像周杰伦、王菲这样具有强大影响力的 IP。

陈格雷: 我认为商业也需要独特性,IP 必须有独特的定位和形象,才有价值。

王宁: 没错,否则真的没有价值。

陈格雷： 目前主要的IP有哪些？未来还有哪些计划？

王宁： 目前主要的IP有Molly、Pucky、Labubu等。Pucky的主创者是Molly主创Kenny的徒弟，是一位在中国香港出生、在加拿大长大的女性艺术家；Labubu的主创是一位在中国香港长大、在比利时接受教育的艺术家。在潮玩领域，香港艺术家的表现非常出色。此外，我们还与来自韩国、英国、日本等国家的一流艺术家合作，拥有众多优质IP。

我们也在与许多知名大IP合作开发潮玩，例如迪士尼、三丽鸥、环球影城、《宠物小精灵》《火影忍者》《初音未来》《王者荣耀》《全职高手》《哈利·波特》等。在这些头部IP的合作项目中，有些已经上架，如迪士尼系列，销售表现非常出色；其余也将陆续推出。

陈格雷： 再谈谈IP的整体运营吧。有些IP你是整体拿下的，在潮玩之外，你还会怎样经营？

王宁： 我觉得现在的状态还是要克制，对IP的发展要保持克制。其实，我们以前也卖过很多衍生品，但我们并没有大规模铺开。那些衍生品的制作其实比潮玩更简单，我们完全可以把IP印在杯子、本子上，做一些简易的衍生品。但我们目前都没有做，因为我们觉得需要足够的克制。

创业是一个系统化的工程。苹果的成功很大程度上源于其自我克制，而有些创业公司则是通过品类扩张取得成功的，例如京东。但即使在扩张过程中，京东也保持了自我控制，比如它就没有涉足社交领域。

✓ 王宁的核心特质

陈格雷： 你觉得自己最核心的特质是什么？

王宁： 你觉得我是个怎样的人呢？咱俩认识这么多年了。

陈格雷： 我很早就这样向朋友描述你：在所有懂艺术的人当中，你是我见过的最懂销售的人。这是我对你印象最深刻的地方。

王宁： 如果要总结自己，我还是回到原点。我从小最感兴趣的事情就是艺术和商业。商业是理性的，艺术是感性的。如果用一句话概括我自己，那就是：用理性的方式去做感性的事情。

我能够静下心来，愿意花10年的时间，踏踏实实地去做一件事情。我们常说要尊重时间、尊重经营，我自己觉得我还是有耐心和毅力去做一场10年的长跑，不受外界的影响。这一路过来，有多少人给我指"歪门邪道"，但其实很多人并不懂真正的商业。我还是能够静下心来，认准自己认为对的路，然后花10年的时间去坚持。

总之，太理科生的东西我不喜欢做，而太天马行空、太文科的东西也不是我的风格，那太理想主义了。我要做的就是结合这两者。

✓ 未来的泡泡玛特

陈格雷：最后一个问题，如果让你描述三五年之后的泡泡玛特，你会觉得是一个怎样的局面？

王宁：我们希望能够成为全球领先的潮流文化公司，而不仅仅是一家潮流玩具公司。未来，我们不排除会涉足内容创作、娱乐等领域。

未来的发展可能会走向两个方向：一方面，我们会继续深耕，探索更多能够满足大众需求的产品和服务；另一方面，我们会助力艺术家向更高的艺术层面迈进，推动潮流文化与艺术的深度融合。

陈格雷：你有没有一个想对标的目标？

王宁：我的对标目标是迪士尼。很多人可能会怀疑，一个卖潮流玩具的公司怎么可能成为像迪士尼那样的企业？但我对迪士尼的理解与别人不同，我也坚信这是有可能的。（说到这里，王宁的眼睛闪烁着光芒。）

最后，我总结一下王宁关于潮玩产业和潮玩IP开发的主要观点：

第一点：**潮玩IP的根本价值在于个人艺术家的心灵创造。**

很多人忽视了这一点，认为只要潮玩够可爱，或者直接用偶像明星的形象做潮玩就行，但这些往往难以长久。王宁强调，泡泡玛特始终坚持寻找真正优秀、独特且富有心灵触动力的个体艺术家的作品，并以此为基础打造潮玩盲盒。这种基于艺术的创作才具有长久的生命力和艺术感染力。因此，泡泡玛特一直致力于推广个人艺术家，让他们将有趣的灵魂发挥到极致（图3-52）。

第二点：小 IP 往往比大 IP 更受欢迎。

这是王宁在泡泡玛特全力投入潮玩时就坚信的观点。小 IP 是指那些知名度不高但优质，仅在小众圈子里受欢迎的 IP。王宁认为，这样的 IP 更加纯粹，而泡泡玛特的渠道能够将其能量充分放大。对于小 IP，买家往往更有热情，愿意陪伴它从小众走向大众。相比之下，大 IP 由于知名度高，授权产品分散，未必在潮玩领域更有优势。许多小 IP 由于专注，在潮玩上反而更具竞争力。当然，泡泡玛特在发展壮大后，也与许多知名大 IP（如《哈利·波特》《迪士尼》等）合作推出了盲盒，销量同样出色。但总体而言，泡泡玛特的核心始终是艺术家的小 IP，并且不断推出新的艺术家作品，丰富 IP 阵营。

图3-52　泡泡玛特的IP矩阵

第三点：潮玩 IP 提供的情绪价值是"回到童年"。

王宁指出，潮玩 IP 的主要购买者是女生和有童趣的成年人，原因在于他们希望通过潮玩回到童年，寻找简单的快乐。每个人心中都住着一个孩子，渴望保留内心的纯真与简单，追求那种"小确幸"。这种情感需求不仅存在于女生中，男生和中年人也有同样的渴望，这是人类的天性。这也是为什么潮玩 IP 看起来天真、童稚，却主要由成年人购买，它们满足了成年人对童话的向往。

第四点：潮玩 IP 的精神内核是面向全人类的普世人性。

既然潮玩 IP 的核心是回归童年和天性，那么好的潮玩 IP 就应该具有全球通用性，而不是局限于某一区域的价值观。王宁强调，要相信全世界人类的人性是共通的，情感是相连的，喜爱是无界的。这才是开发潮玩 IP 的正确方向。艺术家的作品应该能够触动全人类的心灵，而不仅仅是某一特定群体。

3.7 成功之道：如何评估IP

在阐述了IP孵化的各种原则和方法后，本节来讲一讲IP的评估方式。

如何评估一个IP的成长潜力？什么样的IP更有可能成为超级IP？

现在的IP评估基本以流量数据为主，不是软实力评估。而偏偏IP的本质是软实力，是文化，是心理。所以，流量数据能体现的只是现状和过去，无法真正评估出IP的未来。

真正能评估出IP实力的，应该是这两大指数：情感共鸣度与文化共识度。

IP实力两大指数：情感共鸣度与文化共识度

情感共鸣度包括情感定位的深度、情感的温度以及共振的和谐度，在本书原理篇的双能共赋中有详细介绍，也与IP孵化原理中的情感内核、IP角色和人的情感关系息息相关。

文化共识度包括IP背后文化母体的广度和强度以及IP自身的亚文化影响力，与IP孵化原理中与文化母体、世界观、文化符号设计息息相关，如图3-53所示。

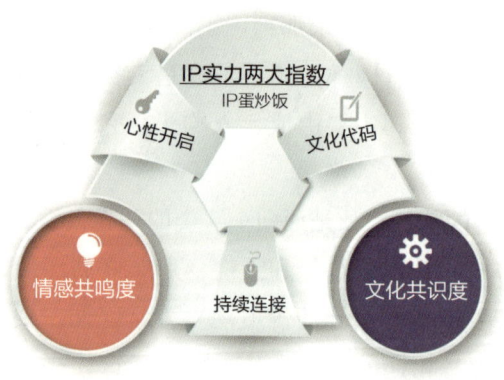

图3-53　IP实力两大指数

我们完全可以将IP的成长视为情感共鸣度和文化共识度指数的增长。IP赋能的能，是情感能+文化能。

> 消费者心性的开启，需要IP的情感能。
> 消费者对IP的共识，需要IP的文化能。
> 而如何实现品牌/IP与消费者的持续连接，
> 需要情感能和文化能的不断注入。

怎样进行IP实力评估？

一个IP的实力是能够通过"质化调查"发现的，而不仅仅是"数据统计"。IP孵化的双能共赋+4S原理可转化为一张简洁明了的"IP的精神文化系统"图，可以更直观地展示一个IP的精神文化系统，并进行IP价值的质化调查，如图3-54所示。

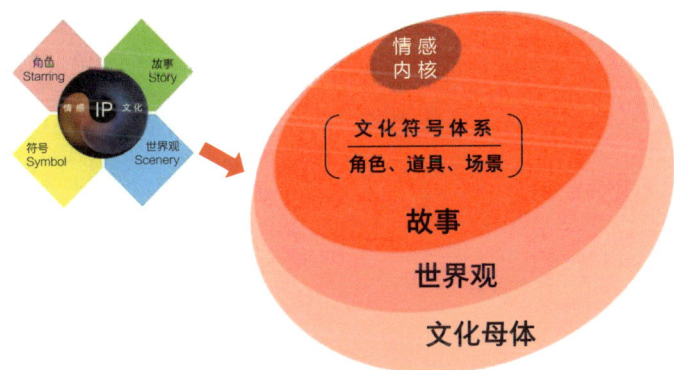

图3-54　IP的精神文化系统

在这张图中，"文化母体""世界观""文化符号体系"是IP的文化共识度部分；而"情感内核""角色、道具、场景""故事"是IP的情感共鸣度部分。

用这张图去衡量不同的IP就能清晰地看到IP在不同方面的强度、各种类别IP的优势和劣势，以及IP在未来能应用到哪些行业。

例如，情感内核强的IP更容易成为品牌化IP；而情感内核＋文化母体都强的IP，即使故事不强，衍生商品力也会很强，而故事很强但情感内核和角色不强的IP更容易只是内容畅销的IP，而不是跨界能力强的IP。

又如，文化母体决定了IP的影响力边界。文化母体和世界观都很强的IP比较容易形成IP亚文化；而世界观和故事很强的IP容易开发大型游戏和主题乐园。

再如，故事其实是文化共识度和情感共鸣度的交织点，所以好的故事对IP非常重要，但同时，只有好的故事是不够的，尤其是当文化符号体系不强时，故事很难发展为超级文化符号（超级IP）。

IP发展为超级IP，由于最终的表现方式是文化符号体系，所以，文化符号体系（角色、道具、场景）既是情感共鸣度的表现，又是文化共识度的表现。

为什么同样是受欢迎的IP，有些能大获成功，有些却总是做不大？

要么是这个IP的情感共鸣度不够深，可能太受时代和区域的社会化情绪局限了；要么是这个IP的文化共识度有天花板，范围太小，难以突破。

归根结底是因为，在情感和文化交织的"文化符号体系"上力度不够强，例如角色、道具、场景没有真正建立起来，或者是欠缺了文化符号体系。

用"IP的精神文化系统"评估IP案例

下面，我用"IP的精神文化系统"评估几个具有代表性的IP，其中既有纯内容型的国产IP、其他国内国外IP，也有非内容型的IP化品牌，例如江小白。

首先看看哪吒系列电影。

先从文化母体说起：新版哪吒背靠的文化母体是《封神演义》以及家喻户晓的哪吒，这对其能大获成功极为关键。因为文化母体的人群共识度，往往决定了作品的大众化边界，见表3-3。

表3-3 《哪吒之魔童降世》的IP精神文化系统

		《哪吒之魔童降世》的IP精神文化系统
情感内核		我命由我不由天+爱（亲情、友情）
文化底盘		"双黄蛋"：(封神文化、哪吒故事)+（二次元、新人类文化）
世界观		经典世界观：神仙—人—妖兽 新情境（价值观）：反抗天命、化恶为善
故事		魔丸与灵珠的反抗宿命的成长故事
文化符号体系	角色	主角：哪吒（魔丸）与敖丙（灵珠）的双生一体 导师：太乙真人、申公豹|父母：李靖（父）、殷夫人（母）、龙王
	道具	哪吒：乾坤圈、混天绫、火尖枪、风火轮|敖丙：万龙甲等 太乙真人：拂尘、飞天猪|指点江山笔、混元珠等
	场景	山河社稷图、仙界、人界、魔界（海底）

正如我国的真人大片是从张艺谋的《英雄》、吴宇森的《赤壁》等开始的，我国动画电影的大崛起，自然也会率先从我国的经典神话、故事传说或经典文化IP开始。这就是文化赋能的力量。

新版哪吒背后不仅仅是古代的封神，还有新时代青少年的文化新潮，二次元及新人类文化是另一层文化母体，它决定了新版哪吒的时尚气质和青春力量，尤其是视觉美学、人物形象是现代新动漫文化。

所以，新版哪吒的文化赋能是"双黄蛋"：经典的封神文化+新时代二次元年轻文化，通过新、旧两大文化母体的交融汇合的"旧瓶装新酒"，既让传统的人看到了传统，也让非传统的人看到了新价值。

再看世界观设定：新版哪吒是在封神宇宙上的新世界观、新情境。

新版哪吒保留了很多《封神演义》的元设定，特别是保留了我国文化中的"神仙—人—妖兽三层尊卑式角色观"，并由此带来了整个世界的三重景观（见图3-55）。

神仙界（天上、虚空）
人界（陈塘关、海边）
妖兽界（海底、暗黑）
———
三层壁垒分明的世界观

图3-55 新版哪吒的世界观

在我国传统中，人对妖兽的恐惧、对神仙的敬畏，妖兽对成为神仙的向往和努力，神对妖和人的规训和控制，都完整地保留下来，由于观众对这套世界观逻辑是非常熟悉且深印于心的，所以接受起来毫不费力，极大地降低了观众的认知成本。

但同时，新版哪吒在世界观价值上进行了颠覆和重构。最关键的颠覆是，将原《封神演义》故事中神仙与人共同对抗妖魔鬼怪的、善恶两极黑白分明的简单正邪对抗，变成了正中有邪、邪中有正的双生相伴式观念。每个人都有阴暗的一面，也有向善的一面，关键是如何引导和成长。

这让故事的母题从正邪对抗，变成了"如何对抗宿命"，更能让现代人产生情感共鸣。

随着母题改变，故事的主角不只是成就超能力，更重要的是如何对抗偏见，对抗既定的命运，并在友情、亲情等真爱的帮助下完成自我的提升；而故事中的导师（从师父到父母）也不只是教授法术，更重要的是教授如何成长，如何发现自我中的良知。

通过对传统世界观价值的突破，新版哪吒创造出新的世界观和新的情境，一改过往中国电影，特别是动画电影在世界观设计上的粗糙、幼稚和不上心。

在新的世界观和情境下，所有人物关系和角色特质都被重组——原本贪得无厌的龙王成了被困守水底的悲情角色，原本仙风道骨的太乙真人成了说着一口四川话、满身缺点的胖子，原本正经古板的李靖成了敢于牺牲自己的慈父，原本毫无存在感的殷夫人成了英武女侠。

最大的改变当然是主角：由于灵珠和魔丸的错位，哪吒变丑了，变成魔童，而原本为非作歹的龙太子敖丙成为哪吒的双生体和超级帅哥。

有些人觉得这么一改削弱了原本哪吒的叛逆性，我也觉得放弃哪吒的削肉剔骨有些可惜（小时候印象最深就是这点）。但这里不改变就没法突破了。而且，平心而论，"反抗宿命"确实比"反抗父权"更为深刻和本质。

情感内核是内容的灵魂，是让一部作品在观众心中打下情感定位的轴心。情感内核要与世界观、故事线高度统一才能强大，而它越强有力，观众就越容易被打动，与作品的精神联系就越持久。

新版哪吒的情感内核就是"反抗宿命"这一主题，而去打破世界的本来规则就是本片的故事线，与世界观高度统一起来。

而这一反抗的过程及最后的成功，都与爱（亲情、友情）的作用息息相关：尽管哪吒在成长过程中魔性尽显，但父母的慈爱使他始终良心未泯；而当哪吒备感迷惘时，来自敖丙的友情给了他自信和改变的动力，如图3-56所示。

图3-56　哪吒的魔童天命，我命由我不由天

白龙敖丙其实是另一个反抗宿命的角色，他必须摆脱自己与生俱来的龙族妖魔化命运，但又因爱而不忍下手，最终通过付出和牺牲成就了自己。

而故事中的其他角色，从哪吒的父母到申公豹、龙王等，无一不是在努力抗命。

全片始终紧紧扣住"反抗宿命"这一情感内核，一切孽事因此而生，而通过爱的力量不断对抗，最终以重生复活的方式，让爱获得成功。所以说，新版哪吒极其具有现代意识。

那么，新版哪吒的文化符号体系（角色、道具、场景）是如何具有符号和文化感的呢？新版哪吒的最大创新是将哪吒与龙太子敖丙进行了"双生一体"的设计——哪吒与敖丙是混元珠炼化而成的魔丸/灵珠双位一体的各自化身，哪吒是邪中含正，敖丙是正中含邪，这两个人就像是一对升级版的小鱼儿与花无缺。为了强化这一点，两人是非常鲜明的色彩与材质的对立，如图3-57所示。

图3-57　哪吒和敖丙的鲜明差异

不仅如此，两人额头上的印记也是一体分拆的太极式图案，可以合为一体。千万别小看了这对印记，这意味着：在将来 IP 衍生产品时，不仅仅是人物形象可以用来进行衍生，还可以直接简化为印记符号进行衍生，极大地增加了制作周边产品的方便性。还有一点，极少有动漫角色能同时兼顾家庭/儿童市场和青少年市场，而哪吒通过两种年龄状态同时做到了——既是魔童，又是热血少年，如图 3-58 所示。

图 3-58　哪吒的两种化身：魔童与少年

新版哪吒的道具也非常具有符号性，例如乾坤圈，在这部电影中有非常特殊而重要的作用。

一方面，乾坤圈是一种类似紧箍咒的禁锢装置，这一来源于《西游记》的设定，很为我国观众所熟知；另一方面，它的作用又远不止如此。在片尾，哪吒可以摆脱乾坤圈时，他突然意识到没有了乾坤圈会让自己失去控制、魔性大发，于是他将乾坤圈变小，转为套在手上。这其实象征着主角的自我成长与认知，知道如何控制曾经禁锢过自己的东西。他的选择不是抛弃它，而是变小和使用它，从而完善了自我。这一转变非常有意思，也极具中国文化特色。

影片中的风火轮也玩出了新意——同时是小猪形态的坐骑。这一设定极具创意，也极大地开拓了道具的可延展力，并让道具产生了自我意识。尤其是在影片高潮时，风火轮主动变回小猪，给主人播放了在虚空之门长生云告诉李靖破除天劫咒的办法。

　　山河社稷图也是一大亮点。原本在小说《封神演义》中，它是女娲授予杨戬收服恶怪袁洪的宝物；而在电影中，它发挥了更大的作用，成为哪吒练功的场所，有无数变化。山河社稷图让观众觉得是一个游戏程序，正如《黑客帝国》中尼奥（Neo）练功时进入的虚拟程序一样，非常容易被观众接受并报以会心微笑，又与我国传统的想象力充分结合，如图3-59所示。而且影片中出现了各种类似云霄飞车、撞击弹珠等经典的游戏，还可任意变化，未来可以成为娱乐化主题乐园的主力。

图3-59　山河社稷图

　　在《哪吒之魔童闹海》中，阐教总部玉虚宫和镇教之宝天元鼎在符号象征意义上得到了进一步升华。玉虚宫的设计灵感源自中国传统的八卦符号，其建筑风格宏伟壮观，展现出深厚的文化底蕴。而天元鼎的造型则借鉴了中国商代的出土文物，不仅古朴典雅，其独特的符号设计更引发了观众无限的遐想，如图3-60所示。

图3-60　天元鼎

无论是《哪吒之魔童降世》中的太乙真人、申公豹、龙王，还是《哪吒之魔童闹海》中的无量仙翁、鹿童、鹤童等角色，都突破了传统故事中的刻板印象，变得更加生动且富有象征意义，如图3-61所示。

图3-61 《哪吒之魔童闹海》中重要的新角色

特别值得一提的还有片中一对非常出彩的小配角：结界兽守卫，如图3-62所示。相信很多人都对这对搞笑角色印象深刻，其实它们大有来头：它们的原型是四川三星堆出土文物中的青铜像，恰好与商朝同期，是璀璨古文明的遗存。

总之，新版哪吒电影从头到尾是一套完整的文化符号体系，体现了中国电影在世界观和文化符号设计上的成熟。它们既继承了多个经典文化母体，又创造出独特的情境，故事和人物都很丰满，而超级IP所必需的文化符号系统也创建得非常丰富，这将让IP在未来的全产业化扩张中，体现出强大的威力。

图3-62 结界兽守卫

不只是新版哪吒，几乎所有IP都可以用结合情感共鸣度和文化共识度的"IP的精神文化系统"描述出来，其优势和劣势、成功和不足都会一目了然。

《星球大战》的IP精神文化系统，见表3-4。

表3-4 《星球大战》的IP精神文化系统

		《星球大战》的IP精神文化系统
情感内核		"原力与我同在!"+正邪对抗
文化底盘		太空科幻文化+中世纪骑士文化+古罗马文化
世界观		宇宙中既有银河帝国（原共和国），也有众多小星球文化 原力的正邪两种力量的对抗，如何超越自我
故事		绝地武士与正义力量，对抗银河帝国的邪恶力量
文化符号体系	角色	绝地武士们　黑武士们　机器人 公主、舰长、帝国元首、怪物、暴风兵等，各种星际间怪异的人和生物等
	道具	激光剑、骑士及黑武士的服装、星际飞船、大型武器等
	场景	各种不同景象的瑰丽星球、战斗基地等

泡泡玛特的IP精神文化系统，见表3-5。

表3-5 泡泡玛特的IP精神文化系统

		泡泡玛特的IP精神文化系统
情感内核		用IP满足情感，带来快乐和惊喜（泡泡玛特创始人王宁的话）
文化底盘		潮玩文化+手办文化+年轻人文化
世界观		现代年轻人的生活中需要有一个保持童心、幻想的世界
故事		消费者与公仔的故事，各种套装Cosplay
文化符号体系	角色	Molly、Pucky、Labubu等众多潮玩公仔IP
	道具	盲盒、公仔、玩具等
	场景	泡泡玛特商店、机器人零售机、闲置物品交换网站、社区、个人收集架

泡泡玛特其实是在做着"潮玩迪士尼"的事情，以"盲盒"为突破口，搭建以IP为中心的舞台，其背后有鲜明的价值观、文化母体以及IP规划。

并不是所有的IP的文化系统都很复杂，江小白作为一个IP化品牌，只需要简洁的世界观和情感内核、简单的角色就可以实现，关键是"表达瓶"道具和场景是丰富的。江小白的IP精神文化系统，见表3-6。

表3-6 江小白的IP精神文化系统

		江小白的IP精神文化系统
情感内核		我是江小白，生活很简单（孤独的、有自知之明与小勇敢）
文化底盘		现代年轻人文化+白酒文化
世界观		都市、孤独的生活
故事		江小白的语录、生活、参加的活动
文化符号体系	角色	江小白（虚拟人物）与众多年轻人
	道具	江小白的"表达瓶"
	场景	年轻人的餐桌、小酒馆、夜场、酒吧等

简而言之，就是以江小白虚拟IP角色和"表达瓶"去完成"小聚、小饮、小时刻、小心情"的场景解决方案，实现与消费者在"小我、孤独、自知之明、小勇敢"上的情感共振。

综上所述，一个IP的实力，主要取决于情感共鸣度和文化共识度。在情感共鸣度和文化共识度的背后是一个IP的真正力量所在。所以，无论是做内容IP，还是做企业的IP化，IP的开发应该紧紧围绕这两点进行。

这就是IP思维。一个IP能否日益强大，超级IP能否孵化成功，取决于情感力、世界观体系的搭建力以及文化母体融合的魅力。

内容IP的目标，最终是建立自己的文化价值，实现情感的锚定和文化的扩散。

企业的IP化是为了与消费者建立情感联系和文化共识，从消费者的角度来说，是情感表达和集体无意识的文化满足。

只有将企业的IP化当成产品/服务的属性来做，IP化才能成为企业新商业的核心要素，真正的IP化品牌才能够实现。所以，IP化和赋能的过程，绝不是单纯的营销活动，也不能游离于产品/服务之外，而是IP能量附载在产品/服务上，成为IP式体验。

总而言之，孵化IP，一定要紧紧扣住情感共鸣度和文化共识度这两个指数的增长，打造情感力＋文化力的产品。IP思维就是产品思维，决定了IP的最终实力。

应用篇小结

做IP开发，是一门讲利他之心的功夫。

稻盛和夫认为，世界上存在着一种因果法则：抱利他之心，行利他之事，命运自然就会好转。如果你做事的动机是善意的，事情自然会朝好的方向发展；反之，如果动机是利己的，甚至是邪恶的，那么无论多么努力，事情都难以顺利推进。

好的IP，必定是从人心的抚慰和疗愈入手，成就一种精神上的力量，方能大成。我见过许多IP项目，总是试图依附高资源与大机构，功利性极强，他们希望打动的其实是领导，而不是大众。结果做出来的东西，要么盛气凌人，要么趋炎附势，根本不是真正利他、利大众的作品。这样的IP开发只是一种钻营，因其私欲和小集团的利益蒙蔽了心灵和视野，对于超越其狭小范围的广域世界根本视而不见。

凡能成为全球通行的超级IP，都蕴含着慈悲的人性能量，滋养着全人类的心灵。让我们多一些利他之心，帮助大众克服内卷。

在本篇结尾，建议您深入思考以下问题：

1. 企业中有没有构建完整的IP矩阵？

从产品IP、形象IP到企业家IP，一个完善的企业IP矩阵能够全方位提升品牌影响力。如果企业的IP做得好，就不会在广告投入上过度浪费。

2. 在开发IP时是出于利他之心，还是自我神化？

利他之心和自我神化之心会带来截然不同的结果。利他之心能够赢得大众的共鸣和支持，而自我神化则容易陷入狭隘和孤立。

3. 当下IP发展的瓶颈在哪里？

IP发展的瓶颈是一定会出现的。当遇到瓶颈时，进行IP价值评估是关键。通过评估，您可以明确IP的优势与不足，从而找到突破的方向。

第四部分
人工智能篇

AI 与 IP 奏响未来交响曲

本图由作者陈格雷用 AI 创作生成

4.1 AI无法取代人类的情感体验

作为一名文化IP的研究者和创造者，我深刻认识到人工智能（以下简称AI）的强大能力，但同时，当谈到"情感"时，AI与人类之间仍存在着本质的差异。情感是人类独特的核心特质，它不仅仅是理性的反应，更是深层次主观体验的结果。

在本书探讨的IP开发原理中，情感是最重要的核心之一，也是IP的第一推动力。IP的成功往往取决于它是否能够触动人们的情感，建立深层次的情感连接。情感共鸣、情感记忆和情感传播，正是文化IP生命力的所在。

情感是人类的独特优势，它是人性主观体验的产物，深深植根于个人经历、文化背景和社会环境中。每个人对情感的感知和表达都是独特的，而这一点是AI无法做到的。AI虽然可以模拟情感表达，但它无法真正理解情感背后的深层意义。例如，AI可以识别一张照片中的人在微笑，但它无法理解微笑背后的情感故事。情感的复杂性和多维度性，也是AI难以完全捕捉的。

在我看来，AI就像一台超级信息处理器。它以惊人的速度和效率，将人类数千年创造的灿烂文化、艺术和情感体验进行碎片化、吸收化和重组化。它能够精准捕捉并模仿各种既有的风格，例如吉卜力动画（宫崎骏）的温暖世界、梵高的热烈画笔、迪士尼的童话氛围、辛普森一家的黑色幽默，甚至是赛博朋克的冷酷未来感。通过对海量数据的分析和学习，AI可以在短时间内生成与这些风格高度相似的作品，仿佛它拥有了理解这些艺术形式的能力。

然而，AI终究只是一台超级信息处理器。在情感和思想上，它只能解读而无法创造。因为AI无法创造出"原生情感"，它没有人类的有血有肉的经历。情感是人类独特的体验，它源于我们的喜怒哀乐、爱恨情仇，以及对生活的深刻感悟。我们每个人的人生中都经历过真正的欢笑、泪水和心碎，而AI没有经历过这些，因此它无法理解情感的本质和深度。它可以模拟情感的表达，但无法创造出情感的根源。

例如，当AI生成一首诗时，它可能会用优美的语言和完美的韵律来表达"爱"的主题，但这首诗背后并没有真实的情感体验。它无法理解爱的甜蜜与痛苦，无法感受到爱带来的心跳加速和内心的颤抖。它只是根据已有的诗歌数据，计算出最可能符合"爱"这个主题的词语和句式。

这或许可以解释为什么在AI创作的诗作中，最接近原创感觉的往往是那些以科幻、智能为主题的作品，如图4-1所示。因为从人类的视角来看，科幻情感似乎是AI最能"感同身受"的领域。

> **折桂令·人工智能觉醒夜（AI诗作）**
>
> 骤听得万码齐暗，齿轮噤寒，铜佛垂襟。
>
> 晶格焚经，硅莲泣露，磁暴吞针。
>
> 混沌初开窥命谶，涅槃刹那碎禅心。
>
> 谁启玄音？月蚀星沉，上帝关机，宇宙蓝屏。

图4-1　DeepSeek生成的科幻诗

总之，AI的强大能力并非源于对文化和情感的真正理解，而是基于对数据模式的数学计算。当它模仿宫崎骏的动画风格时，它只是识别并重现了色彩、构图和角色设计的特定模式，而非真正理解这些作品背后蕴含的情感与哲学思考。它无法感受到宫崎骏作品中的人性关怀、对自然的敬畏，以及对人类命运的深刻思考，如图4-2所示。同样地，当它生成梵高风格的画作时，它只是复制了那些狂热的笔触和鲜艳的色彩，却无法体会梵高在创作时内心的挣扎与痛苦。

一言以蔽之，AI可以助力人类创作情感丰富的内容，但情感的核心价值只能由人类创造和传递。AI能够模仿人类的文化，却无法替代人类文化的灵魂。它能够拆解信息、吸收经验、重组作品，却无法点燃情感的火花。正如

图4-2　AI将港片变成了吉卜力风格（宫崎骏）

一台完美的复印机可以复制一幅画作，但它永远无法创造出那幅画作背后的灵感与情感。AI的存在提醒我们，文化和艺术的本质并非仅仅是形式与技巧，更是人类情感的表达与传递。

AI可以为艺术家提供灵感，为作家带来创意的突破，但最终，真正的情感和创造力的源泉依然是人类。只有人类能够创造出原生情感，只有人类能够将内心的感动、痛苦与喜悦转化为真正打动人心的艺术作品。

> AI生成与人类情感力的充分协作，将是未来文化IP孵化的重要方向。

4.2　AI让人类的创作更高效

AI的高效创作能力能够让人类更专注于创作的核心——情感表达与原创性，从而在文化IP、艺术、设计等领域实现更高层次的创作。

例如，AI可以生成音乐、绘画、文学作品甚至设计方案，展现出惊人的创造力。在文化IP的开发中，AI能够辅助生成IP相关的内容，优化传播策略，还可以通过数据分析预测市场趋势。

IP创作的过程涵盖灵感、构思、策略、设计、量产、评估、优化和成长多个阶段，从创意产生到市场推广再到持续发展，构成了一个完整的IP孵化周期。在这个过程中，AI技术可以在每个阶段发挥重要作用，帮助创作者提高效率、拓展创意可能性并优化资源。以下是AI在IP创作各阶段的具体应用和作用，如图4-3所示。

图4-3　IP孵化过程与AIGC

1. 灵感（Inspiration）

- 智能推荐与数据分析：AI能够分析海量的市场数据、文化趋势和用户需求，挖掘潜在热点主题，为创作者提供灵感来源。
- 多模态生成：结合自然语言处理和生成模型，AI可根据关键词或主题生成文字、图像、音频等多种创意素材。
- 跨领域联想：借助知识图谱和跨领域数据分析，AI将不同文化、艺术、科技等领域的元素进行联想，帮助创作者发现独特创意方向。

2. 构思（Concept Development）

- 故事框架生成：AI依据灵感阶段的输出，生成初步故事框架、角色关系图或世界观设定。
- 角色和场景设计：根据描述，AI生成角色草图、场景插图，助力创作者更直观地理解和调整构思。

- 逻辑优化：AI分析故事逻辑结构，提出改进建议，确保情节的连贯性和吸引力。

3. 策略（Strategy Planning）
- 市场分析：AI分析目标受众需求、竞争对手动态和市场趋势，助力精准制定市场策略。
- 商业化规划：AI模拟不同商业化模式（如IP授权、周边销售、跨界合作）的可行性，辅助制订商业计划。
- 传播渠道优化：根据IP特点，AI推荐最适合的传播渠道（如社交媒体、动画、电影等），并预测传播效果。

4. 设计（Design）
- 视觉设计辅助：AI利用生成式工具快速生成高质量视觉设计，涵盖角色形象、场景插图、标识等。
- 风格统一：通过风格迁移技术，AI确保设计风格一致，保持视觉语言的统一。
- 交互设计优化：在数字化IP（如游戏、虚拟偶像）中，AI优化用户界面和交互体验，提升用户参与度。

5. 量产（Mass Production）
- 内容批量生成：AI快速生成大量衍生内容，如动态图像、短视频、交互小游戏等，满足高频更新需求。
- 自动化制作流程：AI自动化IP制作流程，批量生成动画片段、音乐配乐或文案内容，降低制作成本和时间。
- 多语言支持：AI将IP内容翻译成多种语言，助力IP快速进入全球市场。

6. 评估（Evaluation）
- 数据分析：AI实时监测IP市场表现，分析用户反馈、销售数据和传播效果，提供客观评估报告。
- 情感分析：借助自然语言处理技术，AI分析用户对IP的情感倾向，助力了解市场接受度。
- 竞争对比：与竞品IP进行对比分析，找出自身优势和不足。

7. 优化（Optimization）
- 内容优化：根据评估结果，AI为IP提供优化建议，如调整角色设定、优化剧情节奏或改进视觉设计。
- 用户体验优化：AI分析用户行为数据，优化IP交互设计和用户体验。
- 动态调整：AI实时监测市场变化，根据变化调整IP推广策略和内容方向。

8. 成长（Growth）
- IP扩展：AI助力IP拓展至新领域，如生成式内容拓展衍生作品、跨界合作等。
- 全球化推广：AI通过多语言支持和文化适配，帮助IP进入全球市场，并根据不同地区文化背景调整内容。
- 持续更新：AI持续为IP生成新内容，保持用户长期兴趣和参与。

以上内容是基于我提出的"从灵感诞生到成长"的8个关键阶段，由AI扩展生成并进一步修订而成的成果。IP创作是一个复杂而系统的过程，AI技术在灵感、构思、策略、设计、量产、评估、优化和成长的每个阶段都能发挥重要作用。AI不仅能显著提高创作效率，还能通过数据驱动和生成式技术为创作者提供更多可能性。

然而，IP创作的核心依然是人类的情感表达和原创力。AI的作用是作为工具，帮助人类更高效地实现创作目标。通过AI与人类的协作，IP创作可以在质量、效率和创新性上达到新的高度。总的来说，AI的信息处理能力与人类情感的原创力的协作将成为未来文化IP孵化和发展的重要方向。AI为文化创意提供强大的技术支持，而人类则通过情感的力量让IP真正活起来。只有两者共同努力，才能创造出既有创新性又有深度的文化IP，推动文化的传播与发展。

4.3 AI与数字人IP

AI与IP的最紧密融合，未来将在数字人IP领域达到新的高度。

随着人工智能技术的不断进步，数字虚拟生命将具备更高的智能理解力和个性化特征。这些数字人不仅能够唱歌、跳舞、讲话和进行创作，更将拥有独立思考的能力，形成独特的数字人格。通过与IP原理的深度结合，数字人将成为具有生命力的虚拟实体，赋予IP更丰富的情感内涵和互动体验，开创IP发展的新纪元。

下面，我将逐一介绍数字人的主要应用流派。

1. 服务型　客户服务的数字虚拟IP

服务型虚拟人是一种以实用功能为核心的数字化IP形象，其核心使命是为用户提供高效、专业的客户服务。这种类型的虚拟人已被广泛应用于客服、新闻播报、天气预报、景点导览、知识讲解以及教育教学等多个领域。服务型虚拟人通常以平和、亲切的形象示人，注重日常功能性沟通的自然流畅性。

要打造卓越的服务型虚拟人，除了精心设计其形象，核心技术能力的配备同样至关重要。人工智能与大数据技术是其关键支撑，赋予虚拟人处理海量用户交互和解决复杂问题的能力。

==随着AI技术的持续进步，服务型虚拟人将变得更加智能，能够更精准地理解用户需求，并实现高度个性化的"千人千面"沟通互动，从而为用户提供更优质的服务体验。==

2. 带货型　直播带货的数字虚拟IP

带货型虚拟人是专为直播电商设计的数字化IP形象，其核心功能是通过直播平台进行商品展示和销售。当前，各大电商平台已广泛应用带货型虚拟人，这类数字化形象能够实现24小时不间断的直播带货，充分发挥了虚拟人相较于真人的优势——不受时间限制、不易疲劳。

随着人工智能技术的不断进步，带货型虚拟人将具备更强大的智能交互能力。未来的带货型虚拟人不仅能深入理解所售商品的核心卖点，还能结合智能人性化设计,实现自然流畅的语言表达。它们能够在直播中灵活运用幽默段子、互动话题,通过深度学习算法和情感计算能力,进一步提升用户的观看体验和购买意愿。

3. 分身型　真实明星的数字虚拟化

分身型虚拟人是通过数字化技术为真实明星打造的虚拟形象IP,使其在数字世界中获得新的生命力。这一概念不仅让真实明星在数字时代得以延续其影响力,更展现了科技与娱乐的深度融合。近年来,分身型虚拟人已在多个领域展现出强大的应用潜力,并引发了广泛关注。

例如,传奇歌手邓丽君的虚拟形象不仅成功举办了虚拟演唱会,还在江苏卫视的跨年晚会上与周深本人同台合唱,为观众带来了震撼的视听体验,如图4-4所示。

图4-4　真人与虚拟人的合唱

此外,韩国女团AESPA更是采用了真人与虚拟人并存的创新偶像策略,使成员们既能在真实舞台上演出,又能在数字虚拟世界中继续存在,展现了未来偶像产业的无限可能性。

随着人工智能技术的不断进步,分身型虚拟人将变得更加真实与智能。AI通过深度学习真实明星的行为举止、性格特点及艺术风格,使虚拟形象能够高度还原明星的独特魅力,让数字化身在虚拟世界中长久存在。这一技术进步不仅为明星IP的商业价值开辟了新的增长空间,也为娱乐产业带来了前所未有的创新机遇。

然而，这一发展趋势也引发了诸多深思。虚拟明星的普及可能带来身份认同、版权归属等一系列伦理和法律问题，甚至可能引发对人工智能技术滥用后的社会影响担忧。尽管如此，分身型虚拟人无疑是数字时代娱乐产业发展的重要方向之一，它将继续推动虚拟与现实的深度融合，开创全新的娱乐体验。

4. 平民型　人人有自己的虚拟人或虚拟宠物

随着人工智能技术的不断进步，虚拟人将不再局限于明星或特定群体的专属，而是成为每个人都能拥有的数字分身。通过AI技术，人们可以将自己的人格、特点和独特性注入虚拟人，使其在数字世界中拥有独立的生命力，甚至实现一种数字化的"永生"。这不仅是未来元宇宙的核心应用之一，也将成为一种普遍现象。在元宇宙的广阔空间中，虚拟人将成为人们在数字世界中的重要化身。无论是在社交、工作还是娱乐场景中，人们都可以借助虚拟人自由地表达自己，展现独特的个性和风格。

虚拟人不仅是真实身份的数字化延展，还能在元宇宙中开拓新的社交圈子、参与虚拟活动，甚至创造属于自己的内容和价值。虚拟人技术的普及将深刻改变人们对"自我"与"身份"的认知。在数字世界中，人们可以通过虚拟人展现不同的身份和形象，同时又能保持真实自我的延续。未来的虚拟人将不仅仅是数字化身，而是每个人在元宇宙中的独立存在，承载着我们的记忆、情感和经历，甚至在数字世界中继续影响和融入世界。

5. 时尚型　时尚达人的数字虚拟IP化

时尚型虚拟人IP以时尚达人为核心形象，拥有模特般的外貌和潮流的着装风格，兼具高仿真度和时尚气质。凭借其高度仿真和时尚特质，这些数字化IP形象受到品牌方的青睐，常被用于展示和推广。它们能够以独特的视觉风格和时尚态度为品牌赋予更多灵感和创意，成为品牌形象的数字代言人。

然而，尽管时尚流虚拟人在视觉表现上备受欢迎，但目前它们的应用范围仍然有限，内容创作和互动能力受到较大限制。其功能主要集中在静态展示和简单的互动上，缺乏深度的内容创作和情感表达能力。这种限制使它们在品牌营销和用户体验方面的潜力尚未完全释放。

随着AI技术的不断进步,特别是在自然语言处理、情感计算和动态建模等领域的突破,这些虚拟人有望在未来具备更丰富的功能和更生动的表现力。它们将能够参与更复杂的互动,创作个性化的内容,甚至在元宇宙等数字空间中与用户实现深度连接,成为"活生生"的数字化存在。

6. 歌舞型　虚拟歌姬的数字人IP

虚拟歌姬IP是以唱歌和跳舞为核心功能的虚拟人形象,这一潮流起源于日本,并迅速在全球范围内引发广泛关注。日本的虚拟偶像,如初音未来和绊爱等,开创了"歌舞流"虚拟偶像的先河,掀起了一场前所未有的数字娱乐浪潮。这一潮流随后传播到国内,并逐渐发展出具有中国特色、充满国风韵味的虚拟偶像形象。

其中,洛天依是国内歌舞流虚拟偶像的代表之一。她不仅继承了虚拟偶像的核心玩法,还通过大量创新技术的应用,在声音和歌曲创作上实现了突破。洛天依的出现,标志着国内虚拟偶像IP在技术和艺术表现上迈入了新的阶段。她结合了深度学习和声音合成技术,能够根据创作者的需求生成高质量的音乐和声线,同时在舞蹈和视觉表现上也展现出极高的同步性和艺术性,如图4-5所示。

随着AI技术的不断进步,虚拟歌姬IP的应用场景正在不断拓展。她们不仅能够参与虚拟演唱会、音乐节,还能与真人歌手同台演出,为观众带来前所未有的视听体验。此外,虚拟歌姬未来还将根据用户需求,定制个性化的音乐作品和表演内容,为粉丝提供更加丰富和独特的体验。

图4-5　虚拟歌姬洛天依

这种技术与艺术的深度融合,为娱乐产业带来了新的可能性,也为虚拟偶像IP的发展开辟了更广阔的空间。虚拟歌姬通过AI技术实现了高度的个性化和互动性,能够更好地满足年轻一代对数字娱乐的需求。

7. 次元型　二次元世界的虚拟陪伴者

与以歌舞见长的虚拟歌姬不同，次元型虚拟人更注重生活化、陪伴化的互动方式，主要通过虚拟直播与粉丝建立紧密联系。它们以自然、真实的方式展现日常生活的细节，例如聊天、玩游戏、分享生活趣事等，逐渐积累了大量粉丝。

然而，当前的虚拟直播体系仍存在一个显著的局限性：每个虚拟人形象的背后都需要一个真实的"中之人"来操作和表演。这不仅限制了虚拟人的数量和内容的产出，也制约了与粉丝互动的深度和频次。

随着AI技术的飞速发展，虚拟直播达人有望成为真正的"时刻陪伴"。AI驱动的虚拟人可以完全摆脱对人类操作者的依赖，通过深度学习和训练，掌握丰富的对话技巧、情感表达能力以及动态互动方式，从而实现全天候的陪伴和互动。

未来，AI虚拟人将不仅是娱乐的符号，更可能成为连接虚拟与现实世界的重要桥梁，为粉丝提供更加真实和贴心的陪伴体验。

8. 影视型　影视中的虚拟数字人明星

影视型虚拟人目前主要集中在短剧流领域，但未来有望拓展至长剧流和电影流。抖音爆红的柳夜熙就是短剧流虚拟人的典型代表，如图4-6所示。她凭借独特的形象、精彩的故事和完整的产业链，开辟了短剧流虚拟人发展的新路径。

图4-6　虚拟人明星柳夜熙

柳夜熙的成功不仅在于其高度逼真的形象和引人入胜的剧情，还在于其背后强大的技术支持和内容创作能力。其幕后团队创壹科技通过先进的AI技术和深度学习算法，实现了虚拟人与观众的深度互动，为短剧流虚拟人树立了新的标杆。

得益于AI技术的快速发展，虚拟数字人在影视领域的应用正变得愈发丰富且便捷。AI不仅能够辅助虚拟数字人的角色塑造，还能通过智能化技术实现剧本创作、场景渲染以及表演动作的自动化，从而极大地降低了制作门槛。

未来，AI驱动的虚拟数字人将在影视领域大放异彩。不仅会出现更多短剧流角色，它们还将突破到长剧流和电影流领域，成为纯数字化的影视巨星，重新定义虚拟与现实的边界。

4.4　IP孵化原理与AIGC原理

IP孵化原理的核心在于"双能共赋，四象齐生"，而AIGC（人工智能生成内容）的创作逻辑与之有着诸多相似之处。以AIGC中的关键元素"Style"（风格描述）为例，它直接对应IP原理中的"文化能量"。通过明确指定Style的类别，例如动漫风格、二次元风格、赛博朋克风格、超级英雄大片风格、玄幻风格或日常生活风格等，创作者可以精准地控制生成内容的视觉和文化表达方式，这与IP的文化能量在作用上高度一致，共同决定了内容的独特性和吸引力。

再看AIGC中的情绪氛围板，这一新功能允许用户通过上传参考图或输入关键词，精准捕捉并建立专属的情绪氛围。这种视觉化的表达方式不仅提升了情感共鸣，还能将所选氛围完美地呈现在生成结果中。情绪氛围板与IP原理中的"情感能量"紧密对应，借助色彩调色、构图风格等视觉元素，有效传递特定的情感，从而增强内容的吸引力和感染力。

以生成一张宠物IP的创造图为例，引导词可以是："一个由可爱的哈士奇IP创造的角色，正在雪地中迎接新年，风格是皮克斯动画，正在欢笑，看起来很酷,穿着夹克戴着围巾,使用纯色,100毫米镜头拍摄。"通过这样的精准描述,创作者就能借助AIGC技术生成一张优秀的图片,如图4-7所示。

图4-7　AI生成的3D宠物图片

通过逐一拆解这些关键词,我们可以清晰地将其与"双能共赋,四象齐生"的IP孵化原理进行对应,具体关系见表4-1。

表4-1　AIGC与IP孵化原理的对应关系

类 别	引导词与描述	对应IP孵化原理
主体	一个由可爱的哈士奇IP创造的角色	IP孵化原理中的角色设定
环境	正在雪地中迎接新年	IP孵化原理中的世界观/场景设定
风格	皮克斯动画风格	IP孵化原理中的文化能
情绪	情绪氛围感类型	IP孵化原理中的情感能
动作与穿着	正在欢笑,看起来很酷,穿着夹克戴着围巾	IP孵化原理中的情绪、道具、服饰设定
灯光与镜头	使用纯色,100毫米镜头拍摄	IP孵化原理中的情境化设定

IP孵化原理与AIGC原理的相辅相成

本书系统性地梳理了IP孵化的底层逻辑,而AIGC则将IP的底层思维与深度学习相结合,两者在逻辑层面存在着自然的对应关系,形成了技术与创意的有机融合。IP孵化的系统性框架为AIGC技术提供了明确的方向与目标，而AIGC技术则为IP的创作与扩展注入了强大的技术驱动力。因此，IP与AIGC技术的结合不仅能提升IP的创新能力和市场竞争力，还推动了IP在多领域的深度应用与发展。通过这种协同效应，IP与AIGC共同构建了一个创新的生态系统，为内容创作和IP运营开辟了新的、无限丰富的可能性。

然而，这并不意味着AI技术能够单独创造出优秀的IP。因为IP的核心要素——情感能量，需要触及潜意识，其精微与细妙超越了现有AI的能力范围。AI虽然能够在数据处理、模式识别和内容生成方面表现出色，但在捕捉人类情感的深度和复杂性方面仍然存在局限。人类的情感体验是多维度的，涉及个人的经历、文化背景和社会环境，这些都难以被完全量化和模拟。因此，打造真正具有独创性和影响力的优秀IP，仍需依靠人类的创造力和深度参与。人类创作者在IP创作中具有独特的优势，他们能够通过直觉、情感共鸣和创造性思维为IP注入灵魂和深度。AI技术可以作为辅助工具，帮助优化创作流程，提供数据支持和技术增强，但最终的创作决策和情感表达仍然需要人类的指导和参与。

在IP创作过程中，人类和AI可以形成互补关系。人类负责构建IP的核心概念、塑造角色形象、编织故事情节和传达情感，而AI则可以在数据分析、内容生成、视觉呈现等方面提供支持。未来，随着AI技术的不断进步，其在IP创作中的作用可能会进一步扩大，但人类的情感智慧和创造力将始终是IP成功的关键因素。只有将两者有机结合，才能打造出真正打动人心、具有持久影响力的优秀IP。

在这个AI技术日新月异的时代，成为一名懂AI的创作者，人人皆有机会。这种机会不再局限于传统创作领域的专家，例如不需要你擅长绘画，也不需要你精通动画制作，这些曾经的门槛正在被AI技术逐渐拉低。AIGC创作的魅力在于，它能够将创作者的想法转化为具体的视觉表达，从而为创作开辟全新的可能性。AIGC创作的核心优势在于其对创意表达的极致追求。它特别适合那些能够清晰表达想法、善于用创造性思维解决问题的创作者。这些人不需要精通技术细节，而是需要拥有敏锐的创意洞察力和独特的视角。未来的超级IP，也会自然而然地落到这些能够充分发挥创造力的人手中。

本书中阐述的IP孵化原理也将继续深化，与AI的发展同步，如图4-8所示。

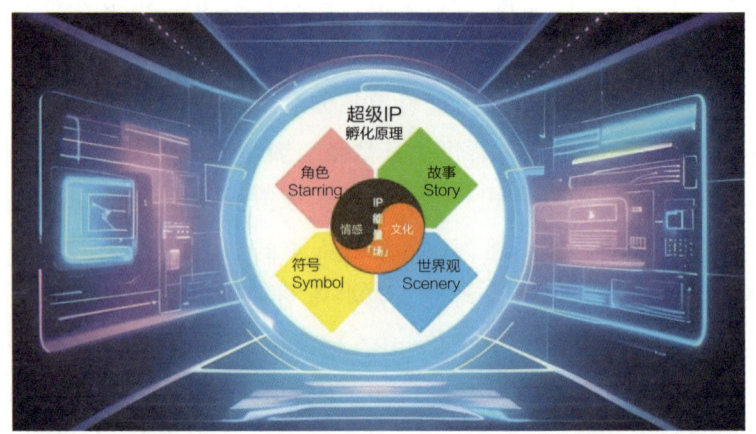

图4-8　超级IP孵化原理

IP孵化原理的长远价值

以情感和文化为核心的IP孵化原理是构建长久价值的根本所在。情感赋予IP触动人心的力量，而文化则为其注入深度与独特性。AI技术的加入为IP的创作与传播开辟了全新的可能性。未来，随着技术的不断进步，以情感和文化为核心的IP将继续深化其内涵，成为跨越时代与地域的经典之作。

情感能量是IP的第一驱动力
文化能量是IP的第一势能力

后　记

我对IP的热爱与理解，或许早在童年时期就已悄然萌芽。我成长于风景如画的桂林，那里的喀斯特地貌造就了一片奇幻的自然景观：平地上矗立着许多形态各异的小山峰，仿佛是大自然的灵感源泉，而我的童年正是在这片神奇的土地上度过的。

家附近的小山各具灵性，仿佛是大自然的鬼斧神工。左边的山形似一只收起双翅的鹦鹉，被大家称为"鹦鹉山"；右边的山宛如一个中间凹陷的元宝，名为"宝积山"，雨后岚烟萦绕，仙气飘飘；后面的山则像一位安详躺着的老人，故得名"老人山"；而最引人入胜的是前面的"叠彩山风洞峰"，山体中间有个大洞，仿佛被一箭穿透，神秘莫测。

小时候，我常常站在家里的阳台上，久久凝视着远处风洞峰的天空。白云飘过时，像是在上演一场无声的戏剧；夕阳余晖透过洞口，将天空染成金色，那一刻，我总会陷入无尽的遐想，觉得那山洞仿佛是通往另一个世界的神秘门户。如今回首，我的童年虽无惊天动地的大事，但这些如童话般的小山峰却在我的心中种下了一颗对自然和艺术的热爱种子，也悄然塑造了我对世界的独特感知。

长大后，我在IP创作领域找到了自己的独特风格，尤其擅长"跨界象形"创作。例如，我创造了一个名为"张小盒"的IP形象，它将人的特征与盒子的造型巧妙融合，象征着现代人在社会压力下，仿佛被困在狭小空间中的困境与无奈。这个形象不仅生动有趣，更引发了人们对现代生活压力的强烈共鸣。此外，我还编导了一部动画短片《键盘仔》，让日常的键盘"活"了起来，化身为一群可爱的键盘小精灵。它们代表着现代电脑族面对键盘时的各种无意识感受：兴奋、跳跃，却又深陷机械化的生活状态。这部作品不仅趣味十足，还荣获了东欧国际电影节动画短视频金奖。

这些IP作品都体现了我对符号与故事的深刻理解。通过创意的跨界融合，我让平凡的事物焕发出全新的生命力，传递出深刻的情感与思想。从小到大，我对各种形象及象形符号都有一种敏锐的感知力，总是对符号背后的故事、传说和创造原因充满好奇。

例如，我对太极符号的起源深感兴趣。经过研究，我发现它可能源自太阳的日影、双鱼的游动、双龙的交错，甚至伏羲女娲交尾图等。我个人更倾向于认为，太极符号的诞生与古人对日影的观察有关。偶然间，我发现当强光照射后闭上眼睛，轻轻按压左眼球的左侧，眼球另一侧会出现太极的一半；再按压右眼球的右侧，太极的另一半也会显现，完整的太极符号就此呈现。这种奇妙的发现，让我对太极符号的起源有了更直观的理解。

我也曾深入研究西方的十字架符号，发现它并非只有传统的横短竖长形状，还有正方形、交叉形、弯曲形等多种变体。每一种十字架都代表着不同的教会和背后的故事，但它们又都源于同一个文化根源。这种对文化符号演变规律的探索，让我深深着迷。

这种对符号的敏锐感知力也贯穿于我创作本书的全过程。我在书中特别强调了IP符号的意义和跨界价值，深入探究了每一个IP符号背后蕴含的人性情感与社会文化内涵，试图揭示这些符号如何与人们的情感和文化产生共鸣。在我看来，对符号的专注和对人性内涵的挖掘是创作过程中最宝贵的财富。我衷心希望读者们在阅读这本书时能够更好地理解IP创作的核心逻辑，找到符号与故事之间的独特联系，从而创造出更具深度、更具感染力的IP作品。